马克思主义研究文丛

马克思哲学思想发展史研究

异化、物象化与物化的哲学探讨

（第六卷）

张一兵◎主编

中央编译出版社
Central Compilation & Translation Press

第六卷目录
CONTENTS No. 6

马克思著作中"异化"概念的演变
　　孙伯鍨　童　星 ·················· 1645

"对象化"概念之于马克思经济学批判的哲学意义
　　张义修 ························ 1675

对象化"反对"异化
　　——评《1844年经济学哲学手稿》中的一个潜在矛盾悖结
　　张　亮 ························ 1688

马克思对"对象化"与"异化"关系的三次建构
　　——概念史视域中的方法论变革
　　张义修 ························ 1701

Versachlichung：物象化还是事物化
　　张一兵 ························ 1713

再论马克思的历史现象学批判
　　——客观的"事物化"颠倒与主观的"物化"错认
　　张一兵 ························ 1717

马克思：自在之物与事物自身之谜的破解
　　——历史唯物主义的构境论阐释

张一兵 *1737*

马克思的物役性理论：一个历史的分析

　　张一兵 *1759*

马克思的三大社会形态学说与物役性理论

　　张一兵 *1768*

物役性：马克思哲学新视域中的科学批判话语

　　张一兵 *1776*

从马克思的"物象化"理论到后现代主义的"拟象化"理论

　　刘怀玉 *1787*

"物象化"、"物化"还是"对象化"？

　　——从思想史和马克思文本出发的理论选择

　　周嘉昕 *1800*

马克思著作中的"物象"与"物"

　　周嘉昕 *1811*

物象化、物化与拜物教

　　——论《资本论》对《1857—1858年经济学手稿》的超越与发展

　　孙乐强 *1826*

马克思拜物教批判理论的辩证特性及其当代启示

　　唐正东 *1841*

索　引 *1855*

马克思著作中"异化"概念的演变[①]

孙伯鍨　童　星

在从黑格尔到马克思的哲学发展过程中,"异化"概念是一个被广泛采用的哲学范畴,这一时期几乎所有德国哲学家——鲍威尔、费尔巴哈、赫斯和施蒂纳,都在大致相同的含义上继续沿用黑格尔的异化概念来建立自己的体系。以此为背景,马克思从开始自己理论活动的时候起,就在自己的著述中运用"异化"这个为德国哲学界所熟知的"思想方式"来批判现存制度和表达自己的新观点,这原是不足为奇的。在离开黑格尔的绝对唯心主义哲学之后,马克思在自己的思想演进道路上的最大特色,并不在于他较之上述诸人更为连贯和彻底地把异化概念运用于现实的批判,使它具有了严格的理论形态,而在于他沿着彻底的唯物主义路线从根本上改造了这一概念。考察马克思不同时期著作中异化概念的演变,对于理解马克思的思想发展,特别是他对黑格尔辩证法的改造过程,无疑有着极为重要的意义。

同时应当承认,目前国内对异化问题的理解仍然众说纷纭,存在着不小的分歧。本文着力探求马克思在异化问题上的观点及其演化史。

一、黑格尔哲学体系中异化概念的基本特征

不管人们对异化概念的起源有多少说法,但第一个使它具有了严整的

[①] 原载《南京大学学报》1983年纪念马克思逝世100周年专辑。

理论形式并自觉地把它用作一种方法来建立自己的体系的，乃是黑格尔。

黑格尔是一个"纯粹唯心主义的实证论者"，他并不否认现存的一切：思维和存在，自然界和社会，但是他却要把这一切都塞进绝对观念的思维实体之内，而这个思维实体同时又被规定为主体。他力图证明，现存的一切都是作为绝对思维实体的属性和环节而发展出来的。这样，现实世界的外部对立就都变成了绝对观念自身中的内在差别，而发展则变成绝对观念的自我发展。根据体系的要求，绝对观念的发展需要解决从思维到存在和从存在到思维的过渡，这就必然要把它描述为**对立的运动**，描述为绝对观念的**自我设定、自我异化**（转变为自然界）和**自我结合**（扬弃异化形式而达到自我认识）的辩证过程。这个思想被黑格尔概括为否定之否定的规律。正如马克思在《哲学的贫困》中指出的：黑格尔在把**思维实体化**（变成无人身的理性）之后，又使它变成主体，以便把发展和运动的原则导入纯粹理性，因而就构成了纯理性的运动，这就是思维把自己规定为正题，接着又否定自身而转变为自己的他物（异在），最后通过对他物的扬弃而向自身返回，达到自我结合。这个自我肯定、自我否定和否定自我否定的公式在黑格尔哲学中到处存在着，并且也被运用于人类历史。在他看来，历史乃是人的抽象观念（自我意识）的自我产生、自我异化和扬弃自我异化的否定之否定的过程，是体现为自我意识的绝对观念的自我发展和自我实现的过程。

据此可以认为，黑格尔哲学中的异化概念具有以下两个基本特征。

第一，它是辩证法的纯粹形式的规定，是仅仅从过程的表面和现象的外观上来把握的辩证法。而对于黑格尔本人来说，它是人为地架起来的一座桥梁，以便于他根据体系的要求牵强附会地把自然界和社会说成绝对观念的自我异化的产物。在这里，"异化"一词发挥着一种神奇的作用，它仿佛可以使人不加证明便能作出任何最荒谬的论断。正如费尔巴哈所说，人们不能理解绝对观念的纯洁少女怎能生出现实的自然界。这种不可思议的奇迹，黑格尔却借助于异化概念轻而易举地加以实现。他天才地看到了世界的辩证统一性，但却不能科学地论证这种统一性，于是他就精心构造出一种逻辑的框架，把现实世界的无限多样性塞进这个逻辑的框架之中，从而把世界的现实统一性变成了单纯逻辑（思辨）的统一性。这样一来，世界的辩证统一性似乎已经被证明，但是这种证明却仅仅是哲学的思辨的证明，是逻辑形式主义的证明。异化概念正充当了这种逻辑形式主义的证明工具。正因为如此，异化概念就成了一切创造体系的哲学家所绝对不可缺少的，谁越是热衷于别出心裁地构造自己的哲学体系，他就越是要滥用这个概念。所以在黑格尔死后，他的左派门徒虽然都这样或那样地革新了老师的学说，但无一例外地都把异化概念作为最基本的方法论原则继承下来。从鲍威尔到施蒂纳的所有青年黑格尔派，都是非常肤浅地、形式主义地理解黑格尔的辩证法，他们对黑格尔辩证法的继承和运用大多局限在异化概念这一方面，他们仅仅满足于取消黑格尔体系中的绝对观念的出发点，用抽象的"自我意识"等取而代之。例如鲍威尔对黑格尔体系的改造就仅限于把抽象的**神的精神**（绝对精神）改变为抽象的**人的精神**（自我意识），然后他就利用异化概念来论证自己的思想。费尔巴哈似乎比鲍威尔走得更远：他坚决反对以任何精神的东西为出发点，主张回到感性的自然界和现实的人。但是他所说的现实的人只是在肉体的规定性上是现实的，而在社会的规定性上仍然是抽象的，他通过对宗教的批判而把握到的人，是仅仅从一神教中脱胎出来的仍然戴着神学光圈的人。正因为如此，他在方法论上和鲍威尔如出一辙，区别仅仅在于：他不像鲍威尔那样把宗教看作自我意识的自我异化的产物，而是看作人的自我异化的产物，因而消灭宗教的途径，也不是通过对宗教的批判认识和把握**自我意识的本质**，而是重新发现**人的本质**。可是除了最一般的词句之外，他却不能为我们提供任何关于人的本质的多少确切的知识。他和鲍威尔一样，在借助于异化概念完成了一个"从人到人"的思辨的循环之后，就再也做不出任何事情了。这种可悲的结局多少也应该归咎于他对黑格尔辩证法的片面和形式的理解。

第二，在黑格尔哲学中，异化概念所表述的内容不是事物和现象的**过程性辩证法**，而是某种先验的**主体性辩证法**，是作为主体的绝对观念的自我创造和活动。在黑格尔看来，所谓辩证法不过是绝对思维主体的自我发展、自我认识的活动和方法。他为了把整个世界描述为一个统一的辩证发展的过程，首先设定了一个先验的**单一主体**，以便把整个世界的运动和发展想象为这个单一主体的运动和发展。但这个主体却不能等同于任何一个普通的主体，而必须是一个在自身中包含着世界的全部丰富性的**绝对主体**，世界的一切运动和发展都不过是这个绝对主体在自身中的回旋。它是开端，也是过程，又是结果。作为开端，它是自我设定的绝对的起点；作为过程，它是自我对置、自我异化和扬弃自我异化的绝对的运动和方法；而作为结果，它又是全部发展的绝对的终结，在这个终点上它带着过程的全部丰富性返回到自身。可见，在开端中已经包含着全部结果，而结果不过是重新向开端的返回，所谓发展不过是一种假象。由于黑格尔把世界过程的统一性形而上学地绝对化了，竟把它弄成受某个单一意志所支配、实现着自己隐蔽意图的神秘过程。**先验的开端、隐蔽的意向和预定的目的**使整个发展具有极端神秘的色彩，这乃是黑格尔异化理论的另一个基本特征。鲍威尔用"无限的自我意识"取代黑格尔的"绝对观念"，不过是用一个先验主体代替另一个先验主体。他的"自我意识"并非通常人的意识，而是概括了全部人类理性生活的最一般的范畴。他同黑格尔一样，首先把这个范畴当作实体，即当作全部人类历史的本质和基础，然后又使之成为主体，成为历史的唯一创造者。这样，全部人类历史就成了"无限自我意识"的自我发展的历史，它由于自我异化而脱出自身，又由于扬弃异化而复归自身，在完成了这种思辨的循环之后，历史就同样不可避免地达到自己的尽头。费尔巴哈用现实的、活生生的人来代替鲍威尔的"无限自我意识"，似乎已从先验的绝对主体回到了经验的普通主体，但实际上，他的"人"除了具有一般的自然规定性之外，主要地还是凝结着哲学家们关于人类及其相互关系的未来理想被费尔巴哈当作哲学出发点的"人的本质"，不是生活在现实世界中的人类个体，而是他所想象的人类的理想状态。他采取了类似黑格尔的构造体系的方法：把终点重新当作起点，把理想化的"类本质"当作人的自然禀赋，于是历史的发展就同样变成了抽象的绝对主体即"人的本质"的自我发展的历史，它通过自我异化而丧失自身，又通过扬弃自我异化而达到完全的复归。

费尔巴哈天真地认为，他只要运用他的主宾原则，经常将宾词当作主词，把思辨哲学颠倒过来，就能得到唯物主义的真理，但是，就对黑格尔的辩证方法的改造来说，简单的颠倒是无济于事的。为了彻底消除黑格尔辩证法的唯心主义性质，必须打破它的逻辑形式主义和先验主体的出发点。费尔巴哈未能解决这个问题，而马克思也不是一蹴而就的，他经过了一个艰苦的探索过程，才终于完成了这个人类思想史上最深刻的革命。

二、1843—1844年间对异化概念的运用和扩展

自从黑格尔哲学解体以后，他的左派门徒纷纷把视线转向社会，转向对现实的批判，急于从黑格尔的辩证方法中得出革命的结论。当时他们深切感受到的最大冲突是人和环境之间的矛盾，宗教、政治、法律和国家等是他们进行哲学批判的矛头所向。作为思想上、政治上的激进主义者，他们从批判黑格尔哲学的保守主义倾向，进而完全否认了外部世界的合理性。这样一来，黑格尔关于整个世界有规律发展的思想就被抛弃了，辩证法被简单地运用在人和环境之间、主体和客体之间、自我意识和实体之间的极狭隘的关系内。由于完全否认了外部世界发展的合理性，所以在青年黑格尔派看来，人和环境、主体和客体、自我意识和实体之间的矛盾和冲突乃是理性和非理性之间的矛盾和冲突。而他们所建立的新体系，虽然内容不尽相同，却都是为了描述和说明这种理性和非理性斗争的进程和结局的。在这种情况下，异化概念就成了最方便的工具。只要把宗教、法律、国家等解释为自我意识的自我异化的产物，那末①进一步扬弃这种异化就是哲学所面临的迫切任务。所谓扬弃理性的异化（非理性）无非是恢复理性，而恢复理性又无非是重新认识自我意识的本质。这样一来，全部过程就都局限在主体之内。可见，在青年黑格尔派那里，辩证法不仅被片面化了，而且也被彻底主观化了。

---

① 原文为"末"。本文下同。——编者注

类似的弊病在费尔巴哈哲学中也同样存在。费尔巴哈也是把人和环境的矛盾当作最基本的矛盾，为了解决这个矛盾，他不是诉诸理性和自我意识，而是诉诸人的本性或本质。于是他把宗教解释为人的本质的自我异化，而消灭宗教的途径就是扬弃这种异化，使人的本质得到复归。但是异化及其扬弃的整个过程仍然是在人们的意识中进行的，所以同黑格尔相比，费尔巴哈的辩证法也是极其片面和纯粹主观的。

包括费尔巴哈在内的所有黑格尔哲学的后继者，都没有能够在黑格尔辩证法的巍然大厦上打开缺口，深入地领悟和掌握它的真正奥秘，因而他们除了简单地变换主词和照抄异化概念的公式之外，不知道可以用这个方法干些什么。只有马克思才出色地完成了黑格尔辩证法的改造，从黑格尔的整个体系中把他的辩证方法的合理内核剥取出来，使它摆脱唯心主义的神秘外壳，重新建立在坚固的经验事实的基础之上。

马克思的哲学思想最初是在青年黑格尔运动中形成的，鲍威尔等人的自我意识哲学显然对他发生过强烈的影响。但在大学学习的最后阶段，马克思一直为撰写学位论文进行紧张的准备，把大部分精力花费在对黑格尔以及其他哲学历史文献的研究上。由于对黑格尔哲学有全面深入的理解，因此他不像鲍威尔等人那样，简单地抛弃黑格尔的体系，否认世界发展的整体性和合理性，主张回到费希特，把自我和非我绝对地对立起来。在马克思看来，使黑格尔哲学向自我意识哲学转变，绝不是要抛弃它的理性主义的内容，而是要赋予它主观的形式以便同现实发生关系。所以，在那里自我意识并不具有纯主观的意义，它只是客观理性所采取的主观形式。客观理性是什么？如果用一句唯物主义的话说，它就是支配世界发展的某种规律性。在《博士论文》中异常鲜明地保持着这个观点，对马克思以后的思想发展有着特别的重要性。我们将会看到，在不断深入地批判现存制度的斗争中，他是怎样在这个思想的推动下，逐渐摆脱人和环境的矛盾这个狭隘的圈子而去努力发现现实世界本身发展的客观规律性。

1843年春，《莱茵报》被查封之后，马克思决心退回书房。不久，在费尔巴哈思想的影响下，他转变成为一个唯物主义者。由于普鲁士政府变本加厉的反动，马克思的政治态度变得异常激进起来，到1843年底，当他为即将在巴黎出版的《德法年鉴》准备文章的时候，他已是一个旗帜鲜明的共产主义者了。在马克思这一时期的手稿和文章中，基于费尔巴哈唯物主义的立场，他已不再诉诸抽象的"理性"，而是诉诸"人"。于是问题的提法也改变了：理性和非理性的对立变成了人和非人的对立，理性的实现问题变成了人的解放问题。与此同时，费尔巴哈批判宗教的方法对马克思也产生了影响，他在对黑格尔法哲学的批判过程中直接运用了费尔巴哈的主宾原则，经常地把主词和宾词颠倒过来。如果说在宗教批判中费尔巴哈通过颠倒主词和宾词而得到极明白的真理：不是上帝创造人，而是人创造了上帝；那末马克思在国家和法的批判中也得到了类似的真理：不是国家决定市民社会，而是市民社会决定国家。费尔巴哈告诉我们，必须通过对"人的本质"的研究才能获得对宗教的理解从而消灭宗教；马克思也告诉我们，只有首先解剖市民社会才能了解政治国家的本质从而消灭国家。不过，在这两个形式相似而内容各异的结论中，已经孕育着他们之间的深刻分歧。按照费尔巴哈的逻辑，对"人的本质"的研究将通过生物学、生理学、心理学等自然科学来完成，而按照马克思的逻辑，为了揭示市民社会的本质必须深刻理解人们的物质生活关系，而这只有通过对政治经济学的批判研究才能获得。在1843年底至1844年初，由于费尔巴哈人本主义方法的强烈影响与缺乏必要的政治经济学和历史知识，暂时还不能正确地理解市民社会的实质并揭开国家和法的谜底，而理论批判的需要又驱使他要对这一切作出系统而彻底的说明。于是，费尔巴哈的人本主义异化理论就变成了他所能运用的现成武器。

在《黑格尔法哲学批判》、《论犹太人问题》以及《〈黑格尔法哲学批判〉导言》中，马克思第一次系统地发挥了他的政治异化理论。他郑重地宣布，他对政治国家的批判是直接继承了费尔巴哈的事业的。他说："人的自我异化的神圣形象被揭露以后，揭露非神圣形象中的自我异化，就成了为历史服务的哲学的迫切任务。"[①] 所谓"非神圣形象中的自我异化"就是指政治国家的异化。马克思从黑格尔早已揭示的"市民社会和国家"

[①] 《马克思恩格斯全集》第1卷，人民出版社1956年版，第453页。

这一基本矛盾出发，认为政治国家不过是市民社会生活的异化表现，认为这二者的分离乃是人的本质的二重化即自我异化的结果。马克思认为，如果宗教是间接地通过一个中介物对人的承认，那末国家也是人和人自由之间的中介物。"正像基督是一个中介物，人把自己的全部神性，全部宗教狭隘性转移到他身上一样，国家也是一个中介物，人把自己的全部非神性，全部人的自由寄托在它的身上。"① 在完备的政治国家中，人们过着和市民社会相反的类生活，而在市民社会中他们却作为私人来进行活动，把别人当作工具，同时也把自己降为工具，从而成为任外力随意摆布的玩物。所以，政治国家和市民社会的关系，正像天国和尘世的关系一样：在天国的政治生活中，人们过着虚幻的类生活，享受着类的平等和自由，"充满了非实在的普遍性"；而在尘世的现实生活中，却又恢复了资产者和工人、地主和农民之间的对立和差别，人失去了自己的类本质，变成了"没有真实性的现象"。在马克思看来，对政治国家的迷信和对宗教的迷信性质是相同的，如果基督教是人的本质的神圣化的表现，那末政治国家则是这同一本质的世俗形式的表现。

不难看出，在马克思的这个批判中，逻辑的推演多于事实的分析。他所依据的唯一事实，就是资本主义国家中人们在政治生活中的平等和市民社会生活中的不平等恰成鲜明的对照。对于存在于市民社会中的这种不平等的现实以及人们在财产关系上的差别和对立，他还不能严格地从事实出发进行经济的和历史的分析。他本应通过对市民社会的解剖来揭露国家和法的秘密，解释国家和市民社会的分离与矛盾，但现在却不得不按照另一种逻辑，即借助于人的本质的异化来说明这一切。从这里开始，在马克思的著作中就交织着两种逻辑的矛盾和斗争。一种是以经验事实为出发点从而引出社会自身的客观规律的科学逻辑，这一逻辑使马克思逐渐走向发现历史唯物主义的道路；另一种是以先验的人的本质概念为出发点的思辨逻辑，它不是从经验事实中，不是从现实世界的内在矛盾中，而是从"人"和"非人"的对立与冲突中引出历史的辩证发展，从而历史就被塞进了一

---

① 《马克思恩格斯全集》第1卷，人民出版社1956年版，第453页。

个抽象的逻辑框架，即人的本质的自我异化和扬弃自我异化。如前所述，这个思辨逻辑乃是黑格尔哲学的遗产，费尔巴哈未能克服它，《德法年鉴》时期的马克思也同样如此。因为他虽然知道市民社会生活的不平等根源于经济的事实，但是他还不能解释这个事实，因此当他要用理论的形式把自己的批判表现出来的时候，他就不能不回到旧时的逻辑形式中去，舍弃了对经验事实的分析，继续把一个先验地建立起来的主体（人的本质）当作自己理论的出发点。马克思在《德法年鉴》时期的文章中已经涉及对经济的批判，但这种批判也同样表现在异化概念的形式中。一方面他正确地看到，政治权力凌驾于金钱之上只是一种幻觉，实际上前者却是后者的奴隶；而另一方面他又说："钱是从人异化出来的人的劳动和存在的本质；这个外在本质却统治了人。人却向它膜拜。"① 这说明他对货币的本质和历史，事实上还知道得很少。

1843年底，马克思在巴黎开始研究政治经济学。这番研究的结果是写了五本笔记和一部手稿，即《1844年经济学哲学手稿》。在这部手稿中把他的批判从政治领域深化到经济领域。这是他思想演进史上的一个重要里程。这时他离开费尔巴哈所开辟的理论阵地已愈来愈远。因为费尔巴哈满足于把自己的批判局限在宗教领域内，满足于在宗教本质的背后发现了人的本质，而马克思却像一个勇猛的战士，不断地把批判斗争的战线向前推进，从一个阵地跃进到另一个阵地。如果说费尔巴哈只是看到了人把自己的本质二重化为宗教生活和世俗生活，马克思则进一步要求探索宗教异化的世俗根源。在《德法年鉴》时期，他已经把宗教异化归结为政治异化，在政治国家的二元生活中看到了基督教精神的世俗源泉。但是政治异化的根源又是什么呢？他在《德法年鉴》的文章中已经初步揭示出，这是由于市民社会生活本身的二重化，是作为市民社会成员的个人由于互相脱节、互相分离而丧失了自己的类生活，于是，个人生活和社会生活、个体存在和类本质之间的矛盾与裂痕就随之扩大起来。在《1844年经济学哲学手稿》中，马克思把这个批判进一步向前推进，他现在急于要解决的问题

---

① 《马克思恩格斯全集》第1卷，人民出版社1956年版，第453页。

是：造成市民社会成员互相脱节、互相分离的私有财产的本质是什么？它是怎样产生和发展起来的？这个涉及社会财产关系的实质及其历史发展的新课题，本应引导马克思去追溯资本主义财产关系产生和发展的客观历史，进而发现人类历史发展的一般规律，但在这里，旧的理论框架又挡住了他的路。一方面，是经济史知识的缺乏和系统地陈述自己观点的紧迫性；另一方面，作为具有激进革命精神的批判家，他对现存制度的批判更多的是针对它的结果和表现，而不是它的原因和规律。这使得马克思暂时还不能改变他原来的逻辑，他照旧在异化理论的形式下来展开自己的批判。至此，他的异化理论终于发展到了顶峰。如果我们把宗教异化、政治异化、劳动异化这三个理论联结起来，就能获得一个系统而完备的人本主义异化论的历史哲学体系。这个体系似乎为我们完满而彻底地解释了社会生活中的一切现象，从处于社会生活最底层的劳动一直到它的最上层的顶端——宗教和哲学，现在都可以从人的本质自身中得到说明。无怪乎马克思在提出他的劳动异化理论时充满了喜悦的心情，认为已经发现了打开历史之谜的钥匙，从而有可能一劳永逸地解决人类历史中的矛盾与纷争。然而仔细推敲这个理论还是大成问题的。

骤然看来，在劳动异化理论中，马克思的出发点已经迥然不同于费尔巴哈，因为他把劳动看成了人的本质，当他继续谈论人的本质时，他谈的已经不是什么抽象的东西，而是指人们的物质生产活动。但事实上这仅仅是一种皮相的看法，它忽视了异化理论所固有的内在逻辑，以为只要单纯地变换主词（抽象主体），就可以把理论本身的性质翻转过来。历史经验证明这种看法是十分错误的。鲍威尔用自我意识代替了黑格尔的绝对观念，费尔巴哈和施蒂纳又把自我意识改变为他们各自所理解的人，但异化理论作为一种历史理论终究未能摆脱它的唯心主义性质。其原因不是别的，而是因为这个理论是从一个先验的逻辑框架出发，它不是从经验事实中引导出现实世界的客观规律，而是从某种先验主体的抽象活动中推演出所谓历史的进程。事实上，从宗教人本主义的固有逻辑来看，费尔巴哈的人的本质必然和基督教这个一神教的本质相对应。所以他所热衷谈论的"人"，不是现实世界中的人，而是从一神教中幻化出来的戴着神学光圈的人。同样，在政治异化理论中，马克思把人的类本质解释为平等和自由，实际上这也是从资产阶级社会的政治本质中引申出来的。当马克思的批判深入到经济领域，需要从人的本质中揭示私有财产和雇佣劳动的根源时，人的类本质就不可能再是一般的平等和自由，他必须要从经济生活、经济关系和生产劳动中引申出人的类本质。但是，一般地把劳动解释为人的本质，并不表明已经制定了历史唯物主义的出发点，因为还需要进一步考察：是抽象的、一般的劳动，还是现实的、具体的劳动？是未来的理想化的劳动，还是现实地存在着的劳动？换句话说，在劳动异化理论中被当作出发点的劳动是抽象的概念，还是经验的事实？

我们知道，马克思在批判资本主义经济时，完全拒绝了政治经济学的立场而采取了费尔巴哈人本学的立场。他说："德国人对国民经济学的实证的批判，全靠费尔巴哈的发现给它打下真正的基础。"① 正因为如此，他对古典政治经济学中的唯物主义因素也一概加以摒弃，把劳动价值理论的发现仅仅当作资本主义经济的非人化的确证，而丝毫没有看到这个规律的客观性质以及它对于说明整个资本主义经济所具有的理论意义。他的批判的唯一宗旨就在于揭露资本主义经济的非人化，他责备政治经济学家只是肯定商品的价值而否认人的价值，只是看到了"商品人"、"工人"而看不到"真正的人"，"不知有**处于劳动关系之外的劳动人**"（黑体字为引者所标——引者注）。在马克思看来，现实社会中的人并不具有真正人的本质，他们只是"精神上和肉体上非人化的存在物"②。

显然，在《1844年经济学哲学手稿》中，马克思所说的真正的人既不是工人，也不是农民，更不是奴隶和农奴，自然也决非茹毛饮血的原始人，而是一种摆脱了一切现实关系的劳动人。这种人无论在现实中或在历史上都不曾真正存在过，他们只能存在于人们关于未来世界的想象中。根据马克思在《1844年经济学哲学手稿》中的说法，作为人的类本质的劳动乃是他们的"自由自觉的活动"，而异化劳动由于丧失了这种"自由自觉活动"的性质，所以它不是人的本质力量的确证，而是它的否定。怎样

---

① 《马克思恩格斯全集》第42卷，人民出版社1979年版，第46页。
② 《马克思恩格斯全集》第42卷，人民出版社1979年版，第96页。

的劳动才是"自由的"呢？马克思解释说："有意识的生命活动把人同动物的生命活动直接区别开来。正是由于这一点，人才是类存在物。或者说，正因为人是类存在物，他才是有意识的存在物，也就是说，他自己的生活对他是对象。仅仅由于这一点，他的活动才是自由的活动。异化劳动把这种关系颠倒过来，以致人正因为是有意识的存在物，才把自己的生命活动、自己的本质变成仅仅维持自己生存的手段。"① 他还说："动物的生产是片面的，而人的生产是全面的。动物只是在直接的肉体需要的支配下生产，而人甚至不受肉体需要的支配也进行生产，并且只有不受这种需要的支配时才进行真正的生产……"② 十分明显，所谓"自由"的劳动乃是作为目的本身的劳动，而不仅仅是为了维持自己的生存、满足肉体需要的劳动。这里说的完全是一种高度理想化的劳动，是所谓按照"内在的尺度"和"美的规律"来进行创造的劳动。作为理想，这种劳动只能出现于人类历史的终点，可是马克思在《1844年经济学哲学手稿》中却重新把它当作起点，当作历史的开端。这说明由异化理论构成的固定逻辑框架甚至不以马克思本人的意志为转移，把他引进了没有出路的思辨循环圈。只要他不摆脱这种旧时的思维方式，他就不能在整体上突破唯心主义历史观的藩篱，走向新世界观的发现。

异化理论不仅由于它的逻辑形式主义而必然地带有思辨的性质，而且由于它总是从一个**自身同一的主体**出发，从这个主体和它的异物之间的矛盾与冲突中引出全部的辩证发展，这就不仅使辩证法的规律主观化了，而且使它的内容变得非常褊狭而贫乏。黑格尔哲学虽然也是从一个主体出发，但那是一个同宇宙为一体的绝对主体，而真正的主体——人则是这个绝对主体在实现自身过程中的不自觉的工具。所以黑格尔不是从人和周围世界的冲突中引出世界的辩证发展，而是从绝对观念自身的矛盾中引出这种发展。他强调整个世界发展的合理性（规律性），认为人（自我意识）只有在通过对周围世界的认识而使自己上升到理性时，才是自由的。这个异常深刻而合理的思想始终未能为鲍威尔和费尔巴哈等人所理解。鲍威尔

---

① 《马克思恩格斯全集》第42卷，人民出版社1979年版，第46页。
② 《马克思恩格斯全集》第42卷，人民出版社1979年版，第96—97页。

固执地坚持自我意识和实体的对立，费尔巴哈固执地坚持人和非人的对立，所以他们始终未能提出外部世界本身发展的规律性问题。但是抛弃了这个思想，就等于抛弃了黑格尔的全部辩证法。

当马克思在费尔巴哈人本主义方法的影响下把异化理论推广运用到经济领域的时候，在形式上似乎已经越来越接近于历史唯物主义，因为他把宗教、哲学、政治等的异化形式都归结为经济异化。但是实质上，劳动异化理论却根本没有向人们提供任何关于历史发展的真正规律，它只是作出了一种描述历史规律的假象，因为它当作出发点的劳动这个概念本身就是非历史、非真实的。所以，若不改造异化概念和抛弃异化理论，即抛弃逻辑形式主义的思维方法，马克思也是不可能发现真正的历史规律的。

但是在《1844年经济学哲学手稿》中，与包含在劳动异化理论中的思辨逻辑并列，还存在着另一种逻辑即科学逻辑。这种逻辑只是以经验事实为出发点，从事物自身的存在和规律中得出必要的结论。我们知道，马克思在《1844年经济学哲学手稿》中，除了研究异化劳动之外，还研究了对象化劳动。所谓对象化劳动就是指生产性劳动，即一般意义下的劳动。他认为，在雇佣劳动制度下工人的劳动具有二重性：一方面它具有异化劳动的性质，另一方面它又是对象化劳动。他批评黑格尔把对象化劳动和异化劳动混为一谈，因为前者是人对自然界的改造和占有，是人类生存和发展的永恒的自然条件，而后者则是对人的本质力量的歪曲和否定，所以对异化劳动的扬弃并不意味着对对象化劳动的废除。为什么对象化劳动又同时具有异化的性质，劳动的这两种不同的性质何以奇怪地结合在一起？这个实际上涉及劳动及其社会形式亦即生产力和生产关系的相互关系问题，马克思当时自然不可能正确地回答。但是尽管这样，他在《1844年经济学哲学手稿》中已经透过对象化劳动的论述，天才地估价了物质生产力在整个历史发展中的决定作用。他指出，在私有制下虽然劳动具有异化的性质，但它仍然是人类自我生成、自我创造的唯一推动原则。唯心主义通常总是把宗教或诸如政治、艺术和文学等这些"抽象普遍形式的历史"，看作"人的本质的现实"和"类的活动"，但事实上，却只有工业的历史和它已经产生的"对象性的存在"，才是人的本质力量打开了的书卷。就此一点而论，已经完全是历史唯物主义的观点了。

问题十分清楚：当马克思仅仅执著于对异化劳动的批判时，他总是尽可能把劳动理想化，为的是要用一种真正的人的本质来和现实人的存在相对立，因而不可避免地陷入思辨的想象之中。而当他着眼于分析对象化劳动时，他便能根据唯物主义的观点深刻地说明，人类的生产劳动不论其异化与否，对于整个社会生活和全部历史发展都有着决定的作用。这个非常重要的观点恰恰是正在生长中的历史唯物主义的一棵茁壮的幼芽，可是在《1844年经济学哲学手稿》中它却被关于异化劳动的抽象议论暂时地淹没了。两种逻辑的交织和冲突使马克思的整个阐述陷于矛盾之中。他一面企图用异化劳动来说明私有财产的本质和起源，一面又不得不承认私有财产乃是异化劳动的现实基础。于是他只好用相互作用来解释。可是，人们的劳动何以会产生异化，"这种异化如何根源于人类发展的本质"？马克思提出了这个问题，却认为暂时还不能解决它。其实，他在《1844年经济学哲学手稿》中通过对分工和交换的初步研究，已经非常接近于正确地提出和解决私有财产的起源问题。但是人本主义的异化概念仍旧挡住了他的路。他不是从对象化劳动（生产力）的发展来考察分工和交换的历史起源，而是从人本主义的立场出发先验地把分工和交换看作"劳动社会性"的异化表现，而他所说的"劳动社会性"却是从人的类本质中演化出来的，是费尔巴哈的类概念的延伸。如果马克思不是从异化劳动的角度把分工看成"作为类活动的人的活动这种异化的和外化的形式"[①]，而是从对象化劳动的角度来研究分工，考察分工和对象化劳动之间的关系，他对分工就会得出另一种看法，并且更加接近于解决私有财产的起源问题。我们不久就能看到，在《德意志意识形态》中马克思就是沿着这条路线解决这个问题的。

[①] 《马克思恩格斯全集》第42卷，人民出版社1979年版，第144页。

三、在《神圣家族》和《德意志意识形态》中对异化概念的改造

继《1844年经济学哲学手稿》之后,马克思和恩格斯合著了《神圣家族》一书。在马克思恩格斯哲学思想的演进过程中,这本书有两个重要的特点:第一,费尔巴哈的对抽象人的崇拜已逐渐被关于现实人的历史考察所代替;第二,一度被用来解释历史的异化理论也逐渐被实践唯物主义的观点所代替。虽然异化概念作为对某些矛盾或对立的社会现象的概括还继续使用,但它已不像过去那样被当作描述人类发展的历史理论来看待了。

前面已经说过,在马克思所创立的唯物辩证法还没有产生出来以前,异化理论是德国最流行的思维方式,也是批判私有财产和雇佣劳动制度的最现成的工具。马克思运用异化概念有力地揭露了资本主义社会的非人化和反人道的性质,并且试图把异化劳动的理论当作历史发展的规律来论证私有财产制度的产生及其灭亡的必然性,说明共产主义是人类历史发展的必然结果。但是由于异化理论所固有的思辨性和它的证明方法的非科学性,马克思不久就抛弃了这个理论。在《神圣家族》中,马克思为了清算鲍威尔一伙的唯心主义历史观,对黑格尔的绝对唯心主义的思辨方法进行了深刻的揭露和批判。这就使得马克思自己也特别警觉起来,力求在对社会现象的解释和历史规律的探索中贯彻唯物主义路线,摆脱抽象的思辨方法的影响。他发展了在《1844年经济学哲学手稿》中已经茁壮成长的历史唯物主义观点的萌芽,把劳动和工业的发展看作社会进步的决定力量。在这本书中,马克思第一次把"生产方式"作为理解现实历史的基础。他在批判鲍威尔把对自然科学和工业的研究排除在历史的认识之外时写道:"难道批判的批判以为,只要他从历史运动中排除掉人对自然的理论关系和实践关系,排除掉自然科学和工业,它就能达到即使是才开始的对历史的认识吗?难道批判的批判以为,它不去认识(比如说)某一历史时期的

工业和生活本身的直接的生产方式，他就能真正认识到这个历史时期吗？"① 工业是人和自然的实践关系，不研究这种关系就不能达到对历史的哪怕是最起码的认识。而且也不能停留在一般地研究工业，为了认识某一特定的历史时期，还必须研究这个时期内的工业即物质资料的生产方式。因此，生产方式概念的提出，标志着马克思已经在**历史地考察**劳动和生产：随着劳动或生产方式的发展和变化，一方面改变着人和自然的关系，另一方面也改变着历史的面貌。这是因为，生产方式的变化改变着人们在社会中的物质生活方式以及由这种方式所制约的各社会阶级的特殊利益，人们的观念和思想又是适应着他们各自的特殊利益而产生出来的。至此，历史唯物主义思想的雏形已经孕育出来了。作为它的决定性的基础的就是社会实践这个概念，它不仅包括了生产劳动（这是最基本的实践活动），而且包括了资产阶级经营工商业的活动以及无产阶级和社会主义者为反对资本主义制度而进行的革命斗争。直接由这个基础决定的是各社会阶级的利益，以及他们为各自的利益而进行的斗争。然后才能谈到思想、理想和幻想等观念的东西。马克思说："'思想'，一旦离开'利益'，就一定会使自己出丑。"② 可是从法国革命的结局来看，何以少数资产者的利益能够得到实现，而多数穷苦人民的利益却在斗争中归于失败？对于这个问题，马克思也精心地考虑到了。他特别指出：只有"得到历史承认的群众的'利益'"③，才能够获得成功。在法国革命中，"这种利益是如此强大有力，以致顺利地征服了马拉的笔、恐怖党的断头台、拿破仑的剑，以及教会的十字架和波旁王朝的纯血统"④。这里所谓的"得到历史承认的群众的'利益'"，乃是指资产阶级社会的利益，它是由这个社会的实践活动的性质决定的。

从这里我们看到，马克思对于历史的理解已经完全转到唯物主义的基础上了，他不再从理想的"人的本质"出发来考察历史的运动，而是从发

---

① 《马克思恩格斯全集》第 2 卷，人民出版社 1957 年版，第 191 页。
② 《马克思恩格斯全集》第 2 卷，人民出版社 1957 年版，第 103 页。
③ 《马克思恩格斯全集》第 2 卷，人民出版社 1957 年版，第 103 页。
④ 《马克思恩格斯全集》第 2 卷，人民出版社 1957 年版，第 103 页。

展着的生产方式出发来考察历史的运动，他的整个思想的中心点也不再是借助于异化概念来缝制关于历史发展的理论外衣，而是全神贯注地努力发现以生产发展为基础的历史运动的规律。为什么在法国革命中只有资产阶级的"利益"是历史所"承认"的？这只有到生产方式的变化中，而不能到人的本质的异化中去获得最终的理解。但是马克思此时还没有发现生产本身发展的规律，还没有揭示出包含在生产方式内部的生产力和生产关系之间的矛盾。他已经十分接近于生产关系这个概念①，但还没有明确地制定出来。由于推动历史运动（包括无产阶级革命运动）的根本矛盾还不清楚，因而还不能最后地消除思辨方法的影响。所以在《神圣家族》中，两种逻辑交织并存的现象仍然存在，不过此时科学的逻辑已经牢牢地占据支配地位。例如，一方面马克思用工业等的生产方式和人们的物质生活条件来说明人的本质，反对关于"天赋人权"的抽象议论。他指出，现代资产阶级社会的人权不同于古代奴隶制社会的人权。因为"这种人不会是古代共和国的人，正像他们的经济状况和工业状况不是古代的一样"②。至于无产者的本性，也不决定于他们关于自身的意识，而是决定于他们的物质生活条件，决定于他们所处的客观经济地位。"问题不在于目前某个无产者或者整个无产阶级把什么看做自己的目的，问题在于究竟什么是无产阶级，无产阶级由于本身的存在必然在历史上有些什么作为。它的目的和它的历史任务已由他自己的生活状况以及现代资产阶级社会的整个结构最明显地无可辩驳地预示出来了。"③ 至此，整个论述都是完全唯物主义的，它不仅没有思辨方法的影子，而且把原来在异化理论中所应用的逻辑彻底地倒转过来了。但是另一方面，为什么无产阶级的生活状况和它同资产阶级的对抗关系预示了它的目的和历史任务？正是在回答这个问题的过程中，我们又看到了另一种诉诸抽象人性的思辨逻辑。他说："有产阶级和无产阶级同是人的自我异化。但有产阶级在这种自我异化中感到自己是被满足的和被巩固的，它把这种异化看做自身强大的证明，并在这种异化中获得

---

① 《马克思恩格斯全集》第2卷，人民出版社1957年版，第52页。
② 《马克思恩格斯全集》第2卷，人民出版社1957年版，第156页。
③ 《马克思恩格斯全集》第2卷，人民出版社1957年版，第45页。

人的生存的外观。而无产阶级在这种异化中则感到自己是被毁灭的，并在其中看到自己的无力和非人的生存的现实。这个阶级，用黑格尔的话来说，就是在被唾弃的状况下对这种状况的愤慨，这个阶级之所以必然产生这种愤慨，是由于它的人类本性和它那种公开地、断然地、全面地否定这种本性的生活状况相矛盾。"① 这说明，在科学的逻辑还留有缺口的地方，思辨的逻辑就必然要占有这个地盘，正因为还没有发现生产力和生产关系的矛盾这一切历史运动的最终源泉，还不能用资本主义社会中生产力和生产关系的对抗和冲突来解释无产阶级的革命运动，因而就必须把最后的动力仍然归结于人类的抽象不变的本性。所以不难看出，马克思的思想只要再前进一步，一旦发现了生产力和生产关系的矛盾这个历史发展的根本动力，科学的历史唯物主义就要最后地确立起来，人本主义的异化理论就将最后地得到克服，而异化概念也将具有完全不同的含义。马克思思想演进中的这个最后的一步，是在1845年关于批判费尔巴哈的提纲中完成的，在《德意志意识形态》中得到了全面的阐述和论证。

1845年3月，马克思曾着手写一本批判李斯特的《政治经济学的国民体系》的专门著作，该书虽然没有完成，但保留了大部分手稿。这部手稿最重要的贡献是它第一次鲜明地提出生产力和生产关系的矛盾这个历史唯物主义的核心概念。在《1844年经济学哲学手稿》中，马克思已经谈到资本主义制度下劳动的二重化即异化和对象化的问题。现在他用这个观点来分析资产阶级工业即现代工厂制度，这种工业同样也具有二重性，它除了是资产阶级剥削工人的一种特殊的生产制度（生产关系）以外，同时也代表着一种巨大的生产力。马克思说：除了从肮脏的买卖利益的观点看待工业而外，也可以从另外一种"完全不同的观点来看待工业。工业可以被看作是大作坊，在这里人第一次占有他自己的和自然的力量，使自己对象化，为自己创造人的生活的条件。如果这样看待工业，那就撇开了当前工业从事活动的、工业作为工业所处的环境；那就不是处身于工业时代之中，而是它之上；那就不是按照工业目前对人来说是什么，而是按照现在

---

① 《马克思恩格斯全集》第2卷，人民出版社1957年版，第44页。

的人对人类历史来说是什么,即历史地来说他是什么来看待工业;所认识的就不是工业本身,不是它现在的存在,倒不如说是工业意识不到的并违反工业的意志而存在于工业中的力量,这种力量消灭工业并为人的生存奠定基础。"① 这样,马克思就把工业(工厂制度)中的生产力和生产关系区别开来,并且历史地把人的本质和发展着的生产力联系起来。在进一步的论述中,他把无产阶级和资本主义制度的对抗与冲突,与这同一制度下生产力和生产关系的对立与矛盾直接联系了起来。他在批判圣西门学派错误地把现代生产力的发展归功于资产阶级领导下的工厂制度,并且把二者混为一谈的时候说道:他们"这样做,正像资产者想把他的工业创造出无产阶级,创造出由无产阶级所体现的新的社会制度的力量归功于自己一样,是荒谬的。工业用符咒招引出来(唤起)的自然力量和社会力量对工业的关系,同无产阶级对工业的关系完全一样。今天,这些力量仍然是资产者的奴隶,资产者无非把它们看作是实现他的自私的(肮脏的)利润欲的工具(承担者);明天,它们将砸碎自身的锁链,表明自己是会把资产者连同只有肮脏外壳……的工业一起炸毁的人类发展的承担者,这时人类的核心(无产阶级——作者)也就赢得了足够的力量来炸毁这个外壳并以它(生产力——作者)自己的形式表现出来"②。

至此,推动历史发展的最根本的动力终于被发现了,无产阶级革命最终是由生产力和生产关系之间的矛盾与冲突引起的。人和环境之间的对立的根源在于外部世界自身中的矛盾,人类历史有其自身的辩证发展规律。历史进程决不像异化理论所描述的那样,是从以人的不变本质为一方,以他们的现实存在(环境)为另一方的矛盾和冲突中引导出来的,而是从外部世界自身的矛盾和冲突中引导出来的。这个中心点的转移,最终把唯物主义历史观和唯心主义历史观区别开来了,它在人类思想史上的意义同哥白尼的学说在近代科学史上所具有的意义由于历史唯物主义理论已臻于完善,一个彻底清算费尔巴哈观点的计划就开始了。1845 年春,马克思草拟了一个批判费尔巴哈的提纲(十一条),不久又和恩格斯合作写了《德

---

① 《马克思恩格斯全集》第 42 卷,人民出版社 1979 年版,第 257 页。
② 《马克思恩格斯全集》第 42 卷,人民出版社 1979 年版,第 258—259 页。

意志意识形态》，一方面详细发挥了历史唯物主义观点，另一方面又清算了包括费尔巴哈在内的各种唯心主义思辨体系。从这本书的某些部分来看，有些批判是针对他们自己先前的哲学信仰的。现在我们要问：在这部著作中马克思是怎样彻底改造了异化概念，并最终抛弃作为历史观的异化理论的？

我们已经说过，历史唯物主义是关于人类历史发展的最基本规律的学说，它同异化理论所描述的历史是人的本质的自我设定—自我异化—扬弃自我异化的抽象公式具有根本不同的性质。但是在历史唯物主义范围内，异化概念却能够有条件地加以使用，正如黑格尔辩证法的范畴在经过唯物主义的改造以后能够正确地加以使用一样。马克思和恩格斯在批判施蒂纳滥用异化范畴来构造他的怪诞的思辨体系时说：这个范畴同时是反思的规定，它可以被理解为对立、差别、非同一等。施蒂纳不是从现实个人的现实异化和这种异化的经验条件中来描述现实的个人，而是用异化等空洞的思想来代替一切纯经验关系的发展。① 这就是说，要杜绝抽象地玩弄异化这个概念，而赋予它以经验事实为根据的历史辩证法的内容。因此，所谓异化只能是指现实个人的异化，而不能是某种先验主体的异化，例如绝对观念的异化，人的抽象本质的异化等。在《德意志意识形态》一书中，马克思和恩格斯按照严格科学的意义重新阐明了所谓"劳动异化"，认为它的基本含义是指生产者个人对于生产的社会关系以及生产力总和的异化、外化关系。在分工、交换和私有制的条件下，各个生产者之间的社会关系以及从这种关系中形成的社会生产力，不但不受这些个人的自觉意志的支配和调节，而且像盲目的自然力一样，反过来支配着这些个人。两位作者写道："单独的个人随着他们的活动扩大为世界历史性的活动，愈来愈受到异己力量的支配……受到日益扩大的、归根到底表现为世界市场的力量的支配；这种情况在过去的历史中也绝对是经验的事实。"② 可是这种结果是如何产生的？生产的社会关系以及生产力的总和变为单独个人的异己力量（不是人的自我异化）的过程是如何发生的呢？这当然不是什么"人的

---

① 《马克思恩格斯全集》第3卷，人民出版社1960年版，第317页。
② 《马克思恩格斯全集》第3卷，人民出版社1960年版，第42页。

本质"（不论把这种本质解释为什么）的自我异化的结果，而是先前历史发展的合乎规律的结果。

对此，马克思和恩格斯论证说：由于人类的生产劳动，由于人类不断的活动和创造，社会生产力得到了不断的增长和发展。在分工很不发达而私有制还没有出现的时候，生产力是社会集体用以和自然界作斗争的力量，这种力量既属于社会全体，也属于社会中的每一个人，对任何一个社会成员来说它都不是一种异己的力量。但是，随着生产力的进一步发展，就不可避免地产生分工，而与分工同时出现的还有分配，即生产工具、劳动资料以及产品等在各个生产者之间的分配。这种分配会越来越发展为一种不平等的分配，因而导致了私有制和阶级的产生。在私有制存在的条件下，生产者之间的"合作"便要通过交换来进行了。于是人类历史的发展便向着两个矛盾着的极端进行：一方面，随着生产力、分工和交换关系的发展，单个的生产者越来越被卷进表现为各级市场的社会生产的总潮流中去，生产越来越具有社会的规模，单个的生产者也同时越来越依赖于社会，直到由于竞争的自由进行和不断加剧而发展到依赖于世界市场为止。从这一方面来说，分工和交换的发展给人类带来了巨大的进步；另一方面，由于分工导致了私有制的出现，造成了各个社会成员间利益的对立，破坏了原始人类的联合和互助的关系。在私有制和阶级存在的条件下发展起来的生产力，不是人们联合的力量，不是联合起来的个人的力量，而是私有者的力量，最多也不过是联合起来的私有者（剥削者阶级和集团）的力量。并且，这种力量由于私有者之间的竞争，越到后来就越表现为一种盲目的、体现为世界市场的力量。结果便造成了这样一种情况：一方面生产力表现为一种完全不依赖于各个个人并与他们分离的力量，它是与各个个人同时存在的特殊世界；另一方面是和这些生产力相对立的大多数个人，这些个人由于和生产力相脱离，因而丧失了一切现实的生活内容，成了抽象的个人。[①]

这就是说，生产力完全变成了劳动者的异己力量，统治着他们，支配

[①] 《马克思恩格斯全集》第3卷，人民出版社1960年版，第74—75页。

着他们的命运。通过贸易市场和供求法则统治着全世界。"这种关系就像古代的命运之神一样，逍遥于环球之上，用看不见的手分配人间的幸福和灾难。"① 它成了在人们之外的权力，而不是他们本身联合的力量。迄今为止，关于这种权力的起源和发展趋向，人们还一点也不了解，因而他们也无法驾驭这种力量；相反地，这种力量本身却经历着一系列独特的，不仅不以人们的意志和行为为转移，反而支配着人们的意志和行为的发展阶段。②

生产关系和生产力总和的这种和人相独立、相异化的现象，在资本主义制度下达到了极端尖锐化的程度。劳动者的一切生存条件，一切制约性和片面性，都融合为两个最简单的环节：私有制和雇佣劳动。但是，资本主义生产也第一次创造了克服这种异化的客观前提。因此，扬弃异化就是历史向人们提出的业已成熟的任务。马克思和恩格斯写道："个人关系向它的对立面即向纯粹的物的关系的转变，个人自己对个性和偶然性的区分，这正如我们已经指出的，是一个历史过程（不是某种抽象主体的自我异化——作者），它在发展的不同阶段上具有不同的、日益尖锐的普遍的形式。在现代，物的关系对个人的统治、偶然性对个性的压抑，已具有最尖锐最普遍的形式，这样就给现有的个人提出了十分明确的任务：确立个人对偶然性和关系的统治，以之代替关系和偶然性对个人的统治。"③ 这就是说，个人必须占有生产力的总和，以消除它的发展的自发性，使之受联合起来的生产者的支配。而这就意味着消灭私有制和雇佣劳动，按照共产主义的原则组织社会生产。

由此可见，在《德意志意识形态》一书中，异化和异化的扬弃是按照生产发展的客观规律加以阐明的，黑格尔的"否定性辩证法"已不再作为证明的工具被运用于历史，而是作为对政治经济学和历史进行研究的结果从现实历史中抽象出来的一般规律。先验的逻辑框架被打碎了，思辨方法的迷雾被廓清了，黑格尔的唯心主义辩证法得到了拯救，它被安放在彻底

---

① 《马克思恩格斯全集》第3卷，人民出版社1960年版，第40页。
② 《马克思恩格斯全集》第3卷，人民出版社1960年版，第39页。
③ 《马克思恩格斯全集》第3卷，人民出版社1960年版，第87页。

的唯物主义的基础之上。

同时，费尔巴哈人本主义的影响也被最后地消除了，"现实的个人"代替了抽象的"人的本质"，"个性"代替了"人性"，现实的矛盾代替了虚构的矛盾。从前是真正的人的本质和他的现实存在之间的矛盾被看作无产阶级能够和必须获得解放的最后依据，现在是"物的关系对个人的统治、偶然性对个性的压抑"推动着无产阶级去实现革命。所谓个人和关系、个性和偶然性之间的矛盾，乃是指"单个无产者的个性和强加于他的生存条件即劳动之间的矛盾"①。无产者自己所以能够意识到这种矛盾，是因为存在于历史过程本身中的生产力和生产关系之间的矛盾已经非常鲜明地表现出来。历史发展的最终源泉来自它自身之内的物质动因，而不是来自人的抽象不变的本性。不是人的本质决定并推动着历史的发展，而是历史的发展规定和制约着人的本质。"人的本质并不是单个人所固有的抽象物，实际上，它是一切社会关系的总和"②。费尔巴哈仅仅把上帝的宾词变成了主词，以为这样就获得了关于人的本质的认识。事实上，人的真正的本质不应当从上帝的宾词中去寻找，而应当从一定历史发展阶段的个人和他生活在其中的现实世界中去寻找。"每个个人和每一代当作现成的东西承受下来的生产力、资金和社会交往形式的总和，是哲学家们想象为'实体'和'人的本质'的东西的现实基础。"③ 所有过去的思想家，总是首先造出关于人本身、关于人是何物和应当成为何物的种种虚假观念，然后按照这些观念来建立人的关系。而事实上，这些关系的发展却是完全不以人们的观念为转移的。它们虽然是从人们的相互作用中产生的，但结果却表现为一种对他们来说是异己的和统治的力量。然而这种情况，却"被思辨地、唯心地即幻想地解释为类的自我产生"④。

由此可见，人本主义的历史观本质上是唯心主义的，因为这种历史观不是以现实历史的研究为基础，而是以先验地规定的人的本质为基础。人

---

① 《马克思恩格斯全集》第3卷，人民出版社1960年版，第87页。
② 《马克思恩格斯全集》第3卷，人民出版社1960年版，第5页。
③ 《马克思恩格斯全集》第3卷，人民出版社1960年版，第43页。
④ 《马克思恩格斯全集》第3卷，人民出版社1960年版，第42页。

本主义者对历史的理解是从寻找和发现"人的本质"开始的，因而他们从一开始就堕入了思辨方法的圈套。这种方法总是要求从关于事物的最完满的概念（理念）开始来考察事物的发展，考察事物的现状对这个概念符合到什么程度，从而把概念的最后实现当作全部过程的终极目的。在他们看来，"现实的人"不是"真正的人"，因为他们的现状不符合哲学家们关于人的自由的理想观念，或者说人的现象和人的本质不符。可是，为思辨哲学家所不理解的问题的实质以及在上述抽象命题背后包含着的真实矛盾究竟是什么呢？对此，马克思指出："哲学家们关于现实的人不是人这一荒谬的判断，只是实际上存在于人们的关系和要求之间的普遍矛盾在抽象范围之内的最普遍最广泛的表达。这一抽象命题的荒谬形式同资产阶级社会的极端化的荒谬的关系完全符合……"① 所以问题不在于在思辨的词句背后是否包含着合理的内容，而在于思辨哲学不能正确而科学地表达这种内容，却把它们置于被歪曲的荒谬形式之中。他们不是去研究人们的现实要求和他们的社会关系之间的真实矛盾，而是按照各自的理想或幻想去构造人的本质和人的存在之间的虚假的矛盾。实际上，在每一历史时代，人们的本质和他们的社会存在不是相互异化而是相互适应。如果由于新的生产力的出现而历史地形成了一个革命阶级，那末这个阶级的革命性也必然是和他们所面对的现实矛盾相适应的。所以马克思说："不管是人们的'内在本性'，或者是人们的对这种本性的'意识'，即他们的'理性'，向来都是历史的产物；甚至当人们的社会在他们看来是以'外界的强制'为基础的时候，他们的'内在本性'也是与这种'外界的强制'相适应的。"② 这对唯物主义者来说是毋庸置疑的真理。因为如果不把"人的本质"看作是先验地构成的，怎么能够认为人们的本质是一回事，而他们的存在又是一回事呢？可是，正是这种使人的本质和人的存在相脱离的方法构成了一切思辨哲学家的思维特征。对于这样一些哲学家，马克思的下面一段批判最有概括性。他说："哲学家们在已经不再屈从于分工的个人身上看见了他们名之为'人'的那种理想，他们把我们所描绘的整个发展过

---

① 《马克思恩格斯全集》第 3 卷，人民出版社 1960 年版，第 505 页。
② 《马克思恩格斯全集》第 3 卷，人民出版社 1960 年版，第 567—568 页。

程看作是'人'的发展过程,而且他们用这个'人'来代替过去每一历史时代所存在的个人,并把他描绘成历史的动力。这样,整个历史过程被看成是'人'的自我异化过程,实际上这是因为,他们总是用后来阶段的普通人来代替过去阶段的人并赋予过去的个人以后来的意识。由于这种本末倒置的做法,即由于公然舍弃实际条件,于是就可以把整个历史变成意识发展的过程了。"①

四、1857年以后马克思著作中的异化概念

在《德意志意识形态》以后的整整10年内,马克思对异化概念很少提及。这是因为这个概念长期被德国哲学家特别是"真正的社会主义者们"所滥用。然而在1857年以后,马克思在他的《政治经济学批判》、《1857—1858年经济学手稿》、《资本论》以及《剩余价值理论》等著作中,又多处使用异化概念。但马克思重新使用异化概念绝不意味着他再度回到早期著作中的人本主义观点。我们可以看到,在上述各种著作中,"异化"一词被运用在各种极为不同的场合,"异化"具有矛盾、对立、分离等含义,并且常常是和这些术语并列使用。作为动词,它具有"转化"、"转让"、"独立化"等含义。"异化"有时也用作形容词,如"异化关系"、"异化形式"、"异化现象"等,并有最高级和比较级的变化。在这里"异化"一词具有"对立"、"歪曲"、"颠倒"等含义。总之,异化概念的使用不再有任何思辨的和人本主义的色彩,它不再是某种先验的主体性辩证法,而是作为描述事物和现象之运动与变化的过程性辩证法,这种运动与变化的主体不是先验的、抽象的、绝对的,而是现实的、具体的、相对的,是现实的个人或事物。

根据马克思的观点,在资本主义制度下最根本的异化和对立,乃是资本和劳动之间的异化和对立,而资本作为一种生产关系是全部先行历史发

---

① 《马克思恩格斯全集》第3卷,人民出版社1960年版,第77页。

展的结果，单独的个人面对着这种关系就像面对着异己的力量一样。所以资本作为一种权力对于劳动者的统治，表现为一种异己的力量凌驾于个人之上。这种现象绝对地支配着整个资本主义社会，渗透到人们生活的一切方面。正因为如此，马克思对异化概念的运用大部分集中在资本和劳动的关系上。他指出：在资本主义社会中，随着生产力的发展，"社会财富的越来越巨大的部分作为异己的和统治的权力同劳动相对立。关键不在于物化，而在于异化、外化、外在化，在于巨大的物的权力不归工人所有，而归人格化的生产条件即资本所有"①。所以生产力的发展，物化劳动同活劳动相比的不断增长，只是意味着资本权力的加强，而从工人方面来说，则"表现为劳动的异化过程"。因为从劳动的角度来考察，在生产过程中"它把它在客观条件中的实现同时作为他人的实在从自身中排斥出来，因而把自身变成失去实体的、极度贫穷的劳动能力而同与劳动相异化的、不属劳动而属于他人的这种实在相对立……"②类似的内容他在多处作了叙述。例如他写道："政治经济学只是说出了资本主义生产的本质，或者可以说，雇佣劳动，即从本身中异化出来的劳动的本质，这种劳动创造的财富作为别人的财富和它相对立，它的致富过程作为自身的贫困化过程和它相对立，它的社会力量作为支配它的社会力量和它相对立。"③在所有这些论述中，异化概念都被运用于描述资本主义生产的矛盾性质，丝毫没有把它同人的抽象本质联系在一起。马克思还认为，资本作为一种普遍的关系和权力，不仅和劳动者相异化，而且它作为盲目的社会力量表现为捉摸不定的各级市场而同资本家本人相异化。随着这种异化的发展，资本家们就试图在资本主义生产本身的范围内来消除这种异化，"行情表、汇率、商业经营者间的通信和电报联系等等"，都作为消除这种异化的手段，通过这些东西，每一单个人可以获知其他一切人的活动情况，力求使本身的活动与之相适应。④这里说的，也不是资本家同人的本质相异化，而是同支

---

① 《马克思恩格斯全集》第46卷下册，人民出版社1980年版，第360页。
② 《马克思恩格斯全集》第46卷上册，人民出版社1979年版，第450页。
③ 《马克思恩格斯全集》第26卷，人民出版社1974年版，第284—285页。
④ 《马克思恩格斯全集》第46卷上册，人民出版社1979年版，第107页。

配他的资本主义经济关系相异化。

货币和资本所以能够成为支配一切的社会权力，是因为它们作为生产者的社会关系的物化表现而与他们自己异化，这是以交换价值为基础的生产所必然导致的结果。在商品生产条件下，不同商品所包含的劳动（个人劳动）必须表现为同一的社会劳动，即"异化的个人劳动"，才能成为可交换的。所谓交换，就是个人劳动"通过异化"实际地转化为它的对立面——抽象的一般劳动。而货币作为商品的一般等价物，就是这种抽象一般劳动的凝结物。因此，交换的必然性就是货币产生的必然性，也是商品生产者的社会关系物化和异化的必然性。资本的出现乃是商品生产和交换进一步发展与普遍化的结果，这时交换的已不仅是包含在商品中的劳动，还有作为商品的劳动力本身。如果货币作为从商品中异化和外化出来的东西而与商品相对立，那末资本则作为劳动异化的产物而与劳动相对立。

其实，从商品到货币再到资本的整个发展过程，在《资本论》中作为资本主义生产的前史得到了最科学、最精确的表达，但其中却没有借用异化概念。这说明异化概念所表达的内容，不仅完全能够用其他辩证法的术语加以说明，而且为了表达的科学和精确起见，还必须力求避免使用"异化"一词。所以，在由马克思亲自整理出版的《资本论》第一卷中，他很少使用异化概念，这和他的几部手稿相比，形成了鲜明的对照。在这一卷中马克思使用异化概念的地方有三处。第一处是第473页，他说："资本主义生产方式使劳动条件和劳动产品具有与工人相独立、相异化的形态，随着机器的发展而发展成为完全的对立。"① 第二处见于第626页，那里说："因为在他进入过程以前，他自己的劳动就同他相异化而为资本家所占有，并入资本中了，所以在过程中这种劳动不断物化在别人产品中……工人本身不断地把客观财富当作资本，当作同他相异化的、统治他和剥削他的权力来生产……"② 第三处出现在第668页，马克思写道："那种以生产资料的形式归功于这种劳动的同工人本身相异化的形态，即它的资本

---

① 《马克思恩格斯全集》第23卷第3册，人民出版社1972年版，第473页。
② 《马克思恩格斯全集》第23卷，人民出版社1972年版，第626页。

的形态，虽然这种劳动是工人的过去的和无酬的劳动。"① 所有这三段文字中的异化概念都被用来表达一个意思，即资本同劳动的分离和对立。在由恩格斯整理出版的《资本论》第三卷中，虽然多处出现了异化概念，但它的基本含义仍然没有变化。例如说："资本关系使工人处于和他自己劳动的现实条件完全无关、相外化、相异化的状况"。"工人实际上把他的劳动的社会性质，把他的劳动和别人的劳动作为一个共同目的的结合，看成是一种和自己相异化的权力；实现这种结合的条件，是和他相异化的财产"。"社会劳动的这种普遍联系，就表现为某种和工人完全相异化的东西"。② 除了用于表达上述含义之外，在这一卷中"异化"一词还被用来表示现象和本质、形式和内容的矛盾与背离。例如，马克思曾指出庸俗经济学对于"经济关系的异化的表现形式"感到很自在。而在这种形式下，各种经济关系乍一看来都是荒谬的，完全矛盾的。如果停留在这种形式上，就必然不是把利润、利息和地租看成是从剩余价值中分离出来的转化形态，而看成是资本和土地的自然性。特别是转移到现实剥削过程之外的资本，即生息资本，成了"资本最异化最特别的形式"。③

在马克思1857年以后的著作中，只有这样一处似乎还谈到了人的本质的异化："在资产阶级经济以及与之相适应的生产时期中，人的内在本质的这种充分发挥，表现为完全的空虚，这种普遍的物化过程，表现为全面的异化，而一切既定的片面目的的废弃，则表现为为了某种纯粹外在的目的而牺牲自己的目的本身。"④ 其实马克思在这里说的是资本主义生产的目的问题。他把资本主义社会和古代社会相比较，指出在古代社会，人（他们的物质生活需要）表现为生产的目的，而在资本主义社会"生产表现为人的目的，而财富则表现为生产的目的"。但是，古代社会中人的生产是片面的，因为由于生产力的低下，人们的生产仅足以维持他们肉体生活的需要。随着物质财富的增长，人们越来越打破既定的片面的生产目

---

① 《马克思恩格斯全集》第23卷，人民出版社1972年版，第668页。
② 参见《马克思恩格斯全集》第25卷，人民出版社1974年版，第100—102、294、430、923—939页。
③ 《马克思恩格斯全集》第25卷，人民出版社1974年版，第937页。
④ 《马克思恩格斯全集》第46卷上册，人民出版社1979年版，第486页。

的，为全面地生产和发展人本身的能力创造了前提。但是以追求财富为唯一目的的资产阶级经济的狭隘形式却妨碍着人们把人的全面发展当作生产的目的本身。这就形成了下述矛盾：人们越是充分地发挥其智力和体力，他本身就越落得一无所有；人们的劳动所创造的财富越多，它们就越是增强资本的力量而强化对自身的统治；生产的发展越是能够满足人们愈来愈多样化的需要，它就越是变得不是为了人本身的需要而生产，而是为了单纯地追求财富而生产。可见，这里说的仍然是资本和劳动的异化（对立）及其在生产目的上的反映，而完全不是谈什么一般人性（人的本质）的异化。马克思认为，财富是人对自然力（外界自然力和人本身的自然力）统治的充分发展，是"人的创造天赋的绝对发挥"。但是他接着解释说："这种发挥，除了生前的历史发展之外没有任何其他前提"。这就说明，所谓"人的创造天赋"本身也是历史发展的产物，而不是人的本性中所固有的"潜能"。人在发展物质资料生产的同时，也发展着人本身的生产，所以，人永远"不是力求停留在某种已经变成的东西上，而是处在变易的绝对运动之中"。① 既然在"人的本质"中没有什么东西是不可改变的，因而关于"人的本质的异化"的说法就是非历史主义的了。

诚然，在《资本论》中马克思说过："首先要研究人的一般本性，然后要研究在每个时代历史地发生了变化的人的本性。"② 这是他在批判边沁的"效用原则"时说的一番话，其整个含义是：要知道什么东西对狗有用，就必须先研究狗的本性；要知道什么东西对人有用，也必须先研究人的本性，首先要研究人的一般本性，然后要研究他在每个历史时代所发生的变化。很明显，这里所说的"人的一般本性"乃是指人类的一般需要。人类从开始脱离动物界的时候起，就已形成了不同于动物（猿类）的特殊需要，最初这种差别是很微小的，随着生产的发展，人类用来满足自己需要的方式越来越不同于动物，它和动物需要的差别也就因之日益扩大起来。这种不同于动物的需要就构成了人的一般需要或一般本性。然而正像马克思在谈到生产一般的时候说的，一般的东西虽属存在，但它们"不过

---

① 《马克思恩格斯全集》第46卷上册，人民出版社1979年版，第486页。
② 《马克思恩格斯全集》第23卷，人民出版社1972年版，第669页。

是一些抽象要素,用这些抽象要素不可能理解任何一个现实的历史的生产阶段"①。从马克思主义哲学的观点看,一般的东西既不可能是认识的出发点,也不可能是历史的出发点。在认识过程中,人们不可能从一开始就把一般的东西确定下来,生产一般也好,人性一般也好,它们都是一切社会状况所共有的,是属于全人类的,是没有历史性的。一般的东西中究竟"应当包括哪些规定,这只有全部阐述结束时并且作为全部阐述的结果才能显示出来"②。把人性一般或劳动一般作为历史的起点而建立的任何历史哲学体系,都是和马克思主义的历史观根本对立的。

历史不是"人"的历史,不是"人的本质"的自我创造和自我生成的否定之否定的过程。历史的真正创造者和动力不是"人的本质",而是现实的个人以及他们的互相作用。这种相互作用的性质并不取决于这些个人的独立意志,而是由历史地形成的他们的社会关系的总和决定的。因此,"社会不是由个人构成,而是表示这些个人彼此发生的那些联系和关系的总和"③。所以,现实的个人,虽然是他自己的历史活动的主体,却不是作为总体来看的历史活动的主体。马克思说:"在消费过程中发生的个人的最终占有,再生产处于原有关系中的个人,即处在对于生产过程的原有关系和他们彼此之间的原有关系中的个人;再生产出处在他们的社会存在中的个人,因而生产出他们的社会存在,即社会,而社会既是这一巨大的总过程的主体,也是这一总过程的结果。"④ 就**整个人类历史**来说,它的主体**是社会**而不是"人",历史唯物主义只是关于社会发展的一般规律的学说,而不是任何一种意义上的"人学"。正因为历史不是以"人"为主体的历史,所以作为**主体性辩证法**的异化理论就注定不能成为科学的历史理论。

---

① 《马克思恩格斯全集》第 46 卷上册,人民出版社 1979 年版,第 25 页。
② 《马克思恩格斯全集》第 46 卷上册,人民出版社 1979 年版,第 281 页。
③ 《马克思恩格斯全集》第 46 卷上册,人民出版社 1979 年版,第 220 页。
④ 《马克思恩格斯全集》第 46 卷下册,人民出版社 1980 年版,第 230—231 页。

"对象化"概念之于
马克思经济学批判的哲学意义[①]

张义修

一、重新认识"对象化"概念的
语境与地位

对于学术研究而言,很多时候,想要澄清人们对一个熟悉概念的成见,往往比介绍一个新概念还要困难。"对象化"概念恐怕即是如此。为了准确理解这一概念的意义、性质与地位,我们有必要回到马克思的德文原文,重新认识"对象化"概念的具体语境,进而把握其来龙与去脉。为了使研究言之有据,更加清晰、直观,本文引入学术文本词频统计的方法作为辅助。在《回到马克思》第三版中,张一兵教授初步运用了这种方法,并更加直接地依照《马克思恩格斯全集》MEGA² 版、MEW 版德文原文,纠正了马克思文本在汉译过程中被误解与遮蔽的许多细节,修正了一些过去在汉译语境中作出的明显误判,包括将《1844 年经济学哲学手稿》(以下简称《44 年手稿》)和《1857—1858 年经济学手稿》(以下简称《57—58 年手稿》)中的 "Vergegenständlichung" 改译为 "对象化"。[②] 以

[①] 原载《哲学研究》2016 年第 3 期。
[②] 张一兵:《回到马克思——经济学语境中的哲学话语》(第三版),江苏人民出版社 2014 年版,"序言",第 3 页。

此为基础，本文将结合相关概念的词频统计，系统澄清以往对马克思对象化概念的几个代表性误解，从而重新认识"对象化"在马克思思想发展史中的真实语境与地位。

首先要澄清的第一个问题是，在马克思的语境中，"对象化"对应的德语原词是什么？准确地说，汉译为"对象化"的德语动词就是 vergegenständlichen（名词化形式是 Vergegenständlichung），反过来说，vergegenständlichen 也只应被翻译为"对象化"而非其他。就学术研究的严谨性而言，不应将这一概念混同于"物化（verdinglichen）"、"事物化（versachlichen）"或者"客体化（objektivieren）"等马克思所用的其他德语词。这一点在以往没有得到足够的辨明，大量 vergegenständlichen 和 verdinglichen、versachlichen 被同译为"物化"，以致人们对"对象化"的理解存在许多缺漏。本文限于篇幅，无法对每个概念一一展开，只集中于对"对象化"的考察与分析，并根据以上原则，对汉译本中意译和错译的情况予以必要的区分和调整。

笔者利用南京大学马克思主义社会理论研究中心数据库的统计工具，对已出版的《马克思恩格斯全集》MEGA^2 版各卷次中的"对象化"（包括动词及其分词、名词化形式）进行了词频统计，排除了一些不符合统计范围的情况（如恩格斯文本中对马克思的引用），对 MEGA^2 版尚未出版的《神圣家族》、《德意志意识形态》等文本，又基于 MEW 版进行了补充检索，从而第一次实现了对马克思各类文本中对象化概念使用情况的总体把握：根据 MEGA^2 对文本类型的划分，在马克思的著作（Werke）、文章（Artikel）及手稿（Entwürfe）部分，对象化概念除了在《博士论文》时期零星出现之外，只在 1843—1844 年间集中出现；而在《资本论》及其准备性手稿（*Das Kapital* und Vorarbeiten）部分，对象化概念显著地高频出现，特别是在 1857—1863 年间的手稿和德文各版《资本论》第一卷中；在书信（Briefwechsel）部分，对象化概念也只是零星出现；在摘录（Exzerpte）、笔记（Notizen）和批注（Marginalien）部分，对象化概念出现频率也不高，不过可以看出与各时期著作、文章的写作存在内容上的关联。

由统计结果可见：第一，从总体上看，"对象化"确实是贯穿马克思整个思想历程的一个关键概念，对它的理解必须以坚实的文本解读为基础；第二，从主题上看，马克思的对象化概念突出地集中在其政治经济学的批判性研究笔记、手稿与著作中，换句话说，这个概念虽然原本是个纯粹的哲学概念，却被马克思大量用于经济学语境之中，这是十分耐人寻味的；第三，从历史变化上看，在马克思思想发展的不同阶段，对象化概念的使用情况存在明显的起伏，这为我们准确理解马克思的哲学革命提供了概念依据，也提示我们，对于不同阶段对象化概念的含义、性质与功能，需要作出不同的定位；第四，从频次分布上看，与学界以往对"对象化"的一般印象相当不同的是，对象化概念海量地出现在马克思后期比较成熟的政治经济学批判文本之中，也就是说，如果想要完整准确地理解马克思的对象化概念，那么重点必须放在后期，而不应停留在马克思前期并不成熟的文本当中。

综上所述，在马克思从青年黑格尔派走向历史唯物主义，最终实现科学的政治经济学批判的思想历程中，对象化概念先是集中出现，继而暂时消失，而后又大量出现，成为折射马克思思想转折与发展的一个标志性概念。对象化概念的发展伴随着马克思经济学批判的不断深入，突出地体现了马克思在经济学语境中的哲学思考。也就是说，理解对象化概念，无论是对于理解马克思的思想变化发展，还是理解马克思政治经济学批判背后的哲学思想，都具有特殊重要的意义。

二、"对象化"概念的人本学来源与经济学语境中的复调内涵

正本需清源。马克思的"对象化"是从哪里来的呢？最常见的、几乎已成定论的说法是：黑格尔。人们之所以得出这个印象，除了青年马克思自己对黑格尔的评价外，卢卡奇对青年马克思的阐释也有很大影响。在1948年出版的《青年黑格尔：论辩证法与经济学的关联》（*Der junge Hegel：über die Beziehung von Dialektik und Ökonomie*）一书中，卢卡奇指出，

1844年的马克思严格区分了"自在的劳动（Arbeit an sich）"中的"对象化"与"劳动的资本主义形式（kapitalistische Form der Arbeit）"中的"异化"，借此批评黑格尔在客观方面将"异化"等同于"对象性（Gegenständlichkeit）"，而扬弃"对象性"是黑格尔哲学错误的顶峰。① 1967年，卢卡奇在写作《历史与阶级意识》新版序言时，还基于以上阐释对自己的早期论述作了自我批判，认为该书"跟在黑格尔后面，也将异化等同于对象化"，是一个"根本的和严重的"错误。卢卡奇继续强调，"异化"与"对象化"是"对立的根本范畴（entgegengesetzte Grundbegriffe）"，"对象化"是始终存在、不可扬弃的，而只有在特定的社会中"对象化"才带来"异化"。② 卢卡奇之所以要突出"对象化"与"异化"的对立，是要强调青年马克思的唯物主义与黑格尔唯心主义的差别，对后人的研究产生了很大的影响。然而，当人们沿着这种阐释思考下去的时候，却往往忽视了一个基本问题：黑格尔本来的论述是否真如青年马克思所批判的那样，把"异化"和"对象化"两个概念等同了起来？黑格尔本人究竟是如何对待"对象化"概念的呢？

笔者先是检索了德文版的《精神现象学》，这是青年马克思重点分析的文本，结果显示，"对象化"出现频次为0。笔者进而对德文《黑格尔全集》（苏尔坎普版）③进行了全文检索，愕然发现：黑格尔从来没有使用过"对象化"（包括动词 vergegenständlichen 及其名词化形式 Vergegenständlichung）。他只使用过形容词"对象性的（gegenständlich）"及其派生名词"对象性（Gegenständlichkeit）"。需要强调的是，"对象化"与"对象性"乍看相似，但词性、结构、含义均有不同：简单来说，前者基本形式是动词，后者基本形式是形容词，前者是在后者的基础上加动词前缀 ver - 构成。动词前缀 ver - 在这里有"使成为"、"增强"的意思，也就是说，"对象化"

---

① ［匈］卢卡奇：《青年黑格尔（选译）》，王玖兴译，商务印书馆1963年版，第120—121页。译文根据德文有改动，下同。Vgl. Lukacs, Georg, *Werke*, Darmstadt: Luchterhand, 1967, S. 674.
② ［匈］卢卡奇：《历史与阶级意识》，杜章智、任立、燕宏远译，商务印书馆1992年版，第19—20页。Vgl. Lukacs, Georg. *Werke*, Darmstadt: Luchterhand, 1977, S. 26 - 27.
③ G. W. F. Hegel, *Werke in 20 Bänden*, Frankfurt/Main: Suhrkamp, 1986.

比"对象性"多出了一层能动的建构性意涵。考虑到这一点，作者又检索了德文《费希特全集》（伊·赫·费希特编）①，但也没有发现对象化概念。其实，卢卡奇本人在概念引述上也是相当严谨的，他在分析黑格尔相关思想的时候，用的是黑格尔的"对象性（Gegenständlichkeit）"而非"对象化"，而在提到 Vergegenständlichung 时，他特别注明，这是"用马克思《经济学哲学手稿》中的术语（die Terminologie der »Ökonomisch-Philosophischen Manuskripte« von Marx）"②。遗憾的是，我们以往在评论黑格尔时，往往没有注意到这一点，而直接将"对象化"当作黑格尔本人的概念和思想。

那么，马克思究竟从哪里得到了对象化概念？又为什么会用它来评析黑格尔哲学呢？

如前所述，早在《博士论文》期间，深受青年黑格尔派影响的马克思已经多次用"对象化"来表述自我意识的辩证法③，甚至在关于莱茵议会辩论的讨论中，他还提出，议会应当成为"公共精神的对象化（eine Vergegenständlichung des öffentlichen Geistes）"④。"对象化"会不会是来自青年黑格尔派呢？经检索，笔者在费尔巴哈的《黑格尔哲学批判》（*Zur Kritik der Hegelschen Philosophie*, 1839）、《基督教的本质》（*Das Wesen des Christenthums*, 1841）、《哲学改造临时纲要》（*Vorläufige Thesen zur Reform der Philosophie*, 1843）、《未来哲学原理》（*Grundsätze der Philosophie der Zukunft*, 1843）等著作的德文本⑤中，发现了大量"对象化"概念。同时，就目前笔者接触的材料而言，在鲍威尔、卢格等人的德文本⑥中暂未发现这一概念。马克思从《博士论文》写作时起就受到费尔巴哈的影响，

---

① J. G. Fichte, *sämmtliche Werke*, hrsg. v. J. H. Fichte, Berlin: Veit und Comp, 1845–1846.
② 参见［匈］卢卡奇：《历史与阶级意识》，杜章智、任立、燕宏远译，商务印书馆1992年版，第19页。Vgl. Lukacs, Georg. *Georg Lukacs Werke*, Bd. 2, Darmstadt: Luchterhand, 1977, S. 26.
③ K. Marx, *Differenz der demokritischen und epikureischen Naturphilosophie*, MEGA², I/1, Berlin: Dietz Verlag, 1975, S. 47; S. 48; S. 51; S. 56.
④ K. Marx, *Debatten über Preßfreiheit und Publikation der Landständischen Verhandlungen*, MEGA², I/1, Berlin: Dietz Verlag, 1975, S. 136.
⑤ L. Feuerbach, *Sämtliche Werke*, Band 2, 6, Stuttgart: Frommann-Holzboog Verlag, 1959, 1960.
⑥ *Die Hegelsche Linke*, hrsg. v. Heinz und Ingrid Pepperle, Leipzig: Verlag Philipp Reclam jun., 1985.

在《博士论文》中,他不仅直接引述了费尔巴哈的《近代哲学史》(*Geschichte der neuern Philosophie*,1833)中伽桑狄对伊壁鸠鲁的评述,而且论文中的许多概念选取和观点倾向都表现出与费尔巴哈高度的近似性。① 费尔巴哈在《基督教的本质》中使用"对象化"尤其集中,而这本书中关于主语(Subjekt)和谓语(Prädikat)颠倒的批判更成为青年马克思批判黑格尔的范本。在《黑格尔法哲学批判》中,青年马克思六次使用"对象化"来批判黑格尔将谓语倒置为主语的种种唯心主义表现。例如,抽象的主权在黑格尔哲学中"被对象化了(vergegenständlicht)",进而成为独立的思辨性的主体,而青年马克思纠正说,"主权不外是国家主体被对象化了的精神(vergegenständlichte Geist)"②。这种批判显然和费尔巴哈如出一辙。而在《论犹太人问题》中,马克思也是完全依循费尔巴哈的思路和语境来使用这一概念:"一个受宗教束缚的人,只有使自己的本质成为异己的(fremden)幻想的本质,才能把这种本质对象化(vergegenständlichen)。"③ 至此,我们可以基本判定,马克思的"对象化"概念来自青年黑格尔派,主要是(甚至可能仅仅是)费尔巴哈,而不是来自黑格尔。

现在,我们确定了两件事:(1)"对象化"不是黑格尔的概念,而是批判黑格尔的概念;(2)马克思的"对象化"来自费尔巴哈,这直接体现了费尔巴哈人本学批判对马克思的影响。这样一来,当我们再次面对青年马克思的《巴黎笔记》及手稿,卢卡奇的阐释也变得很不充分了:"对象化"不仅不能说明马克思对黑格尔唯心主义的超越性,反而恰恰表明,青年马克思在逻辑的关键处,仍然停留在费尔巴哈的批判层面!只肯定"对象化"与否定"异化"是不够的,因为如果它们只不过是人本学这枚硬币的两面,那么,马克思对政治经济学的异化批判即便再精彩,也不过是基于道义理想的外在批判,而不是基于经济过程的内在批判,更很难说

---

① W. Vgl. Schuffenhauer, *Feuerbach und der junge Marx*, Berlin: VEB Deutscher Verlag der Wissenschaften, 1972.
② 《马克思恩格斯全集》第 3 卷,人民出版社 2002 年版,第 32 页。K. Marx, *Zur Kritik der Hegeischen Rechtsphilosophie*, MEGA², I/2, Berlin: Dietz Verlag, 1982, S. 25.
③ 《马克思恩格斯全集》第 3 卷,人民出版社 2002 年版,第 197 页。K. Marx, *Zur Judenfrage*, MEGA², I/2, Berlin: Dietz Verlag, 1982, S. 168.

是独创性和革命性的。因此，必须回到文本，仔细考察：《巴黎笔记》及手稿中的"对象化"是否仍然是人本学性质的？青年马克思的"对象化"有没有超越费尔巴哈？

在《44年手稿》和对穆勒《政治经济学原理》的摘要评注中，马克思共使用"对象化"29次。与此同时，"异化"在《巴黎笔记》及手稿中共出现了174次，远高于"对象化"。可见，在绝大部分论述中，二者并没有像卢卡奇的阐释中那样，成对地出现。不过，"对象化"的出现主要服务于青年马克思的经济学异化批判逻辑，却是不争的事实。在异化劳动理论中，"对象化"最引人注意的用法是阐释人的类本质及其现实异化关系："劳动的对象是人的类生活的对象化"①，"人的对象化的本质力量以感性的、异己的、有用的对象的形式，以异化的形式呈现在我们面前"②。这是主导此时马克思思想的人本学逻辑在发挥作用。不过，在一些引述分析经济学理论的段落，"对象化"也作为描述性概念，用来描述劳动转变为产品的客体化过程。"劳动的产品是固定在某个对象中的、实物性的（sachlich）劳动，这就是劳动的对象化。劳动的现实化（Verwirklichung）就是劳动的对象化。"③ 这里"对象化"就是现实化的同义语，它无非是说，劳动产品是作为活劳动的产物形态、对象形态而存在的，这种描述并不包含某种人本学的理想化设定。也正是在这样的语境下，马克思也将这个"劳动产品"表述为"对象化劳动（vergegenständlichte Arbeit）"④，根据MEGA编委会的考证，这也是马克思第一次使用"对象化劳动"这一词组⑤。

笔者认为，必须重新准确地理解马克思的这个"对象化劳动"。"对象化"在这里是动词的第二分词形式，因此，准确的汉译应为"被对象化的

---

① 《马克思恩格斯全集》第3卷，人民出版社2002年版，第274页。
② 《马克思恩格斯全集》第3卷，人民出版社2002年版，第307页。
③ 《马克思恩格斯全集》第3卷，人民出版社2002年版，第267—268页。K. Marx, *Ökonomisch-philosophische Manuskripte (Erste Wiedergabe)*, MEGA², I/2, Berlin: Dietz Verlag, 1982, S. 236.
④ K. Marx, *Ökonomisch-philosophische Manuskripte (Erste Wiedergabe)*, MEGA², I/2, Berlin: Dietz Verlag, 1982, S. 243.
⑤ K. Marx, *Ökonomische Manuskripte und Schriften 1858–1861*, MEGA², II/2, Apparat, Berlin: Dietz Verlag, 1980, S. 377.

劳动"。什么被对象化了？这里的四格宾语也很清晰，不是人本学意义上的人的类本质，而是经济学概念——劳动。也就是说，与一般理解不同的是：马克思大量使用的"对象化劳动"不是指人作用于外部对象的劳动"活动"，而是指劳动活动自身被转化成物性的"对象"形态。这一点，从以上原文也可以看得很清楚：劳动的产品，就是劳动的现实化、对象化，也就是"被对象化的劳动"。可见，马克思的"对象化劳动"从一开始就不是对人类一般生产活动的概括，而是对经济学语境中的劳动产品的一种透视：物的背后是劳动。这正是劳动价值论的基本思路。可以说，"对象化劳动"是一个"跨学科"的词组。马克思对这一哲学概念的经济学挪用，起初也许是无意识的。但它表明，当青年马克思进入经济学语境之后，"对象化"的使用呈现出了全新的复调内涵："对象化"主要被用来表达人的类本质的实现，但也开始作为客观描述性概念，指代现实的经济关系。马克思想用自己的方式来分析工人付出劳动而被剥削的生产关系现实，不过此时他还没有能力进行更深入的经济学分析。

"对象化"的这种复调内涵在《评弗里德里希·李斯特的著作〈政治经济学的国民体系〉》（以下简称《评李斯特》）中得到了延续。当马克思开始用工业的历史性视角代替原来的人本学批判方法，"对象化"概念也随之锐减为两次。然而这两次使用却很有代表性。一方面，"对象化"仍有人本学的意味："工业可以被看作是大作坊，在这里人类自身（Mensch sich selbst）第一次占有他自己的和自然的力量，使自身对象化（sich vergegenständlicht），为自身创造一种人类生活的条件。"[①] 另一方面，在经济学上，马克思将私有财产（物）的本质归结为劳动（活动），并用"对象化"来说明这一视角转换："私有财产无非是对象化的（vergegenständlichte）劳动。"[②] 德语的语法结构非常严谨，以上两句中，被"对象化"的四格

[①] 《马克思恩格斯全集》第42卷，人民出版社1979年版，第257页。K. Marx, *Über F. Lists Buch "Das nationale System der politischen Ökonomie"*, In: Kritik der bürgerlichen Ökonomie, Berlin: Verlag für das Studium der Arbeiterbewegung, 1972, S. 28.

[②] 《马克思恩格斯全集》第42卷，人民出版社1979年版，第254页。Marx, K. *Über F. Lists Buch "Das nationale System der politischen Ökonomie"*, In: Kritik der bürgerlichen Ökonomie, Berlin: Verlag für das Studium der Arbeiterbewegung, 1972, S. 25.

宾语是截然不同的：前者是人"自身"，后者则是"劳动"。结合全句来看，前句中，被对象化为工业的，是人的理想性类本质；而后句中，被对象化为私有财产的，是经济学的劳动。前者依然是人本学话语，后者则是基于经济学的客观描述。这种差别，微观而清晰地表明青年马克思的两种交织着的思想逻辑：即将退场的费尔巴哈式的人本学唯物主义，和即将登场的从现实生产过程出发的历史唯物主义。

回顾青年马克思的文本，越是他深受费尔巴哈影响的时候，"对象化"出现的次数也就越多。而当马克思在1845年写下著名的十一条提纲，与费尔巴哈告别的时候，"对象化"也随之消失了。马克思用黑格尔的概念即"对象性的（gegenständlich）活动"来说明"实践"①的意义，以此与费尔巴哈划清界限。而在初次系统阐述历史唯物主义的文本《德意志意识形态》中，"对象化"也全然不见了，"对象性"亦很少出现。这说明，马克思正处于哲学革命的过程中，他有意识地放弃传统哲学话语，探索新思想的科学表达方式。原来人本学语境中的宏观的人类本质的对象化实现，现在被表述为物质生产。以此为基础，马克思开始用"社会关系"、"生产关系"等概念来说明社会历史的秘密，这预示着他从宏观哲学批判走向对具体生产关系的科学考察。

三、"对象化"概念的重新出场：资本逻辑的哲学透视

当马克思带着历史唯物主义的全新方法论，重新投入经济学研究的时候，青年时代的人本学异化批判逻辑被放弃了，但当时关于经济学的一些思考则在新的理论逻辑中得到了扬弃和升华。"对象化"的重新出场就是最好的例子。在马克思的《资本论》及其手稿的经济学分析中，对象化概念扮演了十分重要的角色：它不仅是马克思基于劳动价值论解剖

---

① 《马克思恩格斯文集》第1卷，人民出版社2009年版，第499页。

经济事实的哲学表达，而且为马克思透视资本主义生产关系的秘密提供了支撑。

从目前出版的文本情况来看，"对象化"首先重现于1849年首次出版的《雇佣劳动与资本》中："只是由于积累起来的、过去的、对象化的（vergegenständlichten）劳动支配直接的、活的劳动（lebendige Arbeit），积累起来的劳动才变为资本。"① 此处的"对象化劳动"与《44年手稿》和《评李斯特》中的"对象化劳动"语法结构完全一致。这就表明，1844年开始的"对象化"作为经济学描述的功能被延续了下来，但是马克思的经济学水平已经有了明显的进步：当年他只是在交换和分配层面，将"劳动产品"（《44年手稿》中）、"私有财产"（《评李斯特》中）指认为对象化劳动；现在则是在社会化大生产的层面，将"资本"也指认为对象化劳动。而且，马克思此处对"资本"的界定也很深刻：资本不是与工人无关的外物，而恰恰就是工人劳动的产物，而且，资本不是对厂房、设备等物质形态的规定，而是对资本家与雇佣劳动者之间的生产关系的规定。马克思在这里提出了一组对立的概念："对象化劳动"与"活劳动"。只有对象化劳动构成对活劳动的支配关系时，劳动所积累起来的外物才成为实质意义上的资本。换言之，资本家对工人的支配关系才是资本的实质。可以说，"对象化"这一哲学概念被马克思十分巧妙地用于政治经济学分析当中：其一，凭借"对象化劳动"，马克思将"资本"归结为"劳动"，从而贯彻了劳动价值论，也实现了对经济事实的哲学透视；其二，通过"对象化劳动"与"活劳动"的对立，马克思突出了资本与劳动的现实颠倒关系，从而为发现剩余价值理论奠定了基础。以上两层内涵，也贯穿于后来《资本论》及其手稿的全过程。

我们先来看其中第一层内涵是如何体现的。在《57—58年手稿》中，"对象化"的第一次出现是在评述斯密的劳动价值论的段落。马克思说，斯密的贡献在于提炼出了抽象劳动。正因为有了抽象的劳动一般，"也就有了被规定为财富的对象的一般性，这就是产品一般，或者说又是劳动一

---

① 《马克思恩格斯文集》第1卷，人民出版社2009年版，第726页。K. Marx, *Lohnarbeit und Kapital*, MEW 6, Berlin: Dietz Verlag, 1973, S. 409.

般，然而是作为过去的、对象化的（vergegenständlichte）劳动"①。这就把"对象化劳动"的内涵说得更加明确了：这里的劳动不是指具体的劳作活动，而是现代意义上的一般抽象劳动。也就是说，如果考虑到马克思的劳动二重性划分，那么"对象化劳动"绝不能被理解为具体劳动，相反，它恰恰是马克思基于抽象劳动（斯密以来的劳动价值论的概念基础）来分析现代经济事实的有力武器。而在后续的大量阐述中，马克思常常将"对象化劳动"与"活劳动"相并置，来说明经济过程背后的这个同一的基点——劳动："唯一与对象化（vergegenständlichte）劳动相对立的是非对象化（nicht vergegenständlichte）劳动，活劳动。前者是存在于空间的劳动，后者是存在于时间中的劳动；前者是过去的劳动，后者是现在的劳动；前者体现在使用价值中，后者作为人的活动处于过程之中，因而还只处于使自身对象化（sich zu vergegenständlichen）的过程中；前者是价值，后者创造价值。"② 一言以蔽之，对象化劳动与活劳动形态不同，但本质都是劳动，都是创造价值的抽象劳动。对象化劳动之所以难以被理解，就是因为它以对象的形式体现在事物的使用价值中，从而掩藏了其价值本原。这里虽然出现了"使自身对象化"的表达，但被对象化的这个"自身（sich）"不再是理想性的"人类"，而是经济学语境中的"活劳动"。而且，马克思对经济学的理解也有了新的飞跃：他直接将"对象化劳动"解读为"价值"，这就完全超越了物性层面，把"价值"与"劳动"直接联系起来，可谓对劳动价值论最精炼的哲学贯彻。可以说，以物的方式存在的价值，其实质都是对象化的劳动；而能够被对象化的劳动，都是创造价值的劳动。

让我们再来看"对象化劳动"的第二层内涵。马克思反复分析"对象化劳动"和"活劳动"的关系，不仅是要说明劳动价值论，更是要走向资本主义生产关系，走向剩余价值理论。在马克思这里，工人面对生产资料

---

① 《马克思恩格斯全集》第 30 卷，人民出版社 1995 年版，第 45 页。K. Marx, *Ökonomische Manuskripte 1857/58*, MEGA², II/1, Berlin: Akademie Verlag, 2006, S. 39.
② 《马克思恩格斯全集》第 32 卷，人民出版社 1998 年版，第 39 页。K. Marx, *Zur Kritik der politischen Ökonomie*（*Manuskript* 1861–1863）, MEGA², II/3.1, Berlin: Dietz Verlag, 1976.

的劳作过程，被透视为"活劳动"向"对象化劳动"的追加过程。这种生产关系的本质，不是活劳动消耗资本家所提供的劳动对象，而是对象化劳动作为独立于工人之外的力量，驱使着工人不断追加新的活劳动，从而服务于资本的价值增殖。"价值只是对象化（vergegenständlichte）劳动，而剩余价值（资本的价值增殖）只是超过劳动能力的再生产（Reproduction des Arbeitsvermögens）所必需的那部分对象化劳动而形成的余额。"① 原本是活劳动创造了对象化劳动，而当对象化劳动成为资本，却反过来成为支配活劳动的力量。"主体和客体的关系颠倒了……劳动自身的这种对象化，即作为劳动的结果的劳动自身，则作为异己的、独立的权力与劳动相对立。"② 对象化劳动与活劳动之间的这种现实的颠倒和支配关系，正是资本逻辑的秘密。

经过反复思考和打磨，在《资本论》最终成果中，马克思还是坚持用"对象化"来描述创造价值的抽象劳动及其运动过程。尽管《资本论》第一卷几经修改，马克思对这一概念的使用始终比较稳定。在1867年汉堡版中"对象化"出现54次，到1890年汉堡版中，"对象化"依然出现51次。不难发现，"对象化"出现在从商品到货币再到资本的逻辑进程的每一关键环节——首先，商品之所以成为分析的起点，就是因为其包含了对象化的人类劳动："对象化在商品价值中的劳动，不仅消极地表现为被抽去了现实的劳动的一切具体形式和有用属性的劳动。它自身的积极的性质也清楚地表现出来了。这就是把一切现实的劳动化为它们共有的人类劳动的性质，化为人类劳动力（Arbeitskraft）的耗费。"③ 在此基础上，货币从商品中脱颖而出："因为一切商品作为价值都是对象化的人类劳动，从而本身可以通约，所以它们能共同用一个独特的商品来计量自己的价值，这样，这个独特的商品就转化为它们共同的价值尺度或货币。"④ 最终，当资

---

① 《马克思恩格斯全集》第30卷，人民出版社1995年版，第377页。K. Marx, *Ökonomische Manuskripte* 1857/58, MEGA², II/1, Berlin: Akademie Verlag, 2006, S. 306.
② 《马克思恩格斯全集》第32卷，人民出版社1998年版，第125—126页。
③ 《马克思恩格斯全集》第44卷，人民出版社2001年版，第83页。Marx, K. *Das Kapital*, Erster Band (Hamburg 1890), MEGA², II/10, Berlin: Dietz Verlag, 1991, S. 67.
④ 《马克思恩格斯全集》第44卷，人民出版社2001年版，第114页。

本作为对象化劳动，支配着活劳动不断创造剩余价值时，现代资本主义生产关系的剥削性和颠倒性便达到了顶峰："当资本家把货币转化为商品，使商品充当新产品的物质形成要素或劳动过程的因素时，当他把活的劳动力（Arbeitskraft）同这些商品的死的对象性（Gegenständlichkeit）合并在一起时，他就把价值，把过去的、对象化的、死的劳动转化为资本，转化为自行增殖的价值，转化为一个有灵性的怪物，它用'好像害了相思病'的劲头开始去'劳动'。"[①] 如果说，在青年马克思眼里，《精神现象学》中绝对精神的自我展开是依靠自我意识的对象化，那么在《资本论》中，资本的实现过程离不开抽象劳动的对象化。不过，后一个"对象化"已经不再是思辨话语，而是透析资本主义体系的重要逻辑工具。

综上，从《博士论文》中的偶然提及到批判黑格尔法哲学时有意识地跟从费尔巴哈的人本学逻辑，再到1844年进行经济学研究时将其转用于经济学分析，"对象化"内涵的变化也反映出马克思思考语境和理论逻辑的变化。青年马克思的主导逻辑是用"应该"批判现实，用好的"对象化"来否定不好的"异化"，对象化的宾语主要是理想化的自我意识或者人的类本质设定。经济学意义上的转用虽已初现端倪，但远未达到科学水平。而在创立了历史唯物主义之后，当"对象化"在《资本论》及其手稿中重新出现时，它继承了青年马克思的问题意识，却完全褪去了人本学的色彩。这种转用意义上的"对象化"对马克思至关重要，因为这一概念生动体现了德国思辨哲学传统的关系性思维方式，正是在这一概念的支持下，马克思从物性中透视互动，从个别中提炼一般，在哲学深度上贯彻了劳动价值论，揭示了抽象劳动与现代商品—货币—资本体系的内在关联，进而导引出"对象化劳动"与"活劳动"之间的现实颠倒，从而科学地阐明了资本主义生产关系的异化本质，而不必再诉诸外在的理想悬设。因此，在马克思的政治经济学批判进程中，"对象化"是一个值得深入探究的哲学逻辑构件。

[①]《马克思恩格斯全集》第44卷，人民出版社2001年版，第277页。Marx, K. *Das Kapital*, Erster Band（Hamburg 1890），MEGA², II/10, Berlin: Dietz Verlag, 1991, S. 177.

对象化"反对"异化①
——评《1844年经济学哲学手稿》中的一个潜在矛盾悖结

张 亮

正如马尔库塞在1932年预言的那样,《1844年经济学哲学手稿》(以下简称《手稿》)的发表,成为20世纪马克思主义研究史上的一件大事。② 西方一些力图"发展"马克思主义的人学理论家终于找到了直接的文本依据,据此他们断言,马克思主义就是一种人本主义,马克思在《手稿》中创立了一套完整的思想体系,他的中后期思想不过是这一体系生出的一些新论题而已。作为对这股人本主义思潮的一种理论反拨,法共理论家阿尔都塞在60年代③宣布,《手稿》是非马克思主义的,其"总命题"是黑格尔的理性主义和费尔巴哈的人本主义,它还属于资产阶级意识形态,是马克思思想中的"黎明前的黑暗的著作"。由于阿尔都塞不理解或根本没有打算去理解,马克思何以能在短短的几个月后、在1845年春天就实现了哲学的革命,因此,他只是形而上学地断定,在《手稿》和《关于费尔巴哈的提纲》、《德意志意识形态》之间存在一个"认识论上的断裂"。在阿尔都塞那里,哲学革命成了一个不可理解的"无中生有"的突现。

---

① 原载《南京社会科学》1997年第4期,第8—14页。
② [美]马尔库塞:《历史唯物主义的基础》,转引自《西方学者论〈1844年经济学—哲学手稿〉》,复旦大学出版社1983年版,第93页。
③ 指20世纪60年代。——编者注

南京大学孙伯鍨教授在七八十年代[①]的研究已经表明，在《手稿》中存在两种不同的逻辑：人本学逻辑和现实的科学逻辑。[②] 张一兵教授在90年代[③]的研究进一步确证了以上的观点，他指出，科学逻辑只是作为人本学逻辑的一种总体否定性因素存在于《手稿》之中。[④] 也就是说，历史唯物主义的科学逻辑有一个完全可以追寻的生成过程。

在这里，笔者则打算依据这一总体思路，再专题式地深化其中一个重要的逻辑悖结，即：对象化"反对"异化。

我们知道，马克思主要在手稿的最后、在笔记本Ⅲ中的《对黑格尔的辩证法和整个哲学的批判》中，集中讨论了对象化问题，在其中，他充分肯定了黑格尔的"人通过劳动不断自我生成"的思想。我以为，《手稿》中的对象化理论具有两重性：一方面，它是异化史观的本体论前提，是青年马克思人本主义社会批判理论的哲学基础；另一方面，它则是对青年马克思前期经济学研究成果的哲学升华，是对《共产主义》手稿中关于工业和科学是历史发展的巨大动力的思想的理论确证。也就是说，在《手稿》中，对象化不仅在人本学的意义上被自觉地运演着，而且还在非人本学的意义上、在科学逻辑的意义上被**不自觉地**使用着。在这个意义上，我说，对象化潜在地"反对"异化。

一

马克思曾说，异化方法是德国人特有的思维方式，这是很有道理的。不过，在马克思以前的德国古典哲学家那里，异化和对象化的基本含义并没有被明确地界定，它们和外化、物化是一组同义词，不同的哲学家对它们的基本内涵有不同的界划，但在同一个哲学家那里它们则是可以相互换

---

① 指20世纪七八十年代。——编者注
② 孙伯鍨：《探索者道路的探索》，安徽人民出版社1985年版，第四章。
③ 指20世纪90年代。——编者注
④ 张一兵：《马克思历史辩证法的主体向度》，河南人民出版社1995年版，第一章第三节。

用的。马克思是第一个明确区分了对象化和异化的不同内涵的哲学家。"工人在他们的产品中的外化,不仅意味着他的劳动成为对象,成为外部存在,而且意味着他的劳动作为一种异己的东西不依赖于他而在他之外的存在,并成为同他对立的独立力量;意味着他给予对象的生命作为敌对的和异己的东西同他相对抗。"① 简单地说,"对象化,即工人的生产",异化"即工人的产品在对象化中的异化、丧失"。② 可见,对象化是从发生学的角度出发,对主客体关系的一种事实判断;而异化则主要是基于人本主义伦理学,对主客体关系的一种价值判断。

异化—对象化方法虽然是德国人特有的思维方式,但是,它还有着更为久远的文化史渊源。按照弗洛姆的说法,整个异化概念在旧约的偶像崇拜概念中得到了它在西方思想中的头一个表现。③ 偶像是人用双手亲自做成的,它们是物,而人们却对它跪拜,表示崇敬。人在偶像中倾注了自己的生命特质,可是在偶像崇拜的过程中,人却与他自己的生命力相疏远。恩格斯曾称赞卢梭的《论人类不平等的起源和基础》一书是"辩证法的杰作",正是在这部著作中,异化方法得到了近代意义上的第一次明确表述。④ 卢梭从抽象的人性出发,把人性看作是历史发展的动力,看作是衡量历史进步的尺度,他把人类历史看作一个从抽象的完美的人性出发,经过人性的异化,最后再实现向完美人性复归的过程。卢梭的思想给了黑格尔以直接的启发。

通过费希特的自我对非我的哲学逻辑设定,德国古典哲学已经明确地获得了异化思想。只是黑格尔第一次在哲学上确立了异化概念,在他那里,异化主要有三种用法,其中最主要的一种是指理念通过自身的行动变为与其本质相异相违之物,变成物质存在。⑤ 黑格尔认为,理念是世界的

---

① 《马克思恩格斯全集》第42卷,人民出版社1979年版,第91—92页。
② 《马克思恩格斯全集》第42卷,人民出版社1979年版,第92页。
③ [美]弗洛姆:《马克思关于人的概念》,转引自《西方学者论〈1844年经济学—哲学手稿〉》,复旦大学哲学系现代西方哲学研究室译,复旦大学出版社1983年版,第57页。
④ 《马克思恩格斯选集》第3卷,人民出版社1972年版,第59页。
⑤ 其他两种用法:第一是指人与人自己正当存在的异化,第二是指在法律意义上的把某物放弃给别人或转让给别人。

本质，理念为了实现自身，必然地把自己对象化、外化为物质世界；正是在这种存在与本质的二元对立中，理念认识到对象的精神本质，从而实现自身。我们知道，在《手稿》中，马克思曾批判黑格尔只看到了劳动的积极方面，而没有看到劳动的消极方面，把对象化和异化混为一谈了，这种说法有一定的道理。① 卢卡奇在《青年黑格尔》一书中指出，黑格尔也曾在"商品拜物教"的意义中使用异化概念，那是对工人在劳动中自我否定的资本主义社会现实的一种理论反映。但是，黑格尔毕竟没有形成一套社会批判理论，异化主要是他的本体论模型的一个逻辑构件。也就是说，黑格尔主要是在对象化、客体化的意义上使用异化概念。

在费尔巴哈那里，对象化（Vergegenstaendlichung）是与主体性（Subjektivitaet）相对立的一个概念。费尔巴哈对对象化没有进行过专门的界说。但据他对宗教的论述，这个概念的一般含义应是，人把自己的本质移到自身之外，并把它作为另外的本质对待。或者说，人"自己的本质……作为另外的本质而成为他的对象"。②

对象化在费尔巴哈那里首先具有本体论的含义。感性事物或感性实体的存在，是一种对象性的存在。"一个实体必须牵涉到的对象，不是别的东西，只是他自己的明显的本质。"③ 例如，食草动物的主要对象是植物，因此它的本质就表现于植物，等等。"主体必然与其发生本质关系的那个对象，不外是这个主体固有而又客观的本质。"④ 同时，对象化又表现为一种思维模式。既然实体的对象就是实体外在的本质、本质的显现，那么，"一个实体是什么，只能从它的对象中去认识"⑤。

在以上两种理解的基础上，费尔巴哈又把对象化提升为一种批判方

---

① 《马克思恩格斯全集》第42卷，人民出版社1979年版，第164页。
② [德] 路德维希·费尔巴哈：《费尔巴哈哲学著作选集》下卷，荣震华等译，商务印书馆1984年版，第38页。
③ [德] 路德维希·费尔巴哈：《费尔巴哈哲学著作选集》上卷，荣震华等译，商务印书馆1984年版，第126页。
④ [德] 路德维希·费尔巴哈：《费尔巴哈哲学著作选集》下卷，荣震华等译，商务印书馆1984年版，第29页。
⑤ [德] 路德维希·费尔巴哈：《费尔巴哈哲学著作选集》上卷，荣震华等译，商务印书馆1984年版，第126页。

法。这种批判方法集中体现了费尔巴哈对象化范畴的作用和意义。

费尔巴哈认为，"同类的实体可互为对象"①，也就是说，主体和客体、实体与其对象之间存在一种同类、同构的关系，两者之间互为前提，互为表现，互为证明；这种关系在逻辑中就表现为主词和宾词的同一性和相互转换性。"无论在哪里，只要有宾词……表明主词的本质，那么宾词跟主词就毫无区别，宾词就可以用来代替主词。"② 这一倒置方法运用到宗教批判中就是："凡在宗教中作为宾词的，我们都可以把它们当作主词，而凡是在宗教中作为主词的，我们也都可以把它当作宾词。也就是说，我们可以把宗教之神谕颠倒过来，把它理解为反面真理，而这样一来，我们就洞察了真相。"③ 对宗教的批判同时也就是对思辨哲学的批判，因为"思辨哲学的本质不是别的，只是理性化了的、实在化了的、现实化了的上帝的本质。思辨哲学是真实的、彻底的、理性的神学"④。

可见，费尔巴哈主宾倒置的批判方法不过是其对象化范畴在方法论上的具体表现，正是这一方法，极大促进了青年马克思思想的发展。需要说明的是，费尔巴哈很少使用异化术语，但是，凡是他使用对象化的地方，他的异化概念也同样适用。同时，费尔巴哈对异化和对象化的关系已经有了一种模糊的认识，他已经察觉到，异化是对象化在一定阶段上的特殊表现形式。⑤ 但是，他并没有对此作出明确的界说。

莫泽斯·赫斯是青年黑格尔派中的一个重要人物，由于资料限制，长期以来国内学界没能给予足够的重视。马克思在《手稿》的序言中明确指出，"赫斯的几篇论文和《德法年鉴》上恩格斯的《国民经济学批判大

---

① ［德］路德维希·费尔巴哈：《费尔巴哈哲学著作选集》上卷，荣震华等译，商务印书馆1984年版，第127页。
② ［德］路德维希·费尔巴哈：《费尔巴哈哲学著作选集》下卷，荣震华等译，商务印书馆1984年版，第38、15页。
③ ［德］路德维希·费尔巴哈：《费尔巴哈哲学著作选集》下卷，荣震华等译，商务印书馆1984年版，第89页。
④ ［德］路德维希·费尔巴哈：《费尔巴哈哲学著作选集》上卷，荣震华等译，商务印书馆1984年版，第123页。
⑤ 《马克思恩格斯全集》第42卷，人民出版社1979年版，第46页。

纲》"给予了他真正的帮助。① 可以说，赫斯和恩格斯的这几篇论文构成了影响《手稿》时期马克思思想发展的直接的微观理论背景。

赫斯首先肯定了费尔巴哈的宗教批判的历史功绩，其次则认为费尔巴哈只发现了人的本质的"理论的外化"，应当把"费尔巴哈的人本主义运用到社会生活中去"，去发现人的本质的"实践的外化"。② 赫斯的结论是："社会的本质，人的类本质，他的创造性的本质，对于人类来说过去以及迄今都是一种神秘的、彼岸的本质。这一本质在社会生活中作为国家力量、在理论上作为上帝以及在实践上作为金钱力量同他相对立。"③ 赫斯的社会批判理论在他对金钱的本质的论述中达到了最高峰。他指出，"现代肮脏交易世界的本质，即金钱，是现实化了的基督教的本质"，是上帝，而"上帝则不过是世俗的资本"，是金钱。④

赫斯一方面把费尔巴哈的宗教批判引向深入，引向社会经济批判；另一方面则把费尔巴哈的对象化理论引入经济分析，发现了物质交往或协作关系。

赫斯认为，交往是人的社会生存要素或生活要素，具有不可让渡的性质。⑤ 交往是个体实现、利用、行使和发挥自己力量或本质的形式，是生产力的实现形式。"像地球上的空气是地球的工厂一样，人的交往是人的工厂，单个的人在这里实现和利用自己的生命、能力。"⑥ "只有这种协作，才能实现生产力。"因此，交往对生产力的发展有限制作用。"他们的交往越发达，他们的生产力也就越强大，而只要交往受到限制，他们的生

---

① [德] 赫斯：《哲学和社会主义文集》(1837—1850)，W. 门克编，1980 年德文版，第 293 页。
② [德] 赫斯：《哲学和社会主义文集》(1837—1850)，W. 门克编，1980 年德文版，第 285—286 页。
③ [德] 赫斯：《哲学和社会主义文集》(1837—1850)，W. 门克编，1980 年德文版，第 339 页。
④ [德] 赫斯：《哲学和社会主义文集》(1837—1850)，W. 门克编，1980 年德文版，第 330 页。
⑤ [德] 赫斯：《哲学和社会主义文集》(1837—1850)，W. 门克编，1980 年德文版，第 330 页。
⑥ [德] 赫斯：《哲学和社会主义文集》(1837—1850)，W. 门克编，1980 年德文版，第 331 页。

产力也就到限制。"① 交往是一个历史过程，有其发展史或形成史。

通过以上思想史的回顾，可以看出，在马克思创作《手稿》之前，异化和对象化的基本内涵都已经独立地出现了，它们共同构成了青年马克思思想发展的支撑性背景。

二

我们知道，《手稿》第一次原文全文发表是在1932年，当时有苏联学者编辑的和德国社会民主党人编辑的两种版本同时面世。后一个版本由于自身编辑质量的问题，没有得到广泛传播。流行于世的主要是第一种版本。50年代，苏联学者又对这个版本进行了修订和校正，从而最终形成了俄文本第二版《马克思恩格斯全集》第42卷中的文本样式。42卷中的文本具有很高的可信度，但这并不意味着它完全符合历史的原貌。42卷的编者对马克思自己标注的笔记本Ⅲ的结构作了若干较大的变动，其中之一就是，把原来位于笔记本Ⅲ尾部的《序言》移到了《手稿》的开头。这么一来，似乎《手稿》真的就是《序言》中提到的那部著作的手稿了。

荷兰学者于·罗扬在1983年对此提出了质疑。他认为，《手稿》并不是马克思在《序言》中计划要写的那部著作，甚至也不是那部著作的粗略的草稿；《手稿》只是马克思在1844年6月至8月间批判地阅读国民经济学著作时的思想发展过程的真实再现。罗扬的这个观点是值得重视的。

我以为，自从在《黑格尔法哲学批判》中抛弃了黑格尔式的显性唯心主义历史观之后，马克思就一直在努力探索一条唯物主义的历史观，以和当时的各种社会主义、共产主义思潮划清界限，使自己的"科学"的共产主义立场在理论上真正站立起来。② 马克思当时已经接受了费尔巴哈的人本学唯物主义的基本立场，但由于费尔巴哈"过多地关注自然"，因此，

---

① ［德］赫斯：《哲学和社会主义文集》(1837—1850)，W. 门克编，1980年德文版，第330—331页。
② 《马克思恩格斯全集》第1卷，人民出版社1956年版，第416页。

在他那里，唯物主义历史观还是一处空场。也就是说，哲学历史观的探索是贯穿于1844年马克思关于国民公会史和国民经济学研究的一条主线。

马克思在1844年对国民经济学的研究与他在创立了唯物史观之后的经济学研究有着根本的差异。此时，他并没有像《序言》中标榜的那样，在进行经验的、实证的科学研究，而是透过费尔巴哈人本主义这个棱镜，对国民经济学进行哲学的批判和吸纳。国民经济学还只是他人本主义批判的对象和理论建构的脚手架。我发现，随着批判阅读的重点的转移，马克思理论思考的兴奋点也随之发生了迁移，据此可以把《手稿》界划为两部分：以笔记中Ⅰ为第一部分，笔记本Ⅱ和笔记本Ⅲ为第二部分。它们同时也就标志着马克思此时思想发展的二个阶段。

根据《马克思恩格斯全集》国际版新版的编译说明，我们可以看到，马克思当时对经济学的研究是从做萨伊的《论政治经济学》摘录开始的，在摘录了萨伊的另一部著作之后，马克思进而对斯密的主要著作进行了摘录，之后，马克思就开始了《手稿》笔记本Ⅰ的写作。① 马克思的这种研究顺序是有某种必然性的，萨伊是法国庸俗经济学的创始人，是斯密学说的忠实信徒，他的学说是当时的社会主义者的理论出发点。这些社会主义者没有认真研究过斯密的学说，却断言萨伊的学说是斯密学说的进一步发展。因此，马克思从研究萨伊的著作开始，并着重对斯密的学说进行了批判和研究，其锋芒始终是指向法国社会主义者的立场的。

斯密是政治经济学这门学科的真正创始人。与重农学派不同，除了土地之外，斯密还承认劳动是价值的源泉。斯密认为，工人、资本家和土地所有者是社会的三大基本阶级，工资、利润和地租是三大基本收入形式，这三种收入形式是收入、交换价值的原因和自然价格的组成部分。斯密学说的主要矛盾在于，他既承认劳动是价值的源泉，却又维护资本主义这种不利于劳动者的分配形式的合理性。我们知道，在《德法年鉴》时期，一方面马克思已经得出了市民社会决定国家（政治）的明确结论，另一方面，他已经转到了无产阶级的立场，通过对社会政治现实的分析，他看到

---

① 《马列主义研究资料》第2辑，人民出版社1984年版，第29—27页。

了无产阶级完全丧失了自己权力的现实。这些势必会促使马克思对斯密的学说产生强烈的兴趣，从而进一步研究市民社会的内部结构和分配形式。

在笔记本Ⅰ中，我们看到，马克思通过对斯密工资理论的研究，很快就发现了斯密学说的主要矛盾。马克思评论道："国民经济学家对我们说，劳动的全部产品，本来属于工人，并且按照理论也是如此。但是他同时又对我们说，实际上工人得到是产品中最小的，没有就不行的部分……是为繁衍工人这个奴隶阶级所必要的那一部分。"① 劳动本身在私有制条件下，只要它的目的仅仅在于增加财富，它就是造孽的，"这是从国民经济学家的阐发中得出的结论，尽管他并不知道这一点"②。在进行了这些论述之后，马克思划了一道横线，进行了小结。他认为："在社会财富增进的状态中，工人的沦亡和贫困化是他的劳动的产物和他生产的财富的产物。就是说，贫困从现代劳动本身的本质中产生出来。"③ 马克思当时得出的结论是，劳动在资本主义条件下，"在国民经济学中仅仅以谋生活动的形式出现"④。

劳动创造了财富，而劳动者却日益贫困。这不是异化，还能是什么呢？异化劳动范畴的形成对当时的马克思而言，实是一件自然的事。正是借助异化劳动范畴，马克思形成了他的四重异化学说。我认为，学界对马克思的异化理论的社会批判性质给了足够的重视。但往往忽视了它的历史观特性。既然马克思已经得出了市民社会决定国家（政治）的明确结论，又对资本主义社会的政治生活和经济生活都作出了异化的判决，那么，他应当得出什么样的历史观结论呢？"私有财产的运动——生产和消费——是以往全部生产的运动的感性表现，——宗教、家庭、国家、法、道德、科学、艺术等等，都不过是生产的一些特殊的方式，并且受生产的普遍规律的支配。"⑤ 我认为，马克思在结束笔记本Ⅰ的写作后，就已经能够做出类似的结论了，尽管他当时并没有这么做。

---

① 《马列主义研究资料》第2辑，人民出版社1984年版，第52—53页。
② 《马克思恩格斯全集》第42卷，人民出版社1979年版，第55页。
③ 《马克思恩格斯全集》第42卷，人民出版社1979年版，第55—56页。
④ 《马克思恩格斯全集》第42卷，人民出版社1979年版，第56页。
⑤ 《马克思恩格斯全集》第42卷，人民出版社1979年版，第121页。

实际上，马克思在写作完笔记本Ⅰ后，就已经形成了对社会历史的结构性的唯物主义看法了。这也是他从《德法年鉴》以来所进行的唯物主义的历史观探索的第一个阶段性成果。

我注意到，在笔记本Ⅰ中，除了人的本质的外化、现实化之外，马克思对对象化范畴并没有提出什么新的看法。在这一点上，马克思依旧停留在（甚至还没有达到）赫斯的水平上。我认为，这种状况也是有某种必然性的。马克思此时关注的中心是斯密的分配学说，斯密生活在工场手工业阶段，在他的著作中，近代工业对历史的巨大推动作用根本不可能得到反映。在斯密的所有学说中，马克思接触最多、最感兴趣的是他的分配理论。也就是说，马克思此时只是通过斯密的学说接触到了社会经济生活的最表层——分配，社会经济生活的本体——工业生产——尚未进入马克思的视界。经济学研究的局限性决定了对象化在笔记本Ⅰ中，还只能是一个必要的然而却是抽象的逻辑环节。对象化在人本学的意义上为异化提供了本体论基础。

三

我认为，笔记本Ⅱ和笔记本Ⅲ共同构成了马克思此时思想发展的第二阶段。在这一阶段上，马克思的研究兴趣主要集中在李嘉图学派上。李嘉图是古典经济学的集大成者，他的学说代表的是新兴工业资产阶级的利益，他针对重农学派的观点，直接指出，劳动是财富的唯一源泉。在笔记本Ⅰ中，马克思实际上也涉及了李嘉图的著作和观点，不过他那时并没有意识到李嘉图与斯密之间的差别。而在笔记本Ⅱ中，马克思已经认识到，"李嘉图、穆勒等人比斯密和萨伊进了一大步……英国国民经济学的一个合乎逻辑的大进步是，它把劳动提高为国民经济学的唯一原则。"[①]

那么，如何理解这种理论的进步呢？马克思当时认为，这是"从现实

---

① 《马克思恩格斯全集》第42卷，人民出版社1979年版，第105页。

的发展进程中必然产生出资本家对土地所有者的胜利,即发达的私有财产对不发达的、不完全的私有财产的胜利"①,是现实的发展在理论上的反映。马克思已经意识到,李嘉图学说的胜利归根结底是"工业和运动的奇迹"和必然结果。②在资本主义条件下,"一切财富都成了工业的财富,工业是完成了的劳动……工业资本是私有财产的完成了的客观形式"。③可见,马克思通过经济学的深入研究,已经从社会经济生活的表层——分配——深入到了社会经济生活的本体——工业——之中了,他已经真实地感受到了工业的威力及工业的发展与社会结构的变迁、经济学理论的变化之间的内在联系了。

在笔记本Ⅲ中的《共产主义》手稿中,我们看到,马克思已经把经济对历史发展的决定作用上升为一个更具普遍性的原理了。不仅资本主义的发展同经济发展相联系,同样,共产主义的实现也与经济的发展相关联,"整个革命运动必然在私有财产的运动中,即在经济中,为自己既找到经验的基础,也找到理论的基础。"④在隔了三页之后,马克思再一次确证了工业对历史发展的巨大推动作用。他指出,"工业的历史和工业已经产生的对象性的存在,是一本打开了的关于人的本质力量的书"⑤,自然科学通过工业"进入人的生活,改造人的生活,并为人的解放作准备","工业是自然界同人之间,因而也是自然科学同人之间的现实的历史关系"⑥。

毫无疑问,工业只是一个纯经济学范畴,而不是一个哲学范畴;但是,就其作为"自然界同人的现实的历史关系"而言,它是完全可以被改造为"人的本质的对象化"这个人本主义哲学范畴的,——这一点,我们很快就会看到。因此,当马克思肯定工业——而不是对象化劳动——是历史发展的动力时,他就第一次为历史发展的主导因素找到基于社会物质条件的历史观的唯物主义落点。

---

① 《马克思恩格斯全集》第42卷,人民出版社1979年版,第110页。
② 《马克思恩格斯全集》第42卷,人民出版社1979年版,第198页。
③ 《马克思恩格斯全集》第42卷,人民出版社1979年版,第115—116页。
④ 《马克思恩格斯全集》第42卷,人民出版社1979年版,第120—121页。
⑤ 《马克思恩格斯全集》第42卷,人民出版社1979年版,第127页。
⑥ 《马克思恩格斯全集》第42卷,人民出版社1979年版,第128页。

传统理解模式往往根据所谓的理论成熟度即表达了多少历史唯物主义的观点，来判断马克思恩格斯早期著作的地位。似乎1845年春天的那场哲学革命只是唯物主义观点的量的积累。这是一种庸俗进化论的观点。从本质上讲，马克思主义只是通过革命获得了一种认识世界的科学方法，新世界观"绝不提供可以适用于各个历史时代的药方或公式"，作为方法论，它"只能对整理历史资料提供某些方便"。① 作为科学方法、科学逻辑，马克思主义哲学"不是从人们所说的、所设想的、所想象的东西出发"②，而是从现实生活出发，去理解人、社会及历史。因此，当马克思说，是工业，而不是先验的人的本质的对象化，是历史发展的动力时，他就在人本主义的思辨哲学框架中不自觉地运演了从客观社会历史现实出发的科学逻辑。

马克思在手稿的《序言》中曾经预告，他将写一部批判国民经济学的著作，在著作的最后一章，他将对黑格尔的辩证法和整个哲学进行剖析。③那么，笔记本Ⅲ中的《对黑格尔的辩证法和整个哲学的批判》部分是否就是那一章的手稿呢？这一点缺乏有力的文本证据。不过，可以确定的是，马克思在这里对自己的历史观中的历时性理论构成进行了整理和反思。它可以被理解为整个《手稿》的哲学结局。

在《对黑格尔的辩证法和整个哲学的批判》中，我们看到，马克思经过了一系列的经济学漫游之后，重新回到了费尔巴哈人本主义的基本立场，回到了人的本质。马克思在对黑格尔《精神现象学》、主要是最后一章绝对知识的批判过程中，有意识地系统化了自己的历时性的人本主义历史观理论构成。这一次，无论是异化还是对象化，都经历了彻底的思辨清洗，从而也就失去了任何现实的经验成分。马克思从费尔巴哈的感性原则出发，把人设定为感性存在，进而又设定为对象化存在，因为，"非对象性的存在物是非存在物"④。人只有通过自己的本质力量的对象化，才能证

---

① 《马克思恩格斯选集》第1卷，人民出版社1995年版，第74页。
② 《马克思恩格斯选集》第1卷，人民出版社1995年版，第73页。
③ 《马克思恩格斯全集》第42卷，人民出版社1979年版，第46页。
④ 《马克思恩格斯全集》第42卷，人民出版社1979年版，第168页。

明自己是"现实的类存在物",而人的本质的对象化"首先又是只有通过异化的形式才有可能"①。因为异化与人的类本质相矛盾,所以异化必须被扬弃。共产主义是"以扬弃私有财产作为自己中介的人道主义"②,"是人的本质的现实生成,是人的本质对人说来的真正的实现,是人的本质作为某种现实的东西的实现。"③

可见,人本学逻辑是马克思当时的显性权力话语;科学逻辑的运演还具有某种"偶然性",它最终还是被人本学逻辑所消解、吸收了。但是,正是这种弱小的"偶然性"具有顽强而巨大的生命力。我们看到,在《神圣家族》中,马克思已经开始自觉地运用科学逻辑,从社会关系的角度去分析资本主义的雇佣性质了;在《评李斯特手稿》中,马克思则指出,人只有在工业实践中,才"第一次占有他自己的和自然的力量,使自己对象化,为自己创造人的生活条件"④,在这里,人本学逻辑依然存在,不过只剩下了一个空壳;而这个空壳则在1845春天的哲学革命中被炸得粉碎。科学逻辑成为马克思主义哲学的权力话语。正是从这个发展史的角度出发,我说,科学逻辑、"反对"异化的对象化是人本学逻辑架构中的总体性否定因素。

---

① 《马克思恩格斯全集》第42卷,人民出版社1979年版,第163页。
② 《马克思恩格斯全集》第42卷,人民出版社1979年版,第174页。
③ 《马克思恩格斯全集》第42卷,人民出版社1979年版,第175页。
④ 《马克思恩格斯全集》第42卷,人民出版社1979年版,第257页。

马克思对"对象化"与"异化"关系的三次建构[①]
——概念史视域中的方法论变革

张义修

在马克思哲学研究领域,"对象化"与"异化"是人们耳熟能详的一对概念。不过,大部分关于这对概念的分析,只是基于马克思《1844年经济学哲学手稿》(以下简称"《手稿》")中的相关论述,较少提及马克思其他文本中二者的关系,更罕有指出一个事实,即马克思在晚期政治经济学批判文本中大量使用"对象化"概念,并且对"对象化"与"异化"的逻辑关系作出了新的建构。而"对象化"与"异化"的逻辑关系的变革,恰恰折射出马克思哲学方法论的变革。本文以概念史研究为基础,重新梳理马克思对这一对概念的运用和阐释,深化对历史唯物主义的批判方法论的理解。

一、人本学逻辑中的"对象化"与"异化":
从费尔巴哈到马克思

想要理解马克思文本中"对象化"与"异化"的关系,先要了解这两个概念的原初含义,及其在马克思文本中的出场语境。总的来说,马克

[①] 原载《求是学刊》2017年第5期。

思对这两个概念的使用都直接受到了青年黑格尔派特别是费尔巴哈的影响。起初，青年马克思对这两个概念的使用是分散的。而后，在费尔巴哈人本学唯物主义的影响下，"对象化"与"异化"逐渐成为马克思建构批判逻辑的一对概念。"对象化"对应于人的本真性的应然状态，而"异化"则用来指认和批判实然状态。

首先需要重新厘清马克思对"对象化"与"异化"的最初使用情况。"对象化"对应的德文动词为"vergegenständlichen"，来源于形容词"gegenständlich（对象性）"，意为"使某物成为对象性的"。一种常见的误解是，马克思的"对象化"概念来自黑格尔。事实上，黑格尔从未使用过"对象化"，真正先于马克思而大量使用"对象化"的思想家是费尔巴哈。① 另一个往往被忽略的事实是，马克思并不是从《手稿》中才开始使用"对象化"这一概念的。在《博士论文》中，马克思就提出了自我意识的对象化的观点。② 显然，当时他的"对象化"还服务于自我意识哲学的唯心主义逻辑，也没有和"异化"构成逻辑上的对应关系。"异化"对应的德文动词为"entfremden"，原意为"疏远、脱离"，这是一个具有深厚黑格尔传统的概念，不过，在黑格尔的哲学中，"异化"并不是一个完全消极的、需要被批判的概念，而是精神的辩证发展过程中的必然环节。马克思对这一概念的使用也开始于《博士论文》时期，当时，"异化"也不是一个批判性的概念，反而具有"现实化"的肯定性意味。③

那么，"对象化"和"异化"是如何成为一对具有对立性意味的概念的呢？这可以追溯到费尔巴哈的人本学唯物主义转向。正是费尔巴哈对这两个概念的用法对青年马克思产生了直接影响。在《基督教的本质》、《未来哲学原理》等文本中，费尔巴哈正式提出了关于"人的本质"的思想，并将其标定为基督教神学与思辨哲学的本质。这样，一种人本学的新思路就建立了起来。"新时代的任务是上帝的现实化和人化——就是将神

---

① 张义修：《"对象化"概念之于马克思经济学批判的哲学意义》，载《哲学研究》2016年第3期。
② 《马克思恩格斯全集》第1卷，人民出版社1995年版，第61页。
③ 《马克思恩格斯全集》第1卷，人民出版社1995年版，第52页。

学转变、化解为人本学。"① 这种人本学的新思路赋予了"对象化"以新的意义:"神学的客体不是别的,就是主体的、人的对象化了的本质(vergegenständlichte Wesen)。"② 以"人的本质的对象化"为基点,费尔巴哈展开了对神学及黑格尔思辨哲学的批判。"黑格尔哲学通过将其整个体系建立在这种抽象活动的基础上,使人同其自身相异化了。"③ "绝对哲学就这样将人固有的本质、固有的活动与人相外化和异化了!这就产生出这个哲学加诸我们精神的支配和折磨。"④ 在这里,费尔巴哈强化了"异化"的负面意义,并将"对象化"与"异化"对立起来,前者用来描述人的本质的本真状态,后者用来描述人的本质在神学与思辨哲学中的丧失和被支配状态。

由此可见,在马克思之前,首先将"对象化"和"异化"作为一对相对的概念而提出的,是人本学唯物主义转向之后的费尔巴哈。受此启发,青年马克思在《论犹太人问题》中,将市民社会中的商业活动与金钱统治贬斥为"人的自我异化"⑤。不仅如此,马克思还依循费尔巴哈的理解,为这种异化批判设定了一个逻辑的基点,即人的本质的对象化。"正像一个受宗教束缚的人,只有使自己的本质成为异己的幻想的本质,才能把这种本质对象化,同样,在利己的需要的统治下,人只有使自己的产品和自己的活动处于异己本质的支配之下,使其具有异己本质——金钱——的作用,才能实际进行活动,才能实际生产出物品。"⑥ 在这里,"对象化"和"异化"尚未直接作为一对概念出现。但是,不难看出,青年马克思是依循费尔巴哈的从"对象化"到"异化"的思路开展其批判的,而这种批

---

① Feuerbach, L. *Sämtliche Werke*, Bd. 2, Hg. Friedrich Jodl, Bad Cannstatt: Frommann-Holzboog, 1959, p. 245.
② Feuerbach, L. *Sämtliche Werke*, Bd. 2, Hg. Friedrich Jodl, Bad Cannstatt: Frommann-Holzboog, 1959, p. 291.
③ Feuerbach, L. *Sämtliche Werke*, Bd. 2, Hg. Friedrich Jodl, Bad Cannstatt: Frommann-Holzboog, 1959, p. 227.
④ Feuerbach, L. *Sämtliche Werke*, Bd. 2, Hg. Friedrich Jodl, Bad Cannstatt: Frommann-Holzboog, 1959, p. 280.
⑤ 《马克思恩格斯全集》第3卷,人民出版社2002年版,第192页。
⑥ 《马克思恩格斯全集》第3卷,人民出版社2002年版,第197页。

判的性质同样是人本学唯物主义的。

马克思的"对象化"与"异化"正式作为一对概念出现,是在《手稿》中。青年马克思第一次搭建起经济学批判的基本逻辑架构,也第一次赋予"对象化"与"异化"这两个概念以原创性的独特内涵。马克思指出,人的类的特质在于"自由的有意识的活动"①,这应当表现在人的生产中,因为"生产生活就是类生活"②。这是青年马克思对人的本质的一个新的说明。在现代生产过程中,劳动的对象作为"**人的类生活的对象化**"③,却没有使人真正实现自由的类生活,因为劳动对象并不属于生产者本人,而是被剥夺了。不仅如此,劳动对象被资本家剥夺和占有之后,还反过来成为了支配着工人不断继续劳动的奴役性力量。于是,"对象化表现为**对象的丧失**和**被对象奴役**,占有表现为异化、外化"④。既然劳动对象同时具有了人本学的意味,劳动对象的丧失也就被提升到了人的本质的丧失的高度:"异化劳动从人那里夺去了他的生产的对象,也就从人那里夺去了他的**类生活**。"⑤

这样,马克思就初步构建起了他的异化劳动的批判构架:以人的本质(自由的类生活)的"对象化"作为批判的逻辑基点,把现实劳动中人的本质的丧失和被奴役即"异化"作为批判的靶子。不难看出,马克思是在人本学逻辑的支撑下,用应然的"对象化"的理想状态来批判实然的"异化"状态。这是对费尔巴哈人本学异化批判逻辑的一种创造性的发挥。

二、经济学语境中的哲学透视:重新理解"对象化劳动"与"异化劳动"

在初次批判经济学的过程中,马克思不仅谈论人的本质的对象化,而

---

① 《马克思恩格斯全集》第3卷,人民出版社2002年版,第273页。
② 《马克思恩格斯全集》第3卷,人民出版社2002年版,第273页。
③ 《马克思恩格斯全集》第3卷,人民出版社2002年版,第274页。
④ 《马克思恩格斯全集》第3卷,人民出版社2002年版,第268页。
⑤ 《马克思恩格斯全集》第3卷,人民出版社2002年版,第274页。

且创造性地将"对象化"与"劳动"结合在一起,提出了"劳动的**对象化**"、"**对象化劳动**"。不过,以往的研究对这种结合的特殊性往往重视不足。有些学者将"对象化劳动"理解为人本学意义上人的本质力量对象化的劳动,也有学者将其理解为人面对自然对象的永恒存在的生产劳动。这就引起了关于"对象化劳动"性质的争论:它究竟是人本学的概念,还是接近于后来的"实践"、"生产"的科学概念?笔者认为,二者都不是——"对象化劳动"既不是一个暂时的、后来被马克思放弃的人本学概念,也不是一个科学的、可以被理解为物质生产活动的实践哲学概念,而是一个在经济学分析中偶然出场的经济哲学概念。进而言之,"对象化劳动"和"异化劳动"的关系,既不能被归为人本学的"对象化"与"异化"的关系,也不能被理解为后来马克思成熟理论中"具体劳动"和"抽象劳动"的关系。在《手稿》中,马克思对"对象化劳动"与"异化劳动"的分析,具有特殊内涵与意义,它不仅溢出了人们熟悉的人本学逻辑,而且对马克思后来的政治经济学批判具有先导性作用。

我们还是先来看看《手稿》中的"对象化"究竟是怎样出场的。马克思说:"劳动的产品就是劳动(Das Product der Arbeit ist die Arbeit),这种劳动将自己固定在一个对象(Gegenstand)中、把自己变成事物性的(sachlich)了,这就是劳动的对象化(*Vergegenständlichung*)。劳动的现实化就是劳动的对象化。"[①] 这里的"*Vergegenständlichung*"是一个名词,来自动词"vergegenständlichen"。作为一个名词短语,"劳动的对象化"形容的是这样一个结果:劳动变成了对象性的东西,变成了对象。变成了怎样的"对象"呢?"劳动所生产的对象,即劳动的产品"[②]。可见,不同于我们过去的理解,在马克思的原文中,和"劳动"相结合的"对象化"并不是用来形容劳动"过程",而是用来描述劳动"结果",即劳动产品!马克思想要说明的是,劳动产品不是单纯外在的物性"对象",而是以对象的形态存在的劳动。再简单一点,按照马克思自己的概括,劳动的产品就

---

① 《马克思恩格斯全集》第3卷,人民出版社2002年版。第267—268页。译文根据德文有改动,参见:*Marx-Engels-Gesamtausgabe*, Bd. I/2, Berlin: Dietz, 1982, S. 236.
② 《马克思恩格斯全集》第3卷,人民出版社2002年版,第267页。

是劳动本身。

以上分析了"劳动的对象化"。那么,"对象化劳动"呢?在《手稿》中,"对象化劳动"是作为"劳动产品"的同位语出现的。马克思指出,人"自己的劳动产品即对象化劳动(vergegenständlichten Arbeit)"①。需要注意的是,这里的"劳动"即"Arbeit"不是动词,而是名词。这是一个在中文语境下无法辨明而极易产生误解的问题。这个短语中的"对象化"是动词的第二分词形式,相当于描述被动态的形容词,因此,"vergegenständlichten Arbeit"准确的汉译不是"对象化的劳动",而应为"被对象化的劳动"。是什么被对象化了呢?正是"劳动"。也就是说,"对象化劳动"不是劳动主动地去把别的什么东西对象化,而是劳动本身被动地被对象化了。

由此可见,按照马克思的原意,"劳动产品"="劳动的对象化"="被对象化的劳动",最后一个短语即通常所说的"对象化劳动"。"对象化"中的这个"对象",不是指劳动过程中所面对的外部自然对象,而是指劳动最终所生产出的对象,就其本质来说,这种对象正是劳动本身。这样,青年马克思就把劳动生产出来的"对象"重新指认为"劳动"。

严格地讲,这番指认并不包含人本学的逻辑预设,而是贯彻了一条经济学的理论原则:"**劳动**是**财富**的惟一**本质**"②。马克思是将"对象化"的逻辑转用于理解经济学语境中的"劳动"——在人本学语境中,人的产物就是人的本质的对象化;而在经济学的语境中,"劳动"则成为"财富"的"本质",劳动的产物成为劳动的对象化。这里的"主体"已经不再是"人"本身,而是"劳动"。当然,此时马克思还没有准确区分"财富"和"价值"。但是,他已经将"对象化"的分析逻辑原创性地用于经济学阐释,实现了对劳动价值论的一种哲学透视和说明:劳动产品看起来是物、是对象,但其实是劳动。在这一点上,"对象化"才溢出了人本学的

---

① 《马克思恩格斯全集》第3卷,人民出版社2002年版,第276页。"对象化劳动"对应的德文为vergegenständlichten Arbeit。
② 《马克思恩格斯全集》第3卷,人民出版社2002年版,第290页。

逻辑，马克思超越了费尔巴哈。

　　阐明了"对象化劳动"的基本含义之后，再来理解"对象化劳动"和"异化劳动"之间的关系，便有了全新的视角：马克思之所以要揭示"劳动的对象化"的秘密，不仅是要呈现"劳动"这一财富的本质，更是要进一步批判"异化"的经济现实。在理论上，劳动产品是劳动的对象化；在现实中，劳动产品却不归工人所有，而且反过来支配着工人的劳动过程，"劳动的产品，作为一种**异己的存在物**，作为**不依赖于**生产者的**力量**，同劳动相对立。"① 请注意，这里仍然是对经济现实的指认，同样尚不涉及人本学的逻辑预设。可见，在《手稿》中，马克思并不是一上来就用人本学的应然设定来批判现实，而是从经济学理论和现实出发，讨论现实的劳动过程中发生的"对象化"与"异化"，考察国民经济学所不关注的"对象即工人产品在对象化中的**异化、丧失**"②。换言之，指认"劳动的对象化"是为了从国民经济学对劳动产品的分析出发，"从国民经济学的各个前提出发"③，进而证明"**国民经济学由于不考察劳动者（劳动）同产品的直接关系而掩盖了在劳动的本质中的异化**（die Entfremdung in dem Wesen der Arbeit）"④。一句话，揭示"对象化劳动"的道理，是批判"异化劳动"这一现实的前提。这种"异化"，不是从"人"的本质的应然设定中得出的，而是根植于对"劳动"的本质的理解，故而有所谓"在劳动的本质中的异化"。

　　至此，我们可以对"对象化劳动"和"异化劳动"的原初关系作出两点概括。

　　其一，"对象化劳动"和"异化劳动"都不是纯粹的哲学设定，而是基于经济学的研究。脱离经济学理论特别是脱离了劳动价值论，就会误将其看作纯粹思辨的、非历史性的话语，这不符合青年马克思真实的研究语境。"对象化"、"异化"概念本身都是哲学的，但在关于"对象化劳动"

---

① 《马克思恩格斯全集》第 3 卷，人民出版社 2002 年版，第 267 页。
② 《马克思恩格斯全集》第 3 卷，人民出版社 2002 年版，第 269 页。
③ 《马克思恩格斯全集》第 3 卷，人民出版社 2002 年版，第 266 页。
④ 《马克思恩格斯全集》第 3 卷，人民出版社 2002 年版，第 269 页；译文根据德文有改动，参见：Marx-Engels-Gesamtausgabe, Bd. I/2, Berlin: Dietz, 1982, S. 237.

和"异化劳动"的最初讨论中，他们所涉及的内容都是现实的——"对象化劳动"所表述的劳动创造财富的道理是现实的，"异化劳动"所反映的劳动与财富的颠倒支配关系也是现实的，是马克思通过大量实证研究的摘录笔记而确认的。马克思是在经济学的研究过程中，发现了可以被描述为"对象化"和"异化"的东西，而不是预先就打算用哲学话语去"改装"自己不熟悉的经济学。

其二，"对象化劳动"和"异化劳动"的出场首先是将理论与现实相对照的一种经验性批判。按照马克思最初的表述，"对象化"是基于经济学理论前提的描述，而"异化"是对经济学所掩盖的现实的批判。换言之，"对象化劳动"是一种理论透视，"异化劳动"则是在理论之外揭露了现实。二者不是两种劳动，也不对应于劳动的二重性，而是用理论与现实的反差关系来批判经济学理论的片面性，这种批判归根结底是一种基于经验事实的批判。

总而言之，马克思"对象化劳动"的提出是基于经济学的劳动价值论，而非人本学设定。限于经济学水平，此时马克思对劳动价值论还持有一种否定态度。[①] 他虽然提出了"对象化劳动"，却不是为了肯定劳动概念和劳动价值论，也没有由此出发，进行深入的经济学分析。可以说，"对象化劳动"的出场是偶然的，其含义和性质也是极易被错认的。后来，马克思很快地转入了一种人本学维度的批判，这才有了前文分析过的《手稿》中人本学意义上的"对象化"和"异化"。在那里，"对象化"的宾语从"劳动"回到了"人的本质"。这说明，《手稿》中的"对象化"和"异化"的内涵与关系具有复调性质，不能简单做出单一定性。但无论如何，对"对象化劳动"与"异化劳动"的阐释已经迈出了超越人本学逻辑的第一步。而这个被忽视的新的方法论的萌芽，在历史唯物主义确立之后，在马克思晚期的政治经济学批判过程中，才展现出其深刻性与重要性。

---

① ［俄］巴加图利亚、［俄］维戈茨基：《马克思的经济学遗产》，马健行等译，贵州人民出版社1981年版，第20—22页。

三、历史唯物主义的经济学批判：
用"对象化劳动"、"活劳动"解析"异化"

在《资本论》及其手稿中，马克思大量使用"对象化劳动"，同时频繁使用一个新概念——"活劳动（lebendige Arbeit）"。在这一阶段，"对象化"与"异化"没有成对出现的情况，反倒是"对象化劳动"与"活劳动"反复地成对出现。这说明了什么？笔者认为，马克思不再用"对象化"与"异化"的反差来表征现代经济关系，而是更多地通过对"对象化劳动"和"活劳动"的分析，揭示现代经济关系的本质，从而实现了对"异化"现象的内在解析：在资本主义交换和生产过程中，"对象化劳动"和"活劳动"现实地发生辩证的互动，二者之间的颠倒支配关系，最终表现为"异化"。一句话，"异化"其实正是"对象化劳动"颠倒支配"活劳动"的结果和表现。

前文指出，"对象化劳动"不是指劳动"活动"，而是指劳动的"结果"，即劳动凝结成的"对象"。在马克思后来的论述中，真正用来形容劳动"活动"的概念是"活劳动"，而且，马克思明确将其与"对象化劳动"对立起来："唯一与对象化劳动相对立的是非对象化劳动，活劳动。前者是存在于空间的劳动，后者是存在于时间中的劳动；前者是过去的劳动，后者是现在的劳动；前者体现在使用价值中，后者作为人的活动处于过程之中，因而还只处于自行对象化的过程中；前者是价值，后者创造价值。"[①] 从这段话可以看出，马克思已经对劳动价值论和"对象化劳动"有了新的深刻理解：重点不是劳动在表象层面凝结为"产品"，而是劳动在抽象的层面形成"价值"；不是劳动产品被透视为"对象化劳动"，而是"价值"被透视为"对象化劳动"。以此为基础，劳动力并不掌握既有的价值即"对象化劳动"，却要不断创造新的价值。其中，超出劳动力商

---

① 《马克思恩格斯全集》第32卷，人民出版社1998年版，第39页。

品自身价值的那一部分，就构成了"剩余价值"。"价值只是对象化劳动，而剩余价值（资本的价值增殖）只是超过再生产劳动能力所必需的那部分对象化劳动而形成的余额。"①

可见，马克思通过"对象化劳动"与"活劳动"这两个概念，把资本家及其"资本"和劳动者及其"劳动"在现代生产过程中的关系，重新归结为两种形态的"劳动"之间的辩证关系。"活劳动"转化为"对象化劳动"，后者却反过来支配前者不断创造出剩余价值，这正是资本的形成和作用机制，也是资本主义"异化"关系的本质。这样，马克思就用"对象化劳动"和"活劳动"的新阐释破解了"异化"之谜。

现在，马克思不再像《手稿》中那样，只在经验层面上强调"异化"现象的存在，而是真正说清楚了这种现象的生产关系基础，即资本在生产中对劳动的支配，从而说明了"异化"。剩余价值或剩余产品作为"对象化了的活劳动"②，转变为"**异己的、外在的权力**"③，成为"**在不以活劳动能力本身为转移的一定条件**下消费和利用活劳动能力的权力"④。于是，资本主义生产中就表现出这样的颠倒："劳动的产品，对象化劳动，由于活劳动本身的赋予而具有自己的灵魂，并且使自己成为与活劳动相对立的**异己的权力**（*fremde Macht*）。"⑤ 也可以说："主体和客体的关系颠倒了……劳动自身的这种对象化，即作为劳动的结果的劳动自身，则作为**异己的、独立的权力**与劳动相对立。"⑥ 乍看起来，马克思还是从"对象化劳动"引出主体和客体之间的颠倒与"异化"。仔细分析，差别却是根本性的：只在"资本"的总体逻辑之下，在雇佣关系中，作为"活劳动"产物的"对象化劳动"成为资本，才会反过来驱使"活劳动"，从而形成"异化"。也就是说，只有从生产关系层面出发，从"对象化劳动"的循

---

① 《马克思恩格斯全集》第 30 卷，人民出版社 1995 年版，第 377 页。
② 《马克思恩格斯全集》第 30 卷，人民出版社 1995 年版，第 442 页。
③ 《马克思恩格斯全集》第 30 卷，人民出版社 1995 年版，第 442 页。
④ 《马克思恩格斯全集》第 30 卷，人民出版社 1995 年版，第 442 页。
⑤ 《马克思恩格斯全集》第 30 卷，人民出版社 1995 年版，第 445 页。译文根据德文有改动，参见：*Marx-Engels-Gesamtausgabe*, Bd. II/1, Berlin: Akademie, 2006, S. 363.
⑥ 《马克思恩格斯全集》第 32 卷，人民出版社 1998 年版，第 125—126 页。

环增殖及其对"活劳动"的支配关系出发,才能阐明社会关系层面的资产阶级与无产阶级的现实对立和"异化"。

通过"对象化劳动"和"活劳动",马克思还强调了现代"异化"关系的现实历史基础。社会财富的增长造成了不断堆积的"对象化劳动"对于"活劳动"的优势地位不断强化。"随着劳动生产力的发展,劳动的对象性条件(gegenständlichen Bedingungen)即对象化劳动,在对活劳动的关系(Verhältniß)中必然增长。"① 正是这种优势造成对象化表现为异化。"劳动的客观条件对活劳动具有越来越巨大的独立性……而社会财富的越来越巨大的比重(Portionen)作为异己的和支配性的(beherrschende)权力同劳动相对立。这里强调的(Der Ton wird gelegt)不是**对象化存在**(*Vergegenständlichtsein*),而是异化的(*Entfremdet*)、外化的(*Entäussert*)、外在化的存在(Veräussertsein),是不属于工人,而属于人格化的生产条件,即属于资本的巨大的对象化权力,这种权力把社会劳动本身当作自身的一个要素而同自己相对置。"② 马克思这里的说法,并不是要单纯批判异化,而不批判对象化。后者恰恰是必然导致前者的真实历史基础。资本主义的异化既是生产力发展到一定阶段的产物,也是资本主义雇佣关系的结果。"就这一点来说,这种扭曲和颠倒是**真实的**,而不是**单纯想象的**,不是单纯存在于工人和资本家的观念中的。但是很明显,这种颠倒的过程不过是**历史的**必然性,不过是从一定的历史出发点或基础出发的生产力发展的必然性。"③

由此可见,马克思在其晚期政治经济学批判中,对"对象化"和"异化"的关系作出了新的理论建构。乍看起来,1844 年的马克思肯定"对象化"而否定"异化",在后来似乎也依然如此。但实际上,马克思所实现的理论突破是根本性的。

其一,马克思超越了主体性的哲学视角,不再先在性地设定"主体"。

---

① 《马克思恩格斯全集》第 31 卷,人民出版社 1998 年版,第 243 页。译文根据德文有改动,参见:*Marx-Engels-Gesamtausgabe*, Bd. II/1, Berlin: Akademie, 2006, S. 697.
② 《马克思恩格斯全集》第 31 卷,人民出版社 1998 年版,第 243—244 页。译文根据德文有改动,参见:*Marx-Engels-Gesamtausgabe*, Bd. II/1, Berlin: Akademie, 2006, S. 698.
③ 《马克思恩格斯全集》第 31 卷,人民出版社 1998 年版,第 244 页。

在青年马克思的人本学批判架构中，主体性是第一位的，劳动者的劳动产品、劳动活动，都是由他的主体性派生出来的。而在后来历史唯物主义的分析中，马克思不再预设先在的"主体"，不是主体派生出了"活劳动"，而是"活劳动"本身成为了经济学分析中的逻辑"主体"。作为其产物的"对象化劳动"，反过来支配了"活劳动"，便成为了资本。这里只有不同形态的"劳动"之间的关系，而不再有传统意义上的主体与客体的关系。

其二，马克思不再主要停留在经验物性层面谈论劳动产品和劳动概念本身，也不再依据经验事实中的工人境遇来批判理论与现实的反差，而是深入到经济学理论的内在矛盾之中，通过"对象化劳动"与"活劳动"的灵活运用，实现了对经济学逻辑的深层哲学把握，实现了对现代资本主义生产关系的科学说明。

其三，从逻辑架构上说，马克思虽然仍然由"对象化"出发，但本质上是以价值和资本关系的总体性建构为线索，最终导引出"对象化劳动"与"活劳动"之间的现实颠倒关系，并将之描述为"异化"。在批判模式上，马克思已经不是简单地从"对象化"到"异化"，而是用"对象化"和"活劳动"的辩证关系阐释"异化"。

总而言之，马克思对"对象化"和"异化"的概念内涵和逻辑关系进行了三次不同性质的理论建构，这三重建构逐渐具体化、深入化，反映了马克思在经济学研究基础上探索历史唯物主义的批判方法论的进程。青年马克思人本学架构中的"对象化"和"异化"是用理想（人的本质的实现）去批判现实（人的本质的丧失），是一种价值性的、隐性唯心主义的批判；《手稿》中出现的"对象化劳动"和"异化劳动"的相关论述是用经济学理论（劳动创造财富）去对照经济现实（劳动者受制于财富），是一种实证性的、经验主义的批判；在晚期政治经济学批判语境中，马克思阐明了"对象化劳动"和"活劳动"的矛盾关系，从而结构性、历史性地解析了现实的"异化"。这才是真正内在性的、历史唯物主义的批判。

Versachlichung：物象化还是事物化

张一兵

物化，是马克思中晚期经济学研究中历史现象学批判里的重要问题。在第二国际以后的马克思主义阐释史中，隐在于马克思经济学语境中的物化概念基本上被遮蔽起来，直到20世纪20年代才由青年卢卡奇在《历史与阶级意识》一书中重新解读出来，在"物化与无产阶级意识"论述中，他详尽说明了马克思的物化（Verdinglichung）概念及其现代意义。

可是，时间推移至20世纪70年代之后，日本新马克思主义哲学家广松涉在《唯物史观的原像》中，发现了马克思在自己的文本中说明社会关系颠倒为物的关系时还使用过另一个重要的概念：Versachlichung，他将这一概念译作物象化，以区别于马克思的Verdinglichung（物化）概念。并且，广松涉以物象化作为马克思1845年思想变革的重要落脚点，以异质于之前的人本主义异化史观。所以，他有青年马克思"从人本主义异化论向物象化论的转换"之说。也是在这一讨论和思考中，他指认出，物象化不等于物化。

后期马克思所说的"物象化"，不再是主体的东西直接成为物的存在这种构想，而和将人与人的社会关系宛如物与物的关系，乃至宛如物的性质这种颠倒的看法有关。例如，商品的价值关系，"需求"与"供给"的关系决定物价，货币具有购买力，资本具有自我增殖能力，诸如此类的我们身边的现象。

---

① 原载《中国社会科学报》2012年1月30日第A07版。

在广松涉看来，这种特定的物象化"并不是在近代哲学意义上的主体—客体关系、前者向后者的转化这种构想上的'物化'"，而是"人的主体间性的对象性活动的某种总体联系，宛如物与物的关系、乃至物的性质这样的假现"。必须承认，广松涉这里的指认是深刻的，他区分马克思德文文本中的 Verdinglichung 和 Versachlichung 二词，并界划二者的不同构境点。如果说，Verdinglichung 还有一些"主体转化为客体"意味，而 Versach1ichung 则彻底打破了主—客二元构架，它的本质是人的关系的物象化。广松涉基于德文原初语境的思想构境层显然是很深的情境突现，这对于我们更加准确地把握马克思思想的深一层思想构境层都是极为重要的。

但是，当笔者沿着广松涉的思想构境线索向更深处走的时候，却发现了一些新的问题。广松涉没有深入探究的事情是，Verdinglichung 和 Versachlichung 二词中都由德文中两个表示"物"的原词构成，Verdinglichung 中的原词是 Ding，意思接近英文中通常的 thing，一般用来表示人之外的物、物质性东西；而 Ver-sachlichung 中的原词是 Sache，这个词并没有英文的直接对应词，在日常使用中，此词也是指物和物品，但在构境意会中，会细微地区别于人之外的 Ding，更多地意指与人相关的东西和事情。笔者倾向于将 Sache 区别性地译为"事物"。所以，由 Ding 和 Sache 二词构成的 Dinglich 和 Sachlich 就相应地分别译作"物性"和"事物性"，而 Verdinglichung 和 Versachlichung 两词则再译成"物化"和"事物化"。

这也就是说，笔者认为广松涉在他自己的广松体系即四肢逻辑中将 Ver-sachlichung 日译为"物象化"是有道理的，但在马克思的文本原境中却是不妥的。我们知道，胡塞尔的确是在上述的构境意义上提出现象学的基本口号："回到事情（Sache）本身"。Sache 就成了真正的现象，而广松涉的过人之处，恰恰在于他深受胡塞尔—海德格尔现象学的影响，干脆将 Sache 意译为"物象"，并直接与马克思历史现象学中的经济拜物教发生关联，于是才有了所谓马克思的"物象化"理论一说。

再进入深一些的构境层，这里问题的实质，在于笔者与广松涉对马克思经济拜物教批判前提的不同理解：在广松涉那里，经济拜物教的前提是"人与人的社会关系**宛如**物与物的关系，乃至宛如物的性质这种颠倒的看法"（黑体为笔者所加，是想突显广松涉理解中的这个"看似"、"好像"的意境），所以，拜物教的前提是一种类似物性的虚假呈像，这样，他才会指认 Versachlichung 是一种物象式的看法。

而在笔者看来，马克思经济拜物教的前提，恰恰是人与人的联系客观地被事物（Sache）与事物（Sache）之间的中介性关系所客观替代，虽然这的确不是主—客二元结构中的那种"主体的东西直接成为物的存在"，但也绝不仅仅只是一种主观看法和伪像。就像在交换过程中发生的客观抽象一样，人们在无数次现实的商品交换中，才客观抽象生成了价值等价物；货币是交换关系的一种历史性的客观抽象，而非主观呈像，在人所创造的经济世界中，主体的东西不是简单地变成物（Ding）的东西，现代性的工业生产所生成的社会生活的直接物质基础是与人相关的各种人作用过的事物或者就是人工事物（Sache）；资本主义生产方式中的秘密支配力量，不是一种物象式的主观看法，而原本就是人与人之间的直接劳动联系（Beziehung）建构的社会存在，畸变为另一种被市场交换中介了的商品与商品、货币与货币、资本与资本之间的经济关系（Ökonomischen Verhältnisse）体。

这种畸变的本质是事物性关系的颠倒，其中，原有的劳动联系被遮蔽起来，人们不再知道劳动创造世界的真谛，倒反而崇拜各种经济过程中由交换关系规定和建构的事物（金钱与各种炫耀性商品），这才是马克思经济拜物教的实质。

所以，当马克思在1849年（《雇佣劳动与资本》）发现资本不是物而是一种关系时，其思想构境层是复杂的：第一层构境语义为，资本不是物（Ding），而是一种关系（Verhältnis），这里直接的构境意义为资本不是直观的物品，而是一种抽象把握才能获得的社会关系；第二层构境为资本作为一种社会关系，其实质已经是一种事物性颠倒，即非直观的劳动联系被同样非直观的事物与事物之间的中介性市场关系所替代，这不是主体转换为物体的物化（Verdinglichung），也不是什么主观的物象化看法，而是人与人的联系实现颠倒为事物与事物之间的关系的关系性的事物化（Versächlichung）。

其实，为了物象化一词的日译，笔者先后多次请教了日本学者，其中有广松涉的朋友吉田教授，也有一些同时精通德语和马克思文本的日本专家，如内田弘教授和平子教授。他们都无法说清广松涉为什么将Versächlichung译为"物象化"，并且更有意思的是，对"象"在日文汉字中的构境语义，似乎也没有深究过。

笔者的追问也引起了日本学者的兴趣。在对广松涉哲学的思考中，笔者能体知到他的用意。在他走向自己的"四肢论"过程中，起关键性作用的构境构件之一是胡塞尔—海德格尔现象学，从马赫的关系本体论而来的关注，使广松涉将马克思的哲学意解为批判性的实践现象学，其中，马克思对资本主义经济关系的物性颠倒在人们面前的呈像则成了广松涉的注意焦点和重要逻辑过渡环节。由此，Versächlichung才被日译为"物象化"。笔者认为，并不在广松涉哲学语境中的日本学者不加反思地引述物象化概念则是非法的。笔者的这一指认令不少日本学者感到震惊。

某些读者会对笔者解读当代哲学文本时使用的学术话语的艰涩性提出质疑，笔者想说的是，凭什么一定要我们当代中国思想家的话语停留于20世纪苏东教条主义的通俗话语情境之中？凭什么中国学者就不能形成自己独有的话语系统？凭什么一个根本没有真正下功夫做学问的人就必须读懂当代经典哲学文本？在这一点上，上帝真是公平的，一些人拥着香车美人的时候，我们在书堆中流汗，而文化商人们在钱堆中玩腻时往学术中的偶一回眸，就一定要看懂学术界的经典吗？笔者想说，你们看不懂，倒是学术界的真正尊严。

再论马克思的历史现象学批判[①]
——客观的"事物化"颠倒与主观的"物化"错认

张一兵

自广松涉的《物象化论的构图》一书在中国出版以来，长期在马克思经典文献的德文汉译中发生的一个深层构境的遮蔽事件终于重见天日：马克思晚期经济学研究中所创立的历史现象学中经济拜物教批判的真实基础，竟然是一个从未被关注到的重要理论构境域，即 Versachlichung（事物化）——Verdinglichung（物化）批判视域。[②]但由于广松涉对 Versachlichung 所作的"物象化"重构产生着越来越大的影响，也无形中生成着一种深层次思考构境中新的思想屏障，所以，重新梳理马克思历史现象学中这一重要批判视域的原初构境就成为一件急迫的事情。本文试图厘清马克思 Verdinglichung、Versachlichung 这两个历史现象学范畴与经济拜物教批判之间的真实关系。

一

在《德意志意识形态》一书中发生的整个广义历史唯物主义的建构过

[①] 原载《哲学研究》2014 年第 7 期。
[②] 在《马克思恩格斯全集》第一版的中文翻译中，马克思晚期经济学研究的重要文本中的 Verdinglichung 被译成物化，Versachlichung 也被翻译成物化，而物化更多地还占位性替代了重要的 Vergegenstandlichung（对象化）概念。所以，在我们过去对马克思晚期经济学文本的研究中，如果精细一些则会出现对马克思物化观点的不同层面的理解。其实，这只是由于德文转译成俄文，再转译成中文中发生的译境遮蔽和人为文本幻象。在《马克思恩格斯全集》中文第 2 版的校译中，这一问题正在逐步得到校正。

程中，马克思与恩格斯的主要思考焦点都在于刻意将自己的新想法与传统哲学区别开来，为此，他们直接放弃了全部人本主义劳动异化的哲学话语，并专门标注自己的"实证科学"属性，以此表示对所有思辨哲学的根本拒斥。我发现，也由于这种特定的批判目标的设定，人本主义价值悬设批判话语的被摈弃，《德意志意识形态》这一文本中的确出现了某种现象学批判缺席的状况：我们不难看到异化观批判逻辑退场后留下的巨大价值评判空场，广义历史唯物主义对社会历史一般概说背后，对当下资产阶级社会现实的批判被大大弱化了。依我的理解，如果社会存在决定观念，那么，现实中的资产阶级意识形态则是商品—市场王国的必然对应物，穿越现实幻象的激进批判话语——科学的社会主义则需要全新的生长点。这恐怕也是马克思再一次投身到经济学研究的主要原因。

即便如此，我们还是可以在《德意志意识形态》一书中发现一些处于压抑状态的批判性意向。我们看到，摆脱了人本学话语的马克思试图通过从经济学研究中借用来的分工（*Teilung der Arbit*）范畴，导引出一种历史性的现实社会批判，即走向对包括资产阶级社会在内的四种所有制形式的历史性批判。依马克思这时的看法，分工导致劳动及产品的不平等分配，从而也产生了私有制。分工的发展也产生了单个人（或单个家庭）的利益与所有相互交往的个人的共同利益之间的矛盾。更重要的是，在过去用异化观揭露的劳动异化现象之处，马克思实证地发现了新的情况：只要人们还处于自然形成的社会（naturwiichsige Gesellschaft）中，只要私人利益与公共利益之间还存在分裂，只要分工还不是出于自愿而是历史地自发生成，"那么人本身的活动对人来说就成为一种异己的、同他对立的力量，这种力量压迫着人，而不是人驾驭着这种力量"。[①]

具体说，马克思发现的人之外的"异己力量"是分工的固定范围，或者叫分工的片面性状态。由此，马克思指出，在这样的社会发展中，分工所导致的"社会活动的这种固定化（Sichfestsetzen der sozialen Tätigkeit），我们本身的产物聚合为一种统治我们的、不受我们本身控制的、与我们的

[①] 《马克思恩格斯全集》第3卷，人民出版社1960年版，第27页。

愿望背道而驰的并抹煞我们打算的事物性力量（sachlichen Gewalt）"——马克思在此还专门作了一个特设说明——"是过去历史发展的主要因素之一"。① 这个 Gewalt 在德文中也有控制和支配的意思。这是历史唯物主义创立之后，区别于自然物（Ding）的事物性力量的第一次出现。然而，我必须指出，马克思这种从分工的片面性引导出来的物役性批判，从出发点上就是不够准确的。他甚至没有深入到斯密的劳动分工的内部，在那里，分工作为手工业工场内部的劳动分工，首先是与生产率相关，也就是说，劳动分工是资本主义商品经济发展的内部生产力提高的条件之一，之后，才会出现由于劳动分工所导致的社会总劳动与产品的全新关联，以及劳动产品商品市场交换联系所生成的价值关系事物化等问题。当然，我也注意到，在《德意志意识形态》第 1 卷后面的第三章中，马克思开始将这种异己的外部力量从片面分工的结果更准确地定位为"一切实际的财产关系的真实基础"的社会关系，但是，"在分工的范围里，这些关系必然取得对个人来说是独立的存在"。② 这仍然是不准确的，以后我们会看到，不是分工造成了异己的力量，而是资本主义市场交换才生成了人与人的关系颠倒为事物与事物的关系。或者换句话说，即"在一定的、当然不以意志为转移的生产方式内，总有某些异己的、不仅不以分散的个人而且也不以他们的总和为转移的实际力量（praktische Mächte）统治着人们"③。在此时的马克思看来，"个人行为（Individuellen Verhaltens）向它的对立面即向纯粹的事物性的行为（sachliches Verhalten）的转变，个人自己对个性和偶然性（Zufälligkeit）的区分，这正如我们已经指出的，是一个历史过程（geschichtlicher Prozeß），它在发展的不同阶段上具有不同的、日益尖锐的和普遍的形式。在现代，事物性的关系对个人的统治（Herrschaft der sachlichen Verhältnisse über die lndividuen）、偶然性对个性的压抑，已具有最尖锐最普遍的形式"④。人的活动向

---

① 《马克思恩格斯全集》第 3 卷，人民出版社 1960 年版，第 29 页。译文原来将此处的 sachlichen 译为"物质的"，我改译作"事物性的"。
② 《马克思恩格斯全集》第 3 卷，人民出版社 1960 年版，第 421 页。
③ 《马克思恩格斯全集》第 3 卷，人民出版社 1960 年版，第 273—274 页。
④ 《马克思恩格斯全集》第 3 卷，人民出版社 1960 年版，第 515 页。译文原将 Verhaltens 译作"关系"，我改译为"行为"（cf. Marx/Engels, S. 424）。

事物性的关系的转变，这是一个十分深刻的指认，并且，马克思在这里都十分精确地使用了与人相关的 sachliche 一词，而并没有用物的关系（dingliche Verhältnisse）。这是一个重要的区分。然而，在这里，事物性的关系的本质被马克思指认为某种"普遍形式"的偶然性对人的个性的压抑。此处的"普遍形式"一语显然带有黑格尔"法哲学"社会现象学的痕迹，后来在经济学研究的历史现象学批判中，马克思才科学地说明了这一黑格尔式的思辨行话。

紧接着，马克思立刻得出一个极重要的逻辑确认：这就是过去他用异化来指认的东西！——"用哲学家易懂的话来（um den Philosophen verständlich zu bleiben）"，就是"异化（Entfremdung）"！① 此时，异化概念已经不再是马克思思考语境中重要的逻辑规定，这大概也是为什么马克思总是否定性地指认分工，而不像后来那样首先肯定分工的进步意义，然后再历史地说明分工在私有制条件下导致奴役性关系的原因。在此时的马克思的眼里，分工的理论角色，是在经济学科学中才能得以确认的恶之源。马克思的逻辑转换在此明确地得以显现，他力图用科学的经济学规定取代哲学的价值规定："异化"是价值评判，分工是社会现实结构。为此，马克思在后面的第三章中将批判的矛头直接对准施蒂纳，因为他根本不能理解真实发生的历史真相，即"在个人利益变为阶级利益而获得独立存在的这个过程中，个人的行为不可避免在受到事物化、异化（versachlichen, entfremden），同时又表现为不依赖于个人的、通过交往（Verkehr）而形成的力量，从而个人的行为转化为社会关系（gesellschaftliche Verhältnisse），转化为某些力量，决定着和管制着个人，因此这些力量在观念中就成为'神圣的'力量"②。请注意，也是在这里，作为本文关注和思考焦点的 versach-

---

① Maix/Engels, *DiedeutscheIdeologie*, inMEW, Bd. 3, 1969, Berlin: DietzVerlag, S. 35.
② 《马克思恩格斯全集》第3卷，人民出版社1960年版，第273页; cf. Marx/Engels, S. 228。译文原来将此处的 veraachlichen 译成"物化"，我改译为"事物化"。日本学者广松涉在日文翻译中，为了迎合自己的现象学（胡塞尔和海德格尔）取向，将其译作"物象化"，我再三思量后以为是不妥的。并且，广松涉为了凸显自己的这一"发现"，专门指认出马克思文本中的另一个概念 Verdinglichung（物化），其实，此词马克思只是在《资本论》第3卷中使用过两次，从来没有在重要的理论讨论中使用过。

lichen 与 entfremden 并置地出现了。这是马克思第一次创造和使用"事物化"（versachlichen）一词。在德文中，Versachlichung 是"使某些东西变成事物"（etwas zur Sache Machen）之意。这里，马克思使用了此词的形容词，在后面的讨论中，马克思批评施蒂纳时提到"竞争中的事物化（Versachlichung）"①。这也是此书中仅有的两次使用事物化概念。显然，这里肯定没有后来被广松涉所重构的"物象化"之意。我们可以看到，替代异化逻辑的事物化概念在马克思的文本里的第一次出场情境中，马克思的批判对象是不明确的。versachlichen 只表明了一种抽象的事物性的外部力量对人的反向统治，用我的概括即物役性，而没有通过经济学的研究认真找到资本主义经济关系颠倒的本质和复杂发生机制。

1857 年 7 月至 1858 年 10 月，马克思写下了著名的《1857—1858 年经济学手稿》，从而进入他第三次也是最重要的经济学研究过程。我们可以看到，马克思在批判资产阶级政治经济学、建构和实现自己的政治经济学变革的同时，也在有意识地超越资产阶级古典经济学的拜物教意识，在科学批判的起点上不断深化着历史唯物主义的哲学逻辑，即以批判资本主义生产方式为主要对象的狭义的历史唯物主义和批判的历史现象学（geschichtliche Phänomenologie）。也是在这里，我们将最终遭遇马克思关于资本主义社会经济关系的特有的客观颠倒和误识的完整 Versachlichung（事物化）——Verdinglichung（物化）批判视域，以及三大经济拜物教理论。

由于古典经济学将资本主义这种特定社会历史的存在视为永恒的自然物质存在，所以马克思在《1857—1858 年经济学手稿》中开始进行的政治经济学（die politische Ökonomie）研究，从历史哲学的视角上看，正是为了说明资本主义生产方式的历史性和暂时性的方面，因为它本身就是一种历史地变化并将被超越的现实。正是这种历史性的现实，在资本主义商品生产和市场经济中产生了一个巨大的多重颠倒的复杂社会关系筑模。资产阶级政治经济学就是在这种社会关系颠倒的经济现象中形成它们特有的拜物教意识形态：将资本主义生产方式特有的社会历史存在直接设定成经

---

① 《马克思恩格斯全集》第 3 卷，人民出版社 1960 年版，第 433 页；Marx/Engels, S. 357。

济运行本身的自然的客观属性，所以，在资产阶级的意识形态中，资本主义经济运行相对于人类生存的事物化颠倒，直接被指认为人的天然本性（"自然法"）和社会存在（生产）运作天经地义的正常形式（"自然秩序"），如此一来，三大经济拜物教（商品、货币和资本）就会是其逻辑发展的必然结果。

我们都记得，在《1844年经济学哲学手稿》中，马克思同时批判了黑格尔与斯密、李嘉图，那时他凭借着人本主义社会现象学，从主体向度出发，用人本主义一层层剥离资产阶级政治经济学所肯定的现象（事实）的丑恶面具，从而复归人的劳动类本质。1845年以后，马克思创立了广义历史唯物主义科学，他在放弃人本主义异化史观的同时，也暂时放弃了现象学批判。他的焦点意识主要集中于资本主义历史发展中内在的客观矛盾，而不是这种社会历史规律的表现形式与现实具象。因此，事物化（"异化"）与颠倒的经济现象并不是广义历史唯物主义客体向度的关注主题。我们也看到，他以并不精准的物役性批判生成自己的过渡理论形态。然而，在1847年以后特别是在第三次经济学研究进程中，马克思在对大量资本主义生产方式的具体表象的研究中，再一次从主体（劳动）向度出发，也再一次开始关注商品—市场经济关系的事物化与颠倒的问题（人本主义话语中的"异化"批判）。他再一次从经济学研究中发现，资本主义生产关系，从劳动到价值、货币再到资本，这是劳动关系和劳动成果本身事物化与颠倒的二次方，是"异化的异化"。而这里从主体出发指认的颠倒与事物化的发生，不再是相对于人本主义类本质的"应该"，而是相对于"先有"（封建社会及以前的直接和简单的经济关系）与"后有"（共产主义的人类理想化生存之客观可能性），这一"先"一"后"都是一种客观存在，后者是一种客观的现实可能性。对于前资本主义的"先有"，这种关系颠倒的事物化是一种客观的进步，也是人的进步；而对于"后有"，这种事物化则是新型的奴役、对抗的历史形式。马克思指出了面对"先有"与"后有"的事物化的不同，它正是马克思此时的历史逻辑与过去人本主义异化史观的一个很重要的异质性区别。

在这里，马克思深刻地指认出，相对于"先有"的人的依赖关系

（persänliche Abhängigkeitsverhältnisse）的前资本主义"第一大社会形式"，资本主义社会的本质是："以事物性的依赖性（die sachliche Abhängigkeit）为基础的人的独立性（Unabhängigkeit），这是第二大形式，在这种形式（form）下，才形成普遍的社会物质变换，全面的联系（universale Beziehungen），多方面的需求以及全面的能力体系。"① 首先，在马克思看来，资本主义社会关系的本质不是过去汉译文本中"物（Ding）的依赖性"，而是"事物性的依赖性"，原先的这个误译将会导致严重的理论误识。其次，也是在这里，马克思第一次完整说明了第二大社会形式即资本主义社会中人与人的关系的事物化与颠倒。这正是本文非常关注的问题。这是一个很大的跳跃，因为这显然是黑格尔"法哲学"市民社会现象学批判逻辑的"接着说"！马克思认为，在资本主义商品市场经济中，由于交换价值成为目的，一切都必须转化为交换价值，交换价值成为个人抵达现实社会认同的唯一通道。相对于过去那种第一大社会形式中简单的人与人的直接交往关系，当下资本主义社会中人与人的关系需要经过交换中介的事物化和颠倒（Verkehrung）成为不可避免的现象。马克思写道："活动的社会性，正如产品的社会形式以及个人对生产的参与，在这里表现为对于个人是异己的东西（Fremdes），表现为事物性的东西（Sachliches）；不是表现为个人互相间的关系（Verhalten），而是表现为他们从属于这样一些关系，这些关系是不以个人为转移而存在的，并且是从毫不相干的个人互相冲突中产生出来的。活动和产品的普遍交换已成为每一单个人的生存条件，这种普遍交换，他们的互相关联（wechselseitiger Zusammenhang），表现为对他们本身来说是异己的、无关的东西，表现为一种事物（als eine Sache）。在交换价值上，人的社会联系（dei gesellschaftliche Beziehung der Personen）转化为事物性的社会状态（ein gesellschaftliche Verhalten der Sachen）；人的能力转化为事物性的能力（das persönliche Vermögen in ein sachliches）。"②

---

① 《马克思恩格斯全集》第46卷上册，人民出版社1979年版，第104页。译文将此处的sachliche译作"物的"，我改译为"事物性的"；而form被译成"形态"，我均改译为"形式"（cf. MEGA², II/1, S. 90 – 91）。

② 《马克思恩格斯全集》第46卷上册，人民出版社1979年版，第103—104页；cf. MEGA², II/1, S. 90。

我们可以清楚地看到，与《德意志意识形态》中那种着眼于分工导致的活动固定化的思考不同，马克思此时已经通过经济学研究理解了资本主义经济关系本身的历史性颠倒和事物化。

资本主义社会为什么是"以事物性（sachliche）的依赖性为基础"呢？马克思告诉我们：在资本主义社会之中，"为什么人们信赖事物（Sache）呢？显然，仅仅是因为这种事物是人们互相间的事物化的关系（versachlichtem Verhaltnis），是事物化的交换价值（Tauschwert），而交换价值无非是人们互相间生产活动的联系（Beziehung der produktiven Tätigkeit）"①。这是事物化概念的第二次在场。第一次是在前述《德意志意识形态》中。我认为，马克思历史现象学中十分重要的事物化批判理论正是在这里被真正建构起来的。他让我们看到，在资本主义经济世界中，人们所拜物教式地依赖的事物（商品、货币和资本）的真正本质是人与人"相互间的生产活动的联系"，更准确地说，是发生于商品—市场活动中的劳动交换关系客观抽象为"交换价值"关系，这里发生的重要事件是，人与人的关系颠倒地事物化为商品（货币）之间的关系。这种颠倒和事物化的实质恰恰遮蔽了资本主义经济剥削的秘密。

应该指出，马克思在此处所创立的事物化批判理论的基本构境平台不再是描绘一般社会历史图景的广义历史唯物主义，而是直接面对资本主义生产方式，特别是这一商品—市场经济形态批判的狭义历史唯物主义。在这一特殊哲学构境平台上，资本关系所建构的经济力量成为决定一切的主导性力量，人与人的社会关系全面颠倒为事物与事物的关系。这就是马克思事物化理论出场的更大构境背景。

为了说明事物化现象的发生机制，马克思具体分析道：货币在资本主义商品经济中存在的前提正是社会关系本身的事物化，人们每天都可以触摸到的金钱在这里表现为一种奇特的"抵押品"。在市场交换中，人从另一个人手中获得商品时，他就必须将这种抵押品留下。就是这样一个并不

---

① 《马克思恩格斯全集》第46卷上册，人民出版社1979年版，第107页。译文原来将此处的 versachlichen 译成"物化"，我改译为"事物化"；中译文将此处的 Beziehung 译成"关系"，我改译为"联系"（cf. MEGA², II/1, S. 93）。

起眼的小小行为片断，却建构着一种根本性的关系颠倒："人们信赖的是事物（货币），而不是作为人的自身。"①并且，"个人的产品或活动必须先转化为交换价值的形式，转化为货币，才能通过这种事物的形式取得和表明自己的社会权力"②。在市场经济中，人本身不再重要，金钱开始成为物神。因为你一旦拥有货币，你就拥有了这个世界中的万能权力。于是，货币就这样成为众人追逐和膜拜的神！相比青年马克思在《论犹太人问题》和《穆勒笔记》中的相近表述，这是他第一次在经济学的研究成果中科学地说明了这一重要社会现象。马克思辨识说，这里的问题实质是，"单个人本身的交换和他们本身的生产是作为独立于他们之外的事物性（sachliche）的关系而与他们相对立"③。这科学地解释了马克思在《德意志意识形态》中发现的那个与个人对立的偶然性的普遍形式的生成机制。在资本主义生产方式的货币占有关系中，"每个个人以事物的形式占有社会权力。如果你从事物那里夺去这种社会权力，那你就必须赋予人以支配人的这种权力"④。实际上，马克思通过分析劳动交换关系在资本主义经济过程中的这种事物化颠倒的性质，说明了货币在经济现象中获得神秘权力的秘密。这也就是说，过去在专制等级中通过血缘关系世袭的社会权力，现在必须由货币占有来获得。

在不久之后的《政治经济学批判》（1859年）中，马克思更精确地指明事物化现象的本质："生产交换价值的劳动还有一个特征：人和人之间的社会关系（die gesellschaftliche Beziehung der Personen）可以说是颠倒地表现出来的，就是说，表现为事物和事物的社会关系（gesellschaftliches Verhältnis der Sachen）……因此，如果交换价值是人和人之间的关系这种说法正确的话，那么必须补充说：它是隐蔽在物的外壳（dinglicher Hülle）

---

① 《马克思恩格斯全集》第46卷上册，人民出版社1979年版，第107页。
② 《马克思恩格斯全集》第46卷上册，人民出版社1979年版，第105页。
③ 《马克思恩格斯全集》第46卷上册，人民出版社1979年版，第108页。译文原来将此处的 sachliche 译为"物"，我改译为"事物性"。（cf. MEGA^2, II/1. S. 94）
④ 《马克思恩格斯全集》第46卷上册，人民出版社1979年版，第104页。

之下的关系。"① 马克思这里的讨论，Sache 与 Ding 同时在场了。这是一个在经典文献汉译中容易被忽视的文本细节，在此，马克思十分精细地区分了客观发生的人与人的社会关系（直接的劳动交换关系）事物化和颠倒（Verkehrung）为商品经过货币与其他商品的关系，以及这种颠倒的事物化关系本身所呈现出来的一种仿佛与人无关的物相（"物的外壳"）之主观错认。后者正是马克思所指认出的区别于客观事物化的物化（Verdinglichung）主观错认论。这是马克思第一次明确指认出关系客观事物化与物化主观幻境之间根本的异质差别。可是，马克思并没有直接使用 Verdinglichung 这个概念。对于后者，马克思还这样表述："一种社会生产关系采取了一种对象的形式（Form eines Gegenstandes），以致人和人在他们的劳动中的关系倒表现为物（Dinge）和物彼此之间的和物与人的关系，这种现象只是由于在日常生活中看惯了，才认为是平凡的、不言自明的事情。"② 在前面是客观事物化的地方，马克思用了对象的概念，以表征这是一个客观事实，后面则用了"表现为物"，这是一个在日常生活中习惯了的主观假象。在马克思看来，"货币主义的一切错觉（Illusionen）的根源，就在于看不出货币代表着一种社会生产关系，却又采取了具有一定属性的自然物（Naturding）的形式。嘲笑货币主义错觉的现代经济学家，一到处理比较高级的经济范畴如资本的时候，就陷入同样的错觉。他们刚想拙劣地断定是物（Ding）的东西，突然表现为社会关系（geselkchaftliches Verhältnis），他们刚刚确定为社会关系（gesellschaftliches Verhältnis）的东西，却又表现为物（Ding）来嘲弄他们，这时候，同样的错觉就在他们的天真的惊异中暴露出来了"③。依马克思的看法，作为资产阶级意识形态的货币主义基于一种主观错觉，它将货币所代表的社会关系颠倒，从外部错认为是物的自然性。这里的要害是：明明是资本主义生产方式特有的经济关系，现在却

---

① 《马克思恩格斯全集》第 13 卷，人民出版社 1962 年版，第 22 页。译文有改动；cf. MEGA², II/2, S. 113。
② 《马克思恩格斯全集》第 13 卷，人民出版社 1962 年版，第 23 页。译文有改动；cf. MEGA², II/2, S. 114。
③ 《马克思恩格斯全集》第 13 卷，人民出版社 1962 年版，第 23 页。译文有改动；cf. MEGA², II/2, S. 114。

被假设为人类社会中永恒存在的天然物！资产阶级自然法和自然秩序的全部立论正是在这里发生的。由此可见，马克思长期以来被遮蔽起来的事物化和物化批判理论绝不是可有可无的学术探秘，而是对资产阶级意识形态批判的重要根据。

再回到《1857—1858年经济学手稿》的讨论语境，我们发现马克思在后面的讨论中也指出："经济学家们把人们的社会生产关系和受这些关系支配的事物（Sachen）所获得的规定性看作物的自然属性（natürliche Eigenschaften der Dinge），这种粗俗的唯物主义（grobe Materialismus），是一种同样粗俗的唯心主义（Idealismus），甚至是一种拜物教（Fetischismus），它把社会关系作为物的内在规定归之于物（Dingen），从而使物神秘化（mystifiziert）。"① 这就是拜物教！这是马克思在此文本中唯一一次使用 Fetischismus 一词。这也意味着，将社会关系之下特定事物的社会属性错认为与人无关的自然属性的物化（Verdinglichung）主观错认论是马克思拜物教批判的前提。这里的逻辑关系应该是：客观发生的事物化是主观物化错认的前提，而物化错认又是整个拜物教观念的基础。有趣的是，马克思仍然没有使用那个后来被青年卢卡奇再次发明出来的 Verdinglichung 一词。在德文中，Verdinglichung 是指"使某些东西变成物"（etwas zur Ding Machen）。依我的看法，这就是马克思历史现象学批判中最重要的三个思想构境层。

二

马克思在《1857—1858年经济学手稿》中生成的事物化、物化和拜物教批判的历史现象学观点，在后来的《资本论》中得到了进一步的强化。但是，马克思仍然没有经常用 Versachlichung 与 Verdinglichung 二词。这恐怕是马克思这一重要理论长期被忽视的重要原因之一。可马克思的这

---

① 《马克思恩格斯全集》第46卷下册，人民出版社1980年版，第202页。cf. MEGA², II/1, S. 567。

个历史现象学批判视域的确是始终客观存在的。我们知道,在《资本论》中,马克思通过揭示劳动二重性的内在矛盾,引发出使用价值—价值,价值形态从一般等价物到货币,再到市场竞争导致的价格转化,最终揭露了带来"利润"的货币资本剥削剩余价值的真正秘密。其中,马克思也揭露了资产阶级意识形态所无意识遮蔽这一秘密的主客观微观机制,这种微观机制则是通过事物化(Versachlichung)与物化(Verdinglichung)的双重批判构境完成的。这里,我们先来看马克思在《资本论》中对事物化(Versachlichung)问题的讨论。

在《资本论》第1卷开始不久,马克思就对资本主义经济活动中的事物化现象进行了一个重要的总体说明。他分析道,在资本主义生产方式中,时常会发生如下的现象:"人们在他们的社会生产过程中的原子一样的行为(atomistische),他们自己的生产关系(Produktionsverhältnisse)的事物性形态(sachliche Gestalt),那种不受他们统制,并且和他们个人意识行为相独立,不以它为转移的物质形式,首先是由他们的劳动产品一般(Arbeitsprodukte allgemein)采取商品形式(Wareraform)这一件事而显现出来。"① 我觉得,这可能是马克思在第三次经济学研究中,离黑格尔的"事物自身(Sache selbst)"观点最近的一次。在《法哲学原理》中,在对斯密经济学中"看不见的手"一说的深刻理解之上,黑格尔透视到市场经济中作为私人的原子化的个人(市民,Bürger),在追逐自己的私利过程中,恰恰是以一种"普遍物"(Allgemeine)为中介的,这个抽象的普遍物正是事物性的交换关联(Zusammenhangs)锁链。② 他认为,市民社会中这种相互欺骗的市场交换结果造成了一个"理性的狡计"(List der Vermunft)在背后发生作用的自发构序(Ordnung)进程,黑格尔将这个无名的客观事物构序(Diese anonyme objektivsachliche Ordnung)称为事物自身(Die Sache selbst)和第二自然(zweiten Natur)。黑格尔从经济学生成的哲

---

① 马克思:《资本论》第1卷,郭大力、王亚南译,人民出版社1953年版,第71页。译文原来将此处的 saehliche Gestalt 一词译为"物质的形式",我改译作"事物性形态";中译文将 Warenform 译成"商品形态",我则改译为"商品形式"(cf. MEGA², II/5, S. 59)。
② [德]黑格尔:《法哲学原理》,范扬、张企泰译,商务印书馆1961年版,第201页。

学思辨，在马克思这里再一次被复归于经济学的科学透视：资本主义商品—市场经济过程中，原子化的个人（独立的法人个人主体）之间不存在直接的社会关系，他们之间的"劳动产品一般"的关系只能在市场交换中通过一种"不受他们统制，并且和他们个人意识行为相独立，不以它为转移的物质形式"中介性地实现出来，这就是所谓颠倒的事物性形态，这个事物性形态的本质是劳动分工所导致的构形产品的劳动一般（黑格尔的那个"普遍物"）只能通过被交换的商品形式完成。我认为，黑格尔在思辨唯心主义视域中发现的"事物自身"（Sache selbst）命题的真正意义，是马克思在这里第一次科学说明的。由此马克思指认，在资本主义经济运行中，"在生产者面前，他们的私人劳动的社会关系（gesellschaftlichen Beziehungen ihrer Privatarbeiten）就表现为现在这个样子，就是说，不是表现为人们在自己劳动中的直接的社会关系（unmittelbar gesellschaftliche Verhaltnisse），而是表现为人们之间的事物的关系和事物之间的社会关系（das gesellschaftliche Verhaltnisse der Sachen）"。①

这就是事物化颠倒的真实发生。我们可以清楚地看到，马克思第一次准确地指认出，在资本主义生产方式中被事物化颠倒的原初社会关系并不是什么本真性的人的本质，而是劳动者"自己劳动中的直接的社会关系"，人与人之间的直接性劳动关系，在资本主义生产方式中失去了它的直接性，而只能通过在市场交换中历史性地生成的商品、货币之间的间接事物之间的关系，这是一种从人的直接主体关系颠倒为事物性的间接客体关系的事物化事件。

再具体到马克思当时所面对的商品分析的思考中，他在《资本论》第3卷中更微观地指认到：资本主义社会事物化现象的本质，恰恰在于"商品内在的使用价值和价值的对立，私人劳动同时必须表现为直接社会劳动（unmittelbar gesellschaftliche Arbeit）的对立，特殊的具体的劳动同时只是当作抽象的一般的劳动的对立，事物的人格化（Personificierung der Sache）和人格的事物化（Versachlichung der Personen）的对立——这种内在的矛

---

① 《马克思恩格斯全集》第44卷，人民出版社2001年版，第90页。译文有改动；cf. MEGA², II/5, S. 47。

盾在商品形态变化的对立中取得了发展了的运动形式"①。这是马克思在《资本论》第 1 卷中唯一一次使用这个 Versachlichung 词。但在马克思亲自审定的《资本论》第 1 卷的法译版中，却唯独跳过对这个词段的翻译。②这四个对立，十分深刻地说明了事物化现象发生的根本原因。这里的关键性构境线索是抽象劳动—社会劳动—价值—事物化。

马克思是想告诉我们，在前资本主义社会中，个人的劳动是"完整"地进入到产品之中的，而对自然经济基础之上的社会生活来说，这种劳动本身并不构成我们周围世界的基础。而资本主义的劳动分工使个人的劳动失去全面性，使之必然成为片面性历史生存，然而社会正是在这种专业化分工与交换中第一次成为有机的经济运作系统。正是这种劳动片面性，使独立的个人作为互相需要的人群互相联系起来，并且彼此互补，形成黑格尔所说的当代"市民社会"。这种客观的总体性是一种新的强制和奴役，每一个个人的劳动由于分工都被扯裂为碎片，都变得片面化，只有通过市场交换由社会（他人）的需要作为中介才可能得到实现。因此，劳动必然一分为二，作为物质内容构成的有目的的有一定形式的具体劳动，创造物品的使用价值，而作为新的社会经济构序形式的与具体物性塑形无关的一般劳动消耗的抽象劳动则形成供交换所用的价值，这样，劳动的自然属性与社会属性就历史性地分离了。在交换中，价值形式的发展历经了这样的过程：从物物交换到简单价值形式，再发展到扩大了的价值形式，进而演变为一般价值形态即货币。在市场竞争中，物品的价值实现了向价格的转化。至此，人的劳动已经在交换中获得了一种特殊的社会存在形式，它原本是人与人相互交换的直接劳动成果关系，现在则颠倒地表现为一种经过市场中介的事物与事物的关系。在资本主义市场经济中，充分分工之下的

---

① 《马克思恩格斯全集》第 44 卷，人民出版社 2001 年版，第 135 页。译文有改动；cf. MEGA², II/10，S. 106。
② 根据刘冰菁的考证，在鲁瓦长达两年的艰苦工作和马克思的认真修改下，法文版《资本论》第 1 卷于 1872 年出版。其中，在对上述这一文本段落中的四个对立的法评中，独独跳过了翻译最后的"vonPersonifizierungderSacheundVersachlichungderPersonen"。（cf. Marx，P，133）而在后来《资本论》第 2、3 卷的法文和英文版的翻译中，Versachlichung 一词多被意译为"reiftcation"（物化）、"materialisation"（物质化）和"objectification"（客体化），从而使马克思在德文文本中的 Versachlichung 原初构境意义完全消失。

劳动者个人的具体劳动只是构成产品使用价值的片面因素，劳动产品必须通过市场的交换才能卖出自己，以实现不同社会劳动之间的交换，而交换关系本身的客观抽象历史性地生成价值等价物（货币），这个代表了人与人之间劳动一般的"人格化"关系则事物化为事物（货币）与事物（商品或货币）之间的非人格性关系。"在生产者面前，他们的私人劳动的社会关系就表现为现在这个样子，就是说，不是表现为人们在自己劳动中的直接的社会关系，而是表现为人们之间的事物的关系（sachliche Verhaltnis）和事物（Sachen）之间的社会关系。"① 其实，这种事物化关系还更深地重新主体化为资本对世界的实际的支配者和统治者。资本家不过是资本的人格化。也是在这个意义上，马克思曾经甚至用了"事物的主体化、主体的事物化"（die Versubjektivierung der Sachen, die Versachlichung der Subjekte）这样的极端表述。②

马克思特别强调指出，事物化现象的本质是人与人的关系颠倒为事物与事物之间的外部关系，这种事物化关系构式的客观经济力量反过来成为支配人的东西。也是在这里，马克思终于破解了他自己从1845年就开始寻觅的物役性现象之谜。马克思说："在叙述生产关系的事物化（der Versachlichung der Produktionsverhältnisse）和生产关系对生产当事人的独立化（Verselbständigung）时，我们没有谈到，这些联系由于世界市场，世界市场行情，市场价格的变动，信用的期限，工商业的周期，繁荣和危机的交替，会以怎样的方式对生产当事人表现为压倒的、不可抗拒地统治他们的自然规律（als übermächtige, sie willenlosbeherrschende Naturgesetze），并且在他们面前作为盲目的必然性（blinde Nothwendigkeit）发生作用。"③ 这里的压倒的、不可抗拒地统治他们的自然规律正是黑格尔那个作为事物自身（Die Sache selbst）的第二自然（zweiten Natur）！事物化正是物役性的本质，也是第二国际非历史地放大经济决定论的真正的社会现实基础。

---

① 《马克思恩格斯全集》第44卷，人民出版社2001年版，第90页。译文有改动。
② 马克思：《剩余价值理论》第3册，人民出版社1975年版，第548页。MEGA², II/3/4, S. 1494。
③ 《马克思恩格斯全集》第46卷，人民出版社2003年版，第941页。译文有改动；cf. MEGA², II/15, S. 805。

马克思发现的真相是，在资本主义经济运作过程中，事物化了的社会关系历史性地成为决定性的主要制约力量，并在人类自身的物质实践—经济活动中创造出不以自己意志为转移的一种新的外部力量。人成为自己的经济创造物和工具性事物之间关系的奴隶，最初开始作为中介的东西现在成为主体（人格化）。在货币产生利息、资本获得利润之时，资产阶级意识形态的假象就成了新的神话。于是，经济（商品、货币和资本）拜物教（Fetischisrnus）就出现了，并不知不觉地成为人们无法批判性透视的无孔不入的常识！

三

我发现，在《1861—1863年经济学手稿》中，马克思还谈及这样一个与事物化批判不同的观点，即资本主义生产的当事人是生活在一个"由魔法控制的世界（verzauberten Welt）里，而他们本身的关系在他们看来是物的属性（Eigenschaften der Dinge），是生产的物质要素的属性"①。不是事物（Sache），而是物（Ding）；不是变成事物，而是看起来像是物的属性。这就是事物化客观颠倒之上的一种新的神秘主观倒错，即由于无法透视颠倒了的事物化社会关系，人们将这一关系产生的非实体社会关系存在错认成物品本身的自然属性。这就是Verdinglichung了。我认为，马克思不同于事物化批判的物化批判论正是在此被再一次明确界划出来。

对于这个不同于客观发生的事物化颠倒事件的物化错认现象，马克思在《资本论》第1卷中很形象地说："正如一物（Dings）在视神经中留下的光的印象，不是表现为视神经本身的主观兴奋，而是表现为眼睛外面的物的可感觉的形式。必须补充说，在视觉活动中，光确实从一个外界对象射入另一对象即眼睛；这是物理的物之间的物理关系（physisches Verhältnis zwischen physischen Dingen）。但是，商品形式（Waarenform）和

---

① 马克思：《剩余价值理论》第3册，人民出版社1975年版，第571页。cf. MEGA², II/3/4, S.1511。

劳动产品的价值关系（Wertverältnis），是同劳动产品的物理性质完全无关的。这只是人与人之间的一定的社会关系（das hestimmte gesellschajilkhe Verhältnis der Menschen selbst），但它在人们面前采取了物与物之间的关系的虚幻形式（die phantasmagorische Form eines Verhältnisses von Dingen）。我们只有在宗教世界的幻境中才能找到这个现象的一个比喻。在那里，人脑的产物表现为具有特殊躯体的、同人发生关系并彼此发生关系的独立存在的东西。在商品世界（Waarenwelt）里，人手的产物（die Produkte der menschlichen Hand）也是这样，这可以叫作拜物教（Fetischismus）。劳动产品一旦表现为商品，就带上拜物教的性质，拜物教是同这种商品生产（Waarenproduktion）分不开的。"① 显而易见，此处的说明性构境中，马克思明确用宗教世界中的主观幻境来类比，以说明作为人与人的特定劳动交换关系在交换过程中被客观抽象出来的价值关系并不是产品的物理属性（自然物性），但在资本主义商品—市场交换中却颠倒为商品、货币一类事物与事物之间的关系，更重要的是这种事物性的社会关系在人们面前却进一步表象为商品本身物理存在的物与物关系的虚幻形式，他将这种主观幻境的误认指认为拜物教。我们不难发现，这个拜物教的前提正是资本主义商品生产中发生的物化错认。然而，一直到《资本论》第2卷，马克思始终没有使用那个 Verdinglichung。

实际上，在马克思的经济学论著和手稿中，Verdinglichung 一共只使用过两次，这两次都出现在《资本论》第3卷。马克思说："在资本—利润（或者，更恰当地说是资本—利息），土地—地租，劳动—工资中，在这个表示价值和财富一般的各个组成部分同其各种源泉的联系的经济三位一体中，资本主义生产方式的神秘化，社会关系的物化（Verdinglichung），物质的生产关系和它们的历史社会规定性的直接融合已经完成：这是一个着了魔的、颠倒的、倒立着的世界。在这个世界里，资本先生和土地太太，作为社会的人物，同时又直接作为单纯的物（bloße Dinge），在兴妖作怪。古典经济学把利息归结为利润的一部分，把地租归结为超过平均利润的余

---

① 马克思：《资本论》第1卷，郭大力、王亚南译，人民出版社1953年版，第47页。cf. MEGA², II/5, S. 637－638。

额，使这二者以剩余价值的形式一致起来；此外，把流通过程当作单纯的形式变化来说明；最后，在直接生产过程中把商品的价值和剩余价值归结为劳动；这样，它就把上面那些虚伪的假象和错觉，把财富的不同社会要素互相间的这种独立化和硬化，把这种事物（Sachen）的人格化和生产关系的事物化（Versachlichung），把日常生活中的这个宗教揭穿了。"①

这是Verdinglichung概念在马克思的全部思想构境中的第一次出场。有意思的是，Verdinglichung与Versachlichung在同一文本段落中在场，这更有益于理解二者的差异和关联。我以为，马克思此处用Verdinglichung表征了这样一种观念：资本—利润（利息），土地—地租，劳动—工资这种资产阶级经济学图景中的公平交换关系建构的市场经济中的三位一体，其实是一个"着了魔的、颠倒的、倒立着的世界"。资本与土地，明明是资本主义生产方式中的特定社会关系的人格化，却直接被错认为"单纯的物"（bloße Dinge），以至于利润与地租看起来成了一种投资物公平的客观回报，由此，遮蔽了剩余价值的真正来源。这就是Verdinglichung假象的根源。而当古典经济学奠定了劳动价值论之后，就完全有可能揭示这种Verdinglichung主观错认假象背后发生的"事物（Sachen）的人格化和生产关系的事物化（Versachlichung）"的客观机制。这是马克思唯一一次直接说明Verdinglichung与Versachlichung之间的关系。

Verdinglichung在《资本论》第3卷中在场的第二处场境里，马克思说："在商品中，特别是在作为资本产品的商品中，已经包含着作为整个资本主义生产方式的特征的社会生产规定的物化（Verdinglichung）和生产的物质基础的主体化（Versubjektivimng）。"② 就是说，作为资本而出现的商品被错认为物的物化现象，是与整个资本主义商品生产和市场经济本身的主体化假象同时发生的，这是一个双重错认。我们还来集中说明第一个错认中发生的物化假象。在马克思看来，"在论述资本主义生产方式甚至

---

① 《马克思恩格斯全集》第46卷，人民出版社2003年版，第940页。译文有改动；MEGA², II/15, S. 804-805。
② 《马克思恩格斯全集》第46卷，人民出版社2003年版，第996—997页；cf. MEGA², II/15, S. 852。

商品生产的最简单的范畴时,在论述商品和货币时,我们已经指出了一种神秘性质,它把在生产中由财富的各种物质要素充当承担者的社会关系,变成这些物(Dinge)本身的属性(商品),并且更直截了当地把生产关系本身变成物(Ding)(货币)"①。这是说,物化的错认,甚至在简单商品生产过程中就出现了,只要有商品交换,就会有把劳动交换关系误认为物的属性这种物化的神秘性,这应该是经济拜物教观念的缘起。但是,只是到了资本主义生产方式占统治地位时,整个商品—市场经济王国才全部变成了一个多重颠倒的着了魔的世界:人与人的劳动交换关系在商品和货币的主体化、人格化中客观颠倒为这些经济事物之间的事物化关系,而这种事物化颠倒又在物化—拜物教观念中被进一步颠倒为物品的物理属性的主观误识,最终,物化错认在资产阶级意识形态中直接确认为人类社会存在中的天然属性和自然秩序。这样一来,在个人眼中,社会存在事物的社会历史属性常常与物的自然属性混淆起来,如"资本的物质要素和资本的社会的形式"形同一体,从而使资本主义的特定事物和人的存在状态的暂时的社会历史属性变成永恒的。马克思曾经说,由此资产阶级关系就被乘机当作社会一般的颠扑不破的自然规律偷偷地塞进来。这意味着,在资产阶级市民社会中人的直观不能使人看到社会本质的真相,物与人都笼罩在拜物教之白日梦中。资产阶级的如意算盘是人们永远都不要从这个梦中醒来,因为这是保证剩余价值被他们无偿占有的隐身机制。

面对资本主义经济发展中最终出现的生息资本,马克思有些感慨地说:"在G—G′上,我们看到了资本的没有概念(begriffelose)的形式,看到了生产关系的最高度的颠倒和事物化(Verkehmng und Versachlichung):资本的生息形态,资本的这样一种简单形态,在这种形态中资本是它本身再生产过程的前提;货币或商品具有独立于再生产之外而增殖本身价值的能力,——资本的神秘化(Kapitalmystifikation)取得了最显眼的形式。""对于要把资本说成是价值即价值创造的独立源泉的庸俗经济学来说,这个形式自然是它求之不得的。在这个形式上,利润的源泉再也看不出来

---

① 《马克思恩格斯全集》第46卷,人民出版社2003年版,第936页。

了，资本主义生产过程的结果也离开过程本身而取得了独立的存在。"① 这个 G—G′是资本主义商品—市场经济神秘化和全部资产阶级意识形态的最高境界。存一笔钱，便能生出新的钱来，看起来，这是与劳动者没有任何关系的事情。在生息资本这里，资产阶级的事物化、物化和经济拜物教战胜了整个世界。不过，非常有趣的是，为了说明经济关系的事物化颠倒和对其的物化错认现象是资本主义生产方式所特有的历史现象，马克思还以历史性的比较参照系判别化地告诉我们说："我们只要逃到别的生产形态中去，商品世界的一切神秘，在商品生产基础上包围着劳动产品的一切魔法妖术，就都立刻消灭了。"② 没有商品—市场经济活动，事物化就会解构。准确地说，不是解构，而是根本没有被建构起来的基础性场景。比如，在资本主义社会以前的封建社会中，"无论我们怎样判断封建社会内人们互相对待的装扮，人与人在劳动上缔结的社会关系，总是表现为他们自己的人的关系，而不会假装为物与物、劳动产品与劳动产品间的社会关系"③。同理，在马克思所构想的未来共产主义自由王国中，一切束缚我们的事物化外在关系和物化魔法都会消除，在那时，我们将是历史的真正主人。

---

① 《马克思恩格斯全集》第 46 卷，人民出版社 2003 年版，第 442 页。译文有改动；MEGA², II/15, S. 382。
② 马克思：《资本论》第 1 卷、第 3 卷，郭大力、王亚南译，人民出版社 1953 年版，第 52 页。
③ 马克思：《资本论》第 1 卷、第 3 卷，郭大力、王亚南译，人民出版社 1953 年版，第 53 页。

马克思：自在之物与事物自身之谜的破解[①]
——历史唯物主义的构境论阐释

张一兵

在马克思主义经典文献的汉译历史中，经典文本的德文原文经由俄文这一不同语言系统的异质性转换和意识形态意义场的历史重构，再经过从俄文到汉语的第二次转换，不免在文本中产生深深的遮蔽。面对这一问题，使我们的马克思主义理论研究获得一种来自于文本母语原境的正本清源，成为当下中国马克思主义学术研究中的革命性奠基工作。本文仅就马克思经典文献中长期被遮蔽起来的 Ding（物）和 Sache（事物）的区分、思想史情境迁移和重要思境转换问题提出一些初步的思考，以期更多的学术关注和思想追问。

一

在马克思的文本中，表达客观存在的概念是多样化的，在德文中，他同时使用 Materie（物质）、Natur（自然）、Ding（物）、Sache（事物）、Gegenstand（对象）、Stoff（物质质料）、Substanz（物质实体）、Objekt（客体）等。除去 Ding 和 Sache，其他概念在英文、法文中大多有相对应

[①] 原载《南京大学学报》2015 年第 2 期。

的概念,而在黑格尔、马克思文本中被逐步区分开来,并在德文中有着具体区别的 Ding 和 Sache 却在英文转译中都被并归同一为 thing(法文并归为同一的 chose)。如同狄尔泰和海德格尔格外界划开来的 Geschichte(历史)与 Historie(历史学)在英文转译中被同一消解为 history(法文 histoire)一样。这让人们在走向经典作家德文思想原初构境的道路上,增加了一种不同语言转译构境中的遮蔽。这种同一性高显中的无意遮蔽,有时会是根本性的。

Ding(物)和 Sache(事物),在德语的日常使用中一般都是指物和东西(德文中还有专门指认"东西"的不定代词 etwa),Ding 在作复数时也有事物、事情的意思,而 Sache 则直接有事物和事情的意思。在日常生活中,Ding 通常是指随意一个物品,意会直觉上会是指某种与人无关的对象;而 Sache 则意味着与人有某种关联的物品或事情。在辞源学的意义上,Ding 可以追溯到希腊语的 χρημα、χραγμα,而在拉丁语中的词源则是 res。Sache(古高地德语为 sahha),早先在哥特时期指争辩之事,后来在 18—19 世纪之后,逐步成为一个法律术语,在这一特殊的构境中,Sache 通常是指与所有权相关的财物,并没有后来被日本学者重构的物象之意。①

从与马克思思考语境接近的德国近代哲学思想史上看,刻意使这两个德文词发生特殊学术构意的是康德。康德著名的"Ding an sich(自在之物)"说建构了一种奇妙的**认知现象学**中深刻构境层:Ding **存在,却不可达及**。在传统认识论之中,人们总是假设思维对外部对象(Ding)的直接反映,休谟的经验怀疑论挑战促成了康德对主体理性无限性的历史性限定之决心,他认定,现实发生的认知对象总是以一定的"先天综合判断"构形建构出来的现象(Erscheinung)物,这已经是一种**与主体相关**的**事—物**,而非自在的 Ding,现象(Erscheinung)是**向着我们**(Für uns)显露,这实际上是哲学上 Sache 在**关系本体论**上构境的最初缘起。最有趣的是,通常

---

① 1962 年,日文版的卢卡奇《历史和阶级意识》的译者平井俊彦将"Verdinglichung"这个词译作物象化,这造成了最初的转译构境中的混乱(参见 G·ルカーチ:「歴史と階級意識」,平井俊彦訳,京都:未来社,1962)。后来,广松涉在自己的学术构境中,进一步区分了"物化"(Verdinglichung)与"物象化"(Versachlichung),由此,Sache 才在广松涉的特定思想构境中被意译成物象。

被说成是不可知论中的"Ding an sich selbst",并非真的是先验之物,而恰恰是每一个时代被指认为基始感性对象背后无限后退的那个"实在"。物实在,但永远在现象界之外。与此相对,人们常识中所见**物**,其实只是一个现象界的伪构境幻象。自在之物,实际上是对日常物相的否定,这看起来在认识论中的指谬突然显现为一种本体论和价值论中的构境。我觉得,这是康德在认识论中实现的"哥白尼革命"的真正秘密。

黑格尔总是那么自负和肤浅地看待 Ding an sich,他以为一句"本质总是通过现象显露出来"就能克服康德的二元分裂,其实这只是更深一层构境中的假象式的**问题遮蔽**。首先,黑格尔接受康德在认知现象学构境中对外在 Ding 的拷问,一部《精神现象学》就是在更直白地揭露 Ding 的假象性,在他看来,人们可以看到的一切"感性意谓性"(物质世界)都不过是由理念支撑着的自我意识统觉无意识建构起来的外化幻象,"太阳下面没有任何新东西",也是在这里,他道出了康德没有明确界划的 Ding 与 Sache 的异质性构境面:

> 可以说,**事物自身**(*Sache selbst*)表达出了一个**精神性**本质性……意识发现它的自身确定性转变为一个对象性的本质(gegenständliches Wesen),转变为一个**事物**(*Sache*)。这是一个来自于自我意识的对象(Gegenstand),隶属于**意识**,同时不失为一个自由的、真正的对象。对于自我意识来说,感性确定性和知觉活动所指的**物**(*Ding*)只有通过自我意识才获得一个意义。一个**物**(*Ding*)和一个**事物**(*Sache*)之间的差别就在于这里。①

Sache selbst 的第一构境层面是**自为之物**,相对于 Ding 之自在,Sache 是与意识(主体)发生关联之中的**事情**。这一唯心主义的解蔽是深刻的,但却更深地遮蔽了康德自在之物的深意。如果 Sache 是康德关系性现象界的表征,那彼岸之 Ding 的构境层则被大大贬低了,因为康德之问是被绕

---

① [德]黑格尔:《精神现象学》上册,贺麟、王玖兴译,商务印书馆1979年版,第272页。译文根据德文有改动,下同。

过去的。还应该专门交代的是，黑格尔这里的思想构境视位显然是没有价值判断的**客体向度**。

其次，超越康德的认知现象学构境之后，黑格尔的 Sache 概念还出现在"法哲学"视域中市民社会劳动产品身后的**社会现象学**之中。参透了斯密"看不见的手"秘密的黑格尔用 Sache selbst 深化了另一重深刻的立足于**主体向度**的批判构境层：人通过主体性劳动将自然物（Ding）提升到精神关系物（Sache）的水平，但劳动产品作为主体性作品却在资产阶级市场交换关系中再一次沦为对象性的**自发**世界，这个商品世界尽管是劳动者自己的作品，却不是任何一个个别劳动者的产品，而是无形中生成一个由劳动分工造成的总体性的**无名**产品。在这一点上日本学者平子友长有所意识。① 这个无名的产品不能依靠自身实现自己，只能通过中介性的市场交换，于是，"在个体性与个体性之间就出现了一种互相欺骗的游戏，每个个体性都自欺也欺人，都欺骗别人也受人欺骗"②。这种相互欺骗的市场交换结果是造成了一个"理性的狡计"（List der Vernunft）在背后发生作用的**自发构序**（Ordnung）进程，黑格尔将这个脱离了劳动者直接劳作的无名的"作品的世界"中发生的"无名的客观事物构序（Diese anonyme objektivsachliche Ordnung）"称为**事物自身**（Die Sache selbst），也就是所谓第二自然（zweiten Natur）。"第二自然"是黑格尔的一种历史性的特设规定，它在黑格尔的历史哲学中是指绝对观念进入社会历史发展的高级阶段之后（即斯密在经济学中指认的工业文明之上的商品—市场经济），人类主体对象化实践所创造出来的商品（市场）经济运作呈现出一种不以主体意志为转移的自发倾向，他将其指认为异质于原发的"第一"自然（Ding）的**第二自然**（zweiten Natur = Sache selbst）。这也暗合康德所讲的社会历史中的"自然意图"之语境。这个"第二自然"，后来被卢卡奇和阿

---

① 平子提出："黑格尔'事物自身'的理论向我们展示出，他在很大程度上接受了亚当·斯密自由主义的设想——在其中分工（the division of labour）和看不见的手（invisible hand）扮演着重要角色。"（参阅［日］平子友长：《黑格尔〈精神现象学〉中的 Versachlichung 和 Verdinglichung》，见张一兵主编：《社会批判理论纪事》第 5 辑，江苏人民出版社 2012 年版）
② ［德］黑格尔：《精神现象学》上册，贺麟、王玖兴译，商务印书馆 1979 年版，第 276 页。

多诺所引申和深化。①

这是一个全新的批判性深层构境面,因为主体劳作了却不是作为劳作结果的支配者,相对于观念沉沦于自然物质的对象性异化,社会生活中 Sache selbst 是更高层次的异化。固然在黑格尔这已经出现了人的劳作与社会关系颠倒为"第二自然"的事件,但他并没有提出 Verdinglichung 和 Versachlichung 的概念。在这一点上,平子友长提出黑格尔《精神现象学》中存在"Versachlichung"和"Verdinglichung"的观点,显然是缺少直接文本依据的。② 人通过劳动,将无机界和有机界的物质"调集"到自己身边,劳动其实在使精神成为自然物质的主人,这是一个从"太阳下面没有新东西"的死物质(Ding)向观念性存在的回归,即对自然物化(异化)的摆脱;但是,劳动又使精神在一个更高的层面受到人造物(经济财富 = +Sache)的奴役,**劳动外化同时也是一种观念在人类主体活动(社会历史过程)中发生的新的更深刻的异化:主体在市场中再次沉沦**。当然,在黑格尔唯心主义的绝对观念自我实现的进程中,这同样是一种**不得不发生**的必须**肯定**的异化。

最后,黑格尔深刻地揭示了在市民社会中观念决定论恰恰是以商品与货币一类**事物的颠倒形式**表现出来,黑格尔自然要继续反对精神**颠倒地沉沦**于社会财物,以拒绝任何形式的**拜物教**。这是第一个重要的唯心主义批判理论。在黑格尔看来,在资产阶级市场经济之中,

> 个别的人,作为这种国家的市民(Bürger)来说就是**私人**(Privatpersonen),他们都把本身利益作为自己的目的。由于这个目的是以普遍物(Allgemeine)为中介的,从而在他们**看来**普遍物是一种手段,

---

① 阿多诺指认了是青年卢卡奇最早在《小说理论》(Theorie des Romans)一书中重新诠释和复活了黑格尔的"第二自然"理论。在他看来,卢卡奇是用黑格尔的"第二自然"概念试图说明这个"由人创造、然而人却失去了对物支配的世界(Welt der vom Menschen geschaffenen und ihm verlorenen Dinge)为'流俗世界(Welt der Konvention)'",即布尔乔亚的商品—市场王国(参见 Theodor W. Adorno, Die Idee der Naturgeschichte, Gesammelte Schriften, Band1, Frankfurt am Main: Suhrkamp Verlag, 2003, S. 355)。

② [日]平子友长:《黑格尔〈精神现象学〉中的 Versachlichung 和 Verdinglichung》,见张一兵主编:《社会批判理论纪事》第5辑,江苏人民出版社2012年版。

所以，如果他们要达到这个目的，就只能按普遍方式（allgemeine-Weise）来规定他们的知识、意志和活动，并使自己成为**关联**（Zusammenhangs）的锁链中的一个环节。①

这个普遍物是什么？它就是市民社会的市场交换中**自发形成的客观的对象化了的"关联"**。每个个人，只有通过市场中**事物与事物的交换**才能进行社会联系，也只有在市场的商品流通之中，物化在产品中的各种劳动的价值才能得以比较和实现。这样，人的社会**联系**（Beziehung）的实质就是**披着物的外衣**的价值**关系**（Verh ltnis）。这种抽象关系成为统治性的力量，就是市民社会中占支配地位的东西。比如在市民社会中，货币（Geld）从商品交换中脱颖而出，这个原来仅仅作为中介出现的抽象的价值关系，现在却一跃成为占统治地位的东西。**它成为了真正的主体**！固然，这里市场交换的实质是"抽象"（观念）成为**统治性的力量**（这是黑格尔要肯定的东西），但由于它还是以事物的形式表现出来，所以它又必然**以颠倒的形式表现为对 Sache selbst 的崇拜**。虽然，黑格尔并没有直接和精细地提出 Verdinglichung 和 Versachlichung 概念，但马克思后来这一重要的历史现象学批判构境却是从这里缘起的。

二

在青年马克思 1845 年以前的思想发展中，他并没有一开始就严格区分 Ding 和 Sache。我也不觉得，他能够从康德和黑格尔那里获得上述深刻的认知现象学或社会—经济现象学批判的构境意义。这一构境层，马克思只是在 1845 年《关于费尔巴哈的提纲》中才第一次真正进入并超越。1843 年，马克思哲学思想发生第一次转变之后，与他刚刚获得的哲学唯物主义思想接近的构境域，自然首先是费尔巴哈。费尔巴哈批判基督教，

---

① ［德］黑格尔：《法哲学原理》，范扬、张企泰译，商务印书馆1961年版。第201页。中译文将此处的 Zusammenhang 一词译作"社会联系"，我改译为"关联"。

拒绝唯心主义的现象学僭越，他重新颠倒黑格尔的唯心主义观念论，"从美满的神圣的虚幻的精神乐园下降到多灾多难的现实人间"，从绝对理念回到感性直观的自然存在和人，这一切在传统思辨哲学构境中所造成的断裂都极大地震撼了马克思。在1841年出版的《基督教的本质》一书中，费尔巴哈指认基督教和黑格尔的唯心主义思辨哲学是"人类精神之梦"，在这种超拔于物性的白日梦中，"我们不是在现实性和必然性之光辉中看到现实物，而是在幻觉和专擅之迷人的假象中看到现实物"，也由此，费尔巴哈指认这是一个"影像胜过实物、副本胜过原本、表象胜过现实、外貌胜过本质"的时代。① 然而，费尔巴哈很朴素地告诉我们，即便是在美好的神性和精神之梦中，我们的物性身子仍然躺在现实的床上。

在1843年的《未来哲学原理》中，费尔巴哈声称，与思辨哲学不同，他的唯物主义"未来哲学"的科学任务，"并不在于离开感性物（Dinge），而是在于接近这些物"②。这是故意反驳黑格尔的《精神现象学》。并且，他竟然还在认识论的层面上认识到：

> 人们最初看见的物（Dinge），只是物对人的表现（erscheinen），而不是物的本来面目，并不是在物中看见物本身（Dingen nicht sich selbst），而只是看到人们对物的想像，人们只是将自己的本质放进物之中，并没有区别对象（Gegenstand）与对象的表象（Vorstellung）。③

显然费尔巴哈读过康德，只是在哲学唯物主义的立场上，康德所说的现象界被重新指认为感性对象——现实客体物（Ding），而康德**放进物**的东西——"先天综合判断"被揭穿为人"自己的本质"。我觉得，费尔巴

---

① ［德］费尔巴哈：《基督教的本质》，见《费尔巴哈哲学著作选集》下册，荣震华等译，商务印书馆1984年版，第17—18页。
② ［德］费尔巴哈：《未来哲学原理》，见《费尔巴哈哲学著作选集》上册，荣震华等译，商务印书馆1984年版，第174页。
③ ［德］费尔巴哈：《未来哲学原理》，见《费尔巴哈哲学著作选集》上册，荣震华等译，商务印书馆1984年版，第174页。参见 Feuerbach, *Grundsätze der Philosophie der Zukunft*, *Ludwig Feuerbach Smmtliche Werke Band* 2, Fromann Verlag, 1960, S. 306.

哈比黑格尔聪明的做法，是将 Ding an sich（自在之物）设定为物的"本来面目"与人们假想中的本来面目的假象的关系。这可能是费尔巴哈自己都没有真正理解的深刻话语。费尔巴哈是批判思辨的，可他的批判本身却仍然是脱离社会现实的思辨。所以，他根本无法透视"聪明的唯心主义者"（列宁语）黑格尔在思辨的社会现象学逻辑中对资产阶级市民社会的深刻现实批判。这是一个倒置构境中的辩证法。所以，我们会偶尔看到费尔巴哈在对宗教批判中透露出来的另一重否定性构境场景，即神学反对**人沉迷于物**，"役于物"（verpf nden）的努力，费尔巴哈只是反讽式地引用"不要让自己去屈从物（Dingen），而是让物屈从于自己（sondern die Dinge sich unterwefen）"的口号。① verpf nden 一词的直接意思是典当，典押物品。在神学语境中也衍生出我所说的人屈从于物的物役性。②用恩格斯的俏皮话来讲，走向哲学唯物主义的费尔巴哈，总是无法在泼出去的洗澡水中抱住孩子，他看不清神学拜物教批判中的合理性，以及这种批判在黑格尔现象学逻辑中被重新构境的激进话语，这样，他不会想到的事情是：日耳曼现实社会生活本身中正在发生和漫延开来的那种物欲横流的资产阶级拜物教，就成了看起来激进的费尔巴哈"我欲故我在"③的合法拥戴物。恐怕，这也是青年马克思后来在赫斯的影响下决心要将费尔巴哈的哲学批判重新运用到社会生活领域的根本原因之一。

对于青年马克思来说，在他 1843 年之后的众多文本中，除去对这 Ding 和 Sache 两个词的一般使用以外，有特殊质性意义的词语构境使用出现在他写于 1843 年秋天的《犹太人问题》一文中的最后部分。我们会看到，沉浸在将费尔巴哈的人本主义哲学话语应用到黑格尔法哲学批判中的青年马克思突然提出了一种新的看法，即基于经济学的**主体视位**中的社会批判观点。相对于费尔巴哈的自然唯物主义反抗，这是一种向现实资产阶

---

① ［德］费尔巴哈：《基督教的本质》，见《费尔巴哈哲学著作选集》下册，荣震华等译，商务印书馆 1984 年版，第 61 页。参见 Feuerbach, *Das Wesen des Christenthums*, *Ludwig Feuerbach Smmtliche Werke*, Band 4, Fromann Verlag, 1960, S. 42.
② 张一兵：《马克思历史辩证法的主体向度》，武汉大学出版社 2003 年版，第三章第三节。
③ ［德］费尔巴哈：《未来哲学原理》，见《费尔巴哈哲学著作选集》上册，荣震华等译，商务印书馆 1984 年版，第 591 页。

级雇佣世界的经济现实发起质疑的重要的异轨性跳跃。在这里,青年马克思不再是仅仅着眼于资产阶级世界中的政治法权异化(《黑格尔〈法哲学〉批判》),而是转向他还没有基本概念的商品经济领域,他提出,犹太人的世俗基础恰恰是**做生意**(Schacher),"他们的世俗上帝"就是**货币**(Geld)。① 还完全没有涉猎经济学的哲学家马克思,突然指认"货币是现实交易世界(Schacherwelt)中人们的上帝"。依我的判断,这可能是对此时赫斯将费尔巴哈运用到经济学中的观点挪用。几乎与马克思同时,赫斯也意识到必须"把费尔巴哈的人本主义运用到社会生活中去"②。但当马克思将费尔巴哈运用到政治法律领域时,赫斯和恩格斯却先行一步进入到经济学批判之中。③ 这是一个需要辨识的差异性历史细节。青年马克思有模有样地说,

> **货币**是以色列人的妒忌之神;在他面前,一切神都要退位。货币贬低了人所崇奉的一切神,并把一切神都变成商品(Ware)。货币是一切物(aller Dinge)的普遍的、独立自在的**价值**(Wert)。因此它剥夺了整个世界——人的世界和自然界——固有的价值。货币是人的劳动和人的定在的同人相异化的本质(entfremdete Wesen seiner Arbeit und seines Daseins);这种异己的本质(fremde Wesen)统治了人,而人则向它顶礼膜拜。④

这已经是明确的**货币异化论**了。这是马克思第一次在经济学的语境中使用 entfremdete 一词。由于青年马克思这时并没有直接看到赫斯正在写作中的《货币的本质》一文,因此他无法说明货币为什么是世俗犹太人的上

---

① 《马克思恩格斯全集》第 1 卷,人民出版社 1956 年版,第 446 页。
② Hess, *Philosophische und sozialistische Schriften 1837–1850: eine Auswahl*, Berlin: Akademie-Verlag, 1980, S. 292.
③ 张一兵:《回到马克思——经济学语境中的哲学话语》(第三版),江苏人民出版社 2014 年版,第一章第三节。
④ 《马克思恩格斯全集》第 1 卷,人民出版社 1956 年版。中译文有改动,Daseins 一词从原译的"存在"改为"定在"。

帝,因为,赫斯那个构成颠倒世俗偶像神的关键性的**交往类本质**还被遮蔽着。所以,作为经济学外行的青年马克思此时关于货币异化的讨论是抽象和空洞的。

其一,货币是一切**物**(Ding,而不是 Sache)的价值,但此时的马克思并不知道经济学意义上的价值(及使用价值)是什么,所以,他还不能更深地从**关系异化**的构境层中把握货币。他也无法弄清,Ding 是不能异化的,因为它没有**主体性关系**。并且,货币所表征的价值不是 Ding 的属性,而是 Sache(商品)的社会属性。其二,马克思这里的货币异化缘起于"人的劳动"和"定在",而不是更接近经济学的赫斯的**现代的交往**(交换)。显然,他还没有将这个货币异化与此时他所批判的产阶级社会中的"非人的关系"联结起来。当然,这是一段极为重要的表述,因为我们看到了在马克思思想中第一次突现的**经济异化**思想。可是,此时马克思还没有开始自己的经济学研究。我的推测,应该是马克思此时直接受到了赫斯影响。虽然,赫斯自己关于经济异化的论文《论货币的本质》一文还没有发表,但他已经在不少场合宣传自己的观点,马克思不可能不知道这些公开的言论。能够看得出来,他已经在认同赫斯从经济学研究中得来的这些观点。马克思急急忙忙地赞同了赫斯以货币为思考点的经济异化观点,可是,他自己还没有真正碰过经济学,并且,此时的经济异化论还停留在人的活动和产品(物,Ding)上,而作为社会生活最重要的**交往关系**(Sache)尚没有进入他的思考视域之中。

必须指出,青年马克思在这一思考轴线上的思想转变出现在一个重要的文本事件之后,即他阅读到赫斯写于1843年底至1844年初的《论货币的本质》(*über das Geldwesen*)①。正是在这篇文章中,赫斯完整地建构了不同于费尔巴哈人学那种自然类关系的**人的社会类存在——社会交往关系在金钱世界中的异化**(Entfremdung)理论。这是在马克思之前出现的**第二**

---

① 也译为《论金钱的本质》。这篇论文是赫斯于1843年底到1844年初为《德法年鉴》撰写的,并且已经呈交编辑部准备发表,后来因杂志停刊,未能及时发表,一年多以后才在其他杂志上刊出。参见《莱茵社会改革年鉴》第1卷(Rheinische Jahrbücher zurgesellschaftlichen Reform Hrsg. VonH. Püttmann. Bd. 1. Darmstadt,1845),达姆施塔德1845年版,第1—84页。

个经济现象学批判理论。这里，我们可以看到黑格尔的现象学批判与费尔巴哈人本主义异化观的结合及其在**哲学**共产主义中的最初运用。

赫斯先于青年马克思指认出，在现实的资产阶级金钱世界中，利己主义的小贩（黑格尔的原子化的个人）之间是相互隔绝的，人与人之间没有**直接的**交往关系，他们只能通过市场交换联结起来，于是，市民社会的本质就是将现实的人变成死去的遗骸——私人。在市场建构起来的交易世界（Schacherwelt）中，我们必须外化我们的类生活——人与人之间的**真实交往关系**，这种人的现实中的异化了的"类生活就是货币"①。在金钱世界中，孤立的人与人的交往，只能通过**非人的**货币才能实现。货币正是那个颠倒了的离我们而去的类生活，货币则是我们异化出去的**交往类本质**。这是费尔巴哈那个"上帝是人的类本质的异化"的经济哲学翻版。赫斯这里的货币异化逻辑显然比青年马克思清楚得多。在赫斯这里，如果说，

> 人的具象性的类生活在天国就是上帝，**超人类的善**（Gut），而在地上就是在人外部的、非人的、**用手摸得着**的财富（Gut），事物（Sache），财产，脱离了生产者即它的创造者的**产品**，交往的抽象的本质（Das abstracte Wesen），即**货币**。②

货币不是物（Ding），而是类关系颠倒的**事物**（Sache），这个事物的本质是交往的抽象。赫斯在**人本主义**的经济现象学批判中的这一细致的区分将对马克思产生重要影响。

很快，我们在青年马克思的第一次经济学研究中找到了赫斯观点直接影响的痕迹。在1844年写于巴黎的《巴黎笔记》中，马克思在普雷沃根据穆勒来解释李嘉图的附录文章的摘录中提到："'积累劳动'这种说法除去表示资本的起源外，也同样有这样的意义：劳动愈来愈成为事物

---

① ［德］赫斯：《论货币的本质》，见《赫斯精粹》，邓习议编译，南京大学出版社2010年版，第154页。
② ［德］赫斯：《论货币的本质》，见《赫斯精粹》，邓习议编译，南京大学出版社2010年版，第153页。

（Sache）、成为商品，与其理解为人的活动（menschliche Thtigkeit），不如理解为**资本**的形态（Gestalteines Capitals）。"① 马克思在这里开始使用了与人相关的 Sache，而没有用 Ding。这是一个离开哲学唯物主义的感性物（Ding）走向黑格尔 Sache selbst 思想构境的重要的进展。

也是在这份《巴黎笔记》的最后，青年马克思阅读了 19 世纪著名的英国经济学家詹姆斯·穆勒的成名之作，即 1821 年发表的《政治经济学原理》（马克思阅读的版本是 1828②年巴黎法文版），并写下了《詹姆斯·穆勒〈政治经济学原理〉一书摘要》（以下简称《穆勒笔记》）。也是在这一笔记中，我们看到青年马克思在此书第三部分"交换（Des échanges）"的第六节——**货币**（Geld）的摘录中，开始留意到穆勒使用"媒介"一词的复杂构境，并用德文翻译了它（Vermittler intermédiate），以期引起注意。这是支援背景中的赫斯思想在起隐性支配作用。以我的推论，马克思应该是在这个时候，再一次仔细阅读了赫斯的《论货币的本质》一文。因为，赫斯上述的**交往异化观**突然成为了马克思思考的中心点。青年马克思说，穆勒将货币称为"交换的媒介（Vermittler）"的观点，"非常成功地用一个概念表达了事物的本质（Wesen der Sache）"。我们发现，青年马克思通过穆勒的经济学解释更深刻地理解了赫斯的货币异化论，货币的本质是**交往（交换）关系（事物）**的异化，而不是他过去误认的"物（Ding）"的价值的异化。请注意，马克思在遭遇 Sache 概念时候，它已经被重新构境为一种**关系性存在**。

马克思说，货币是人的"**现实的上帝**（wirklichen Gott）"！③ 这是马克思在《犹太人问题》一文中引述过的赫斯观点，但那时马克思并不知道赫斯所说的金钱之神是如何被颠倒的交往关系建构而成的。这回马克思弄明

---

① 马克思：《麦克库洛赫摘要》[Karl Marx. *Historisch-politische Notizen*, *Pariser Gesamtausgabe* (*MEGA*²), Ⅳ/2, Berlin: Dietz Verlag, 1981, S. 481)]。中译文参见《巴黎笔记选译》，王福民译，见《马克思恩格斯研究资料汇编》，书目文献出版社 1982 年版，第 44 页。Arbeiter 一词在德文中是"劳动者"，但大多数马克思文献的中译都意译为"工人"。
② Karl Marx, *Historisch-politische Notizen*, *Pariser*, *Gesamtausgabe* (MEGA²), Ⅳ/2, Berlin: Dietz Verlag, 1981, S. 422.
③ 《马克思恩格斯全集》第 42 卷，人民出版社 1979 年版，第 18 页。原中译文中将 wirklichen 译作"真正的"，我改为"现实的"。

白了，赫斯的把戏是将费尔巴哈的人的类本质异化批判挪移到经济学中的结果，只是将后者的人的**自然类关系**转换成人的**交往类关系**，在这里，马克思则以基督是人与上帝的媒介为喻，来重新说明货币的本质是人之交往类本质的异化和颠倒。其实，这已经开始融入了马克思自身的思想判断。马克思说，金钱——货币的本质其实首先并不在于财产通过它转让，而在于人的产品赖以互相补充的**中介活动**（vermittelnde Thätigkeit）或是中介运动本身的异化，"**人的、社会的行动异化了**（entfremdet）并成为在人之外的**物质东西**（materiellen Dings）的属性"①。如果货币是关系性 Sache，但它却在异化中**成为人之外的 Ding 的属性**。应该说，这已经不再是赫斯的观点，而是马克思独特的敏锐发现，当然，此时他还无法看清商品的价值表象为物的自然属性的资产阶级拜物教的发生机制，但这一思考构境点有可能直达后来历史现象学中的 Verdinglichung 批判域。然而，它只是短暂的构境闪念。有趣的是，此时仍然不懂经济学的马克思还假作内行地指出："在信贷关系中，不是货币被人取消，而是人本身变成货币，或者是货币**和人并为一体**。**人的个性**本身、人的道德本身既成了买卖的物品，又成了货币存在于其中的物质（Material）。"②信用作为道德存在畸变成可买卖的金钱，甚至金钱的物质性承载实体。这个 Material 就是指货币的物质载体，如金属和纸张，是 Ding，而不是关系性的事物（Sache）。马克思这里的表述显然是不准确的，他此时还无法真正科学地说明"G—G'"的资本拜物教本质。

很快，我们看到了同为《巴黎笔记》文本群中独立构境的三个笔记本，青年马克思在这个著名的《1844年经济学哲学手稿》（konomisch-philosophische Manuskripte，1844）中加深了上述的看法。在第一笔记本中的"劳动异化"手稿中，马克思让我们注意在"对人的漠不关心"的国民经济学所关注的**事物**世界之外还有一个人的世界，并且这个"事物的世界

---

① 《马克思恩格斯全集》第42卷，人民出版社1979年版。中译文有改动。参见马克思《詹姆斯·穆勒〈政治经济学原理〉一书摘要》[Karl Marx, *Historisch-politische Notizen, Pariser, Gesamtausgabe*（*MEGA*²）, Ⅳ/2, S. 447]
② 《马克思恩格斯全集》第42卷，人民出版社1979年版，第23页。中译文有改动。

(Sachenwelt）的**增值**同人的世界的**贬值**成正比"①。我们可以清楚地看到，这里马克思没有说 Dingwelt，而是说了 Sachenwelt，他已经理解了黑格尔哲学构境中的 Sache，即资产阶级经济世界是一个**人造的事物的世界**。所以，马克思认为当前的资产阶级经济事实绝不是资本家假想中简单的外部物（Ding）的自然进程！在资产阶级事物世界中的劳动产品就是固定在某个对象中，即关系性、事物性（sachlich）对象的人的劳动，国民经济学所面对的那个事物性的世界，不过是这种"劳动的**对象化**（Ver-gegenständlichung）"。这里的 sachlich 还不是马克思后来使用的 Versachlichung（事物化），马克思在此文本中五次使用 sachlich，而没有使用 dinglich（物性）。请一定注意，从赫斯的**货币（交往）异化**到这里的**劳动对象化**（异化）是一个了不起的进步，这已经暗示着马克思将来从**交换和流通领域向生产领域过渡**的先期思考构境意向。这一重要的转变也让青年马克思使自己的异化史观真正超越性地异质于赫斯。从逻辑上看，显然整个《1844年经济学哲学手稿》都是在《穆勒笔记》之后完成的，那种试图将《穆勒笔记》插入到《1844年经济学哲学手稿》之中或之后的做法，是将青年马克思的这一重要理论进展**倒退到**赫斯的立场。

在青年马克思这里的理论构境中，人的劳动的实现就是对象化，劳动对象化在黑格尔那里体现为"第二自然"（Die zweite Natur）。本来"第二自然"是人类主体精神外化后对自然的提升，人类精神应该成为自然的主人，可是现在却出了更深一层的异化，即 Sache selbst（事物自身）。所以，对象化也是"**事物**的异化（Entfremdung der Sache）"！显然，这时马克思的内在思路是从黑格尔的社会现象学批判出发的，而不是以往人们所标注的表层构境中的费尔巴哈。所以，他不再说**物**（Ding）的异化，而强调了事物的异化。依马克思此时的判断，资产阶级国民经济学虽然看到了不同于自然物（Ding）的社会财富，但他们只看到劳动的对象化现象，而无法透析劳动与劳动者主体的本质关系，特别是与这种物的进程同时发生的人的社会存在中的劳动关系**异化**。或者说，资产阶级国民经济学家就驻留在

---

① 《马克思恩格斯全集》第42卷，人民出版社1979年版，第90页。

异化之中。

接下去，在《神圣家族》中讨论政治经济学问题的"批判性的评注2"里，马克思开始注意到，"私有制在自己的国民经济运动（national konomischen Bewegung）中自己把自己推向灭亡，但是它只有通过不以它为转移的、不自觉的、同它的意志相违背的、为事物的本性（Natur der Sache）所制约的发展"，才能做到这一点。① 这是对资产阶级私有制的批判，此处的 Natur der Sache 其实就是黑格尔的那个 Sache selbst 和 zweiten Natur，资产阶级创造了一个"不以它为转移的、不自觉的、同它的意志相违背的"客观力量，私有制恰恰在这种无法控制的**自在事物**中消灭自己。显而易见，马克思这里的"自在事物"批判已经在悄悄离开人本主义异化史观。

我们知道，在马克思哲学思想构境的历史转换中，这已经是人本主义异化史观丧钟将被敲响的最后时刻，在不久之后发生的实践唯物主义新世界观的变革之中，Ding 和 Sache 概念会在客体与主体两个向度上被重新塑形，并走向新的批判视域。

三

在关于 Ding 和 Sache 概念的思考上，马克思思想构境中的格式塔质性改变首先出现在**客体向度**的"本体论"和认识论视域中，而不是前述黑格尔、费尔巴哈和赫斯的异化史观——**主体性**批判性构境中。我觉得，这种思考有可能更为根本。我们最先看到的缘起性显迹，是马克思于 1845 年 1 月写下的《黑格尔现象学的结构》的四点札记。马克思在其中第二点中提出：

> 事物（Sachen）的**差别**（Unterschiede）并不重要，因为实体被看

---

① 《马克思恩格斯全集》第 2 卷，人民出版社 1957 年版，第 44 页。此处原中译文将 Natur der Sache 译作"客观事物的本性"，我改译为"事物的本性"。

作是自我区别，或者说，因为自我区别、悟性的活动被看作是本质的东西。因此，黑格尔在思辨范围内提供了真正把握事物（Sache）实质的区别。①

仔细去想，马克思在这里很可能已经发现，黑格尔唯心主义现象学批判结构中包含了一种他过去并没有真正意识到的重要的认知图式，即客体对象（Ding）的差别虽然存在，但**出现在我们认识图景中的"事物的差别"却与主体的活动有关，这甚至是更"本质"的差别**。但这些重要的差异性关系却是沉浸于感性直观物（Ding）的唯物主义哲学家费尔巴哈根本无法理解的。这个札记中的第四要点是最重要的：

你**扬弃**想象中的对象、作为意识对象的对象，就等于**现实的对象性的**（wirklichengegenständlichen）扬弃，等于和思维有差别的感性的**行动、实践以及真正的活动**（sinnlichen Action, Praxis, u. realen Thätigkeit）。（还需要发挥）。②

康德与黑格尔在现象学反思中都发现直达感性物（Ding）的幻象性，而 Für uns 的现象—事物的差别与**主体的活动有关**，但它们只是被唯心主义地认定为先天理性构架的统摄结果，而马克思则已经开始深刻地意识到，这个改变了事物存在状态的主体的活动是与思维不同的**感性物质实践活动**。由此，马克思开始走向自己的实践唯物主义新世界观。在 1845 年写下的著名的《关于费尔巴哈的提纲》（Thesen über Feuerbach）第一条中，马克思指出，在传统的哲学唯物主义者那里，

对对象、现实、感性（der Gegenstand, die Wirklichkeit, Sinnlich-

---

① 《马克思恩格斯全集》第 42 卷，人民出版社 1979 年版，第 237 页。Karl Marx, *Manchester-Hefte, Gesamtausgabe*（*MEGA²*），Ⅳ/3, Berlin: Dietz Verlag, 1998, S. 11.
② 《马克思恩格斯全集》第 42 卷，人民出版社 1979 年版，第 237 页。Karl Marx, *Manchester-Hefte, Gesamtausgabe*（*MEGA²*），Ⅳ/3, Berlin: Dietz Verlag, 1998, S. 11.

keit），只是从**客体的**或者**直观的**形式（Form des Objekts oder der Anschauung）去理解，而不是把它们当作**感性**的**人的活动**，当作**实践**去理解（menschliche sinnliche Ttigkeit，Praxis），不是从**主体方面**（subjektiv）去理解。①

在这里，马克思既没有提到 Ding，也没有使用 Sache 概念，他小心翼翼地使用了 Gegenstand，Wirklichkeit，Sinnlichkeit 这三个概念。孙伯鍨教授之所以将这一突现的新思想构境指认为马克思的**第二次转变**，是因为马克思的批判之剑是突然指向哲学**唯物主义**者费尔巴哈的。在马克思看来，费尔巴哈将康德—黑格尔那种由理性构架参与建构的现象界—相颠倒性地重新还原为感性直观中的客观对象（Ding），他在唯物主义的哲学立场上可能会是正确的，但却是肤浅的，因为他没有意识到，康德和黑格尔唯心主义地指认出的由先天理性构架塑形和建构起来的现象**呈现**和感性意谓性**物相**（Sache），的确是与主体性的活动有关，只是这种参与了 Sache 构形的活动**首先**不是主观或客观精神的能动性，而是"'革命的'、'实践批判的'（der revolution ren，der praktisch-kritischen）"的感性物质活动。应该说，正是马克思的这一断裂性的全新看法，生成着他所实现的马克思主义哲学革命的根本性基础。

还有一个更深的背景是，马克思此时正在进行《布鲁塞尔笔记》②的写作与研究，在对比性观察了古代经济与现代资产阶级社会经济后，他已着眼于思考社会经济进程中真正变革世界的**现代工业生产**。如果说，在《巴黎笔记》时期，马克思只是通过古典经济学理论和舒耳茨的《生产运

---

① 马克思、恩格斯：《费尔巴哈》，人民出版社1988年版，第85页。恩格斯对第一条的修改与马克思的原有表述没有质性的差别。参见 Karl Marx, *Manchester-Hefte*, *Gesamtausgabe* (*MEGA*²), Ⅳ/3, Berlin: Dietz Verlag, 1998, S. 19.
② 1845年2月3日，马克思在布鲁塞尔重新开始研究政治经济学。他在2月先写下《布鲁塞尔笔记A》(*Brüsseler Hefte*)后，在其间又写下了《评李斯特》以及《关于费尔巴哈的提纲》，实现了其哲学思想革命的突破，并自觉地走向马克思主义新科学的全面建构。而在5—7月，马克思在布鲁塞尔又继续从事他的政治经济学研究，写下了《布鲁塞尔笔记B》。7—8月，马克思与恩格斯一起首次访问资产阶级的工业王国——英国。在此期间，马克思在曼彻斯特还写下一批经济学摘录笔记，即《曼彻斯特笔记》(*Manchester-Hefte*，九册)。

动》一书初步了解了工业生产在整个资产阶级经济活动中的基础性作用，而此时，他则直接阅读了埃·吉拉丹的《机器》、查·拜比吉的《论机器和工厂的经济性质》、安·乌尔的《工场哲学，棉花、羊毛、麻、丝制造工业的经济学研究，附英国工场中使用不同机器的描写》等重要论著①，并且，他与恩格斯前往英国的曼彻斯特，亲眼目睹了资本主义大工业的生产过程。如果说在农业社会自然经济中，物质生产的本质还只是依附于自然运动之上的经过**加工**和获得**优选**后的自然产品（接近那个假想中的自在状态下的 Ding），人类主体还是自然总过程中的被动受体（历史性的主—客体二元模式的现实基础），那么，在现代资产阶级社会商品经济中，经济世界已经成为**人的工业生产**的直接**塑形和构序的结果**（被进一步强化的 Sache），工业实践活动及其实践构式和进一步的筑模已经成为我们**周围事物世界客体结构**的重要支撑性构件，由此，在资本主义工业生产中，自然物质对象第一次成为人类主体**全面**支配的客体，财富第一次真正摆脱自然的原初性（dinglich），而在工业生产实践的重构和市场交换关系中成为"社会财富"（黑格尔所说的劳动提升了的 Sache）。在现代性社会中，我们不再在自然经济中简单直观地面对自然对象物，而是能动地面对工业实践和市场交换关系的复杂 Sache。康德—黑格尔在唯心主义认识论中透视的物相第一次被马克思揭示为人类实践的世界图景，人们通过能动的工业（科学技术）实践，更深刻地超越感性直观物，掌握周围事物性世界越来越丰富的存在塑形结构和发生机制。

也由此，马克思深刻地意识到，康德与黑格尔唯心主义思想构境中的 Ding an sich 和 Sache selbst 问题，并不是费尔巴哈那样简单地颠倒主谓逻辑关系就能解决的，因为，这其中蕴藏着一个**先验理性构架与实践的先验**

---

① 舒耳茨是德国作家、激进的民主主义者。1832 年发表《由国家代表而来的德国统一》，1835 年亡命瑞士，任苏黎世大学讲师。1843 年出版《生产运动。为国家和社会奠定新的科学基础的历史和统计方面的研究》，产生较大影响。1848 年 3 月革命后回到德国被推选为法兰克福国民议会的议员，作为左派而活跃。拜比吉是英国数学家和早期机器计算机专家，1814 年毕业于英国剑桥大学，1828—1839 年任剑桥大学教授，论著有《论机器和工厂的经济性质》（1832 年），此外还有一些数学手稿。乌尔是英国科学家，先后在爱丁堡大学和格拉斯哥大学学习，从 1804 年起成为格拉斯哥大学安德逊学院的教授，从事化学及自然哲学的教学和研究工作。

历史结构的隐秘关系问题。根据《关于费尔巴哈的提纲》第一条的逻辑，马克思实际上指认了黑格尔的绝对认知活动（康德的先验构架之变形）正是以实践的感性活动为基础的，这样，黑格尔的错误首先是把人的物质实践变成理念的认知活动，再把这种认知活动及结构暴力性地变成逻辑本质，实践的**此岸性**就等于概念的彼岸性。由此，康德是被诓骗过去的！可当费尔巴哈把黑格尔颠倒过来的同时却顾此失彼：实践同样被抛弃了，思维被立于感性直观的 Ding（抽象的人与自然）之上了，概念的彼岸性与客观现实一起被打倒了。这样，康德是被绕过去的。马克思说，思维的此岸性和现实性是一个实践的问题，黑格尔反对而费尔巴哈肯定的感性直观中的物相（客体与直观对象 = Ding）恰恰是实践造就的此岸性（= Sache），历史的、现实的、具体的社会实践是一座通向彼岸的桥梁。

所以，从哲学角度反思这一点，马克思才第一次在哲学逻辑中发现，从这种对现实的社会历史生活的真实了解出发，康德和黑格尔所揭穿的自然物相和天然本性（Natur）并非仅仅是理性构架**非历史地**塑形之事物，而人们对自然存在的表象、任何社会现象和人类生活存在本身都历史地"属于一定的社会形式（bestimmten Gesellschaftsform）"！① 具体到费尔巴哈和赫斯（包括青年马克思在《1844 年经济学哲学手稿》中的想法）所标注的人的类（关系）本质，马克思现在则说，"人的本质并不是单个人所固有的抽象物（Abstraktum），在其现实性上，它是一切社会关系的总和（In seiner Wirklichkeit ist es das Ensemble der gesellschaftlichen Verhältnisse）。"② 这里的抽象物是指那个"内在的、无声的（innere, stumme）"类本质，它被假设为一种天然物性（dinglich）。正是它构成着文艺复兴以来全部资产阶级启蒙思想的根本逻辑支点，天赋人权和天赋理性正是将"许多个人**自然地联**系起来的共同性（die vielen Individuen natürlich verbindende Allgemeinheit gefaβt werden）"，这也是资产阶级社会（"市民社会"）的现实本质。在

---

① 马克思、恩格斯：《费尔巴哈》，人民出版社 1988 年版，第 85 页。Karl Marx, *Manchester-Hefte*, *Gesamtausgabe* (*MEGA*²), Ⅳ/3, Berlin: Dietz Verlag, 1998, S. 21.

② 马克思、恩格斯：《费尔巴哈》，人民出版社 1988 年版，第 89 页。Karl Marx, *Manchester-Hefte*, *Gesamtausgabe* (*MEGA*²), Ⅳ/3, Berlin: Dietz Verlag, 1998, S. 20–21.

这个构境意义上,被假扮作天然本性和自然法则的 Dinglich 的人权之本质恰恰是**资产阶级特有的事物**(Sache)。由此,被资产阶级粉饰成 Ding 的永恒人性和抽象不变的人的本质只能是**一定社会历史条件下形成的一切社会关系总和**的 Sache。

《德意志意识形态》(*Die deutsche Ideologie*,1845-1846)是**广义**历史唯物主义的诞生地,马克思在 1845 年的《关于费尔巴哈的提纲》中宣告了新世界观的实践本质之后,他和恩格斯一同开始清算当时仍然统治着德国思想界的种种资产阶级意识形态幻象。于是,他们需要对整个社会生活和人类社会历史发展作出一个基于**客体向度**的一般性解释,这就是广义历史唯物主义中的物质生产与再生产**塑形与构序**历史存在的基始论。在此,那种没有被人作用过的自然存在——Ding,进一步消失在特定历史条件下劳动生产所创造出的我们周围的 Sachenwelt 之中。

在马克思恩格斯 1845 年之后的全新话语实践中,根本改变 Ding 和 Sache 构境域质性的事情是历史唯物主义的历史(Geschichte)范式。这个历史并非是简单的**实体物质**(Ding)现实之**持续性**,而是人类实践(物质生产与再生产)**正在生成**的现实社会生活和发展过程。海德格尔后来明确区分了作为历史事件持存的**历史之物**(Historische)与生成性事件发生的**历史**(Geschichte)。马克思和恩格斯在《德意志意识形态》一书中并没有仔细区别这两个概念。这是对康德—黑格尔 Sache 问题的真正解决。这是由于,康德那个以一定的形式向我们呈现的现象界不是一个理性构架统摄的主观认知结果,而是由一定的社会实践塑形的历史存在本身,观念世界"向自然的立法"的统觉建构只不过是实践构形的偶像化而已;黑格尔那个"以对自然产物(Naturprodukts)的**塑形**(Formierung)为职能"① 的**产业**(Gewerbe),被重新历史地安置在现实资本主义生产方式之中,成为我们周围这个 Sachenwelt 的真正现代性"造物主"。

这也就是说,马克思这里的"历史"主要是现代性工业生产之上人类主体**主导**的历史情境——最大的 Sache,即由人们的物质生产活动创造的

---

① [德]黑格尔:《法哲学原理》,张企泰、范扬译,商务印书馆 1997 年版,第 214 页。参见 Georg Wilhelm Friedrich Hegel, *Werke* 7, Frankfurt am Main: Suhrkamp Verlag, 1970. S. 357.

新的**社会定在**(gesellschaftliche Dasein)①,即"不依个人'意志'(Willen)为转移的个人的物质生活(das materielle Leben),即他们的相互制约的生产方式和交往形式(Produktionsweise und die Verkehrsform)"②。这显然不是工业革命发生以前的自然经济中的那种人与自然的关系,在那里,人只是周围自然过程的一个**被动因素**的生存,在土地上**优选**和**协助**自然物质(Ding)生产。这也就是说,马克思的这个"历史"规定的经济学基础不是农业社会,甚至不是重商主义的,而是古典经济学所认可的**工业和工业之上的现代经济过程**。正是大工业生产才**第一次**创造了人在其中居主导地位的新的人与自然的关系和社会存在(Sache)。财富的主体不再是外部自然的结果("自然财富"),而直接是人的活动的结果("社会财富")。其实,我们熟知的胡塞尔"朝向事情本身(sich nach den Sachen selbst richten)"和"回到事情本身(auf die Sachen selbst zurükgehen)"之说,这里的事情(Sache)即马克思所说的区别于那种旧唯物主义和假想中的外部物(Ding)的、与人相关的事物,并且,在胡塞尔这里,真正的事情便是真正的现象。在后来的维特根斯坦那里,Sache 一词又变形出 Tatsache(事实)、Sachlage(逻辑可能的事态)和 Sachverhalt(基本逻辑可能事态)等词。

这样,马克思才会批评费尔巴哈"没有看到,他周围的感性世界(umgebende sinnliche Welt)决不是某种开天辟地以来就已存在的、始终如一的物(Ding),而是**工业和社会状况的产物**(Produkt der Industrie und des Gesellschaftszustandes),是历史的产物(geschichtliches Produkt),是世世代代活动的结果"③。马克思在这里特别强调,我们生活与存在其中的周围世界并非人之外的**物**(Ding),而是人的活动之**产物**(产品,Produkt)

---

① gesellschaftliche Dasein 一词应该译为"社会定在",与马克思的"一定的社会历史条件"相一致。由赫斯首先使用,马克思在《1844年经济学哲学手稿》、《1857—1858年经济学手稿》和《政治经济学批判》中分别各一次使用此词,在本书中,马克思并没有使用此词。马克思在1859年的《〈政治经济学批判〉序言》中唯一一次使用了 gesellschaftliche Sein(社会存在)一词。
② 《马克思恩格斯全集》第3卷,人民出版社1960年版,第376页。
③ 马克思、恩格斯:《费尔巴哈》,人民出版社1988年版,第20页。

或者**事物**（Sache）。在这里，历史性生成的人的"周围的感性世界"取代了费尔巴哈不准确的单纯直观中的一般感性自然。显然，马克思是在用历史性来重新规定这个自然唯物主义的前提，因为，今天我们周围的自然存在中这种"最简单的'感性确定性'（sinnliche Gewissheit）的对象也只是由于社会发展、由于工业和商业交往才提供给他的"①。更宽泛地说，人类历史情境中的任何一种自然对象之表象，都是历史的。我以为，这是对康德—黑格尔的 Ding an sich 和 Sache selbst 命题的最终破解。明确区分了作为历史事件持存的历史之物（Historische）与生成性事件发生的**历史**（Geschichte）的。

我以为，这是对康德—黑格尔的 Ding an sich 和 Sache selbst 命题的最终破解。

---

① 马克思、恩格斯：《费尔巴哈》，人民出版社 1988 年版，第 20 页。

马克思的物役性理论：一个历史的分析

张一兵

我曾经提出过，马克思在 1845 年以后的哲学新视界中关于人类史前发展（特别是资本主义社会）的似自然性规定是一种对社会总体过程的批判性把握，而马克思更加关注的一个深层理论课题，是在进一步的科学理论探索中，提出了史前社会历史呈现似自然性现象的本质是社会生活中发生特定主客体关系颠倒的物役性思想。在本文中，笔者将进一步对马克思这一重要的科学批判思想作出历史的具体分析。

在马克思看来，整个人类社会发展的史前时期都存在着客体支配主体的物役性现象。但是我发现，实际上马克思却区分了两种不同的物役性。

在青年马克思的论著中，他是用异化理论来表征整个资本主义及史前人类历史过程中主体与客体地位的颠倒。而在 1845 年以后的科学理论逻辑中，马克思就开始提出整个人类社会"史前"历史过程（第一、二社会形态）中的物役性规定，以取代原来批判性的异化逻辑。以我的观点，马克思的这一批判人类主体不正常地为外在物（含人自己创造出来经济力量）所奴役的对比性论说是从《德意志意识形态》开始的。在《德意志意识形态》一书第一章中，马克思从生产工具的性质方面涉及三种社会形态，即"自然发生的"工具的前资本主义社会（马克思这时还没有关于原始社会的史料信息），"由文明创造工具的"现代资本主义社会和未来的共产主义社会。马克思认为，在第一种和第二种社会中，人类社会的历史

---

① 原载《长白论丛》1996 年第 4 期。

发展的主导方面都不是人类主体，而是物！社会历史进程都呈现出某种物役性，不过这两种物役性的情况又各自不同。在第一种情况中，"即在自然产生的生产工具的情况下，各个个人受自然界的支配，在后一种情况下，他们则受劳动产品的支配。因此在前一种情况下，财产（地产）也表现为直接的、自然产生的统治，而在后一种情况下，则表现为劳动的统治，特别是积累起来的劳动即资本的统治"①。

在后来的《资本论》及其手稿中，马克思的这一思路又进一步深化了。这里，马克思从多重视角，再次肯定了人类社会历史发展中的主导因素在三大社会形态中具有的不同特点。我们读到："人的依赖关系（起初完全是自然发生的），是最初的社会形态，在这种形态下，人的生产能力只是在窄狭的范围内和孤立的地点上发展着。以物的依赖性为基础的人的独立性，是第二大形态，在这种形态下，才形成普遍的社会物质交换，全面的关系，多方面的需求以及全面的能力的体系。建立在个人全面发展和他们共同的社会生产能力成为他们的社会财富这一基础上的自由个性，是第三个阶段。"② 马克思这一新的"三大社会形态"理论与《德意志意识形态》中的观点已经有了一些变化，他这时的三大社会形态已经是将"原生的"原始社会放在"有文字记载以来的"文明社会之外了。因为在那个人类社会历史发生的初始时期中，主体与客体恰恰是处于原始同一的亚自然状态的。这也就意味着根本不能在那里讨论社会历史意义上的主体与客体的关系。实际上，此处的三大社会形态只是包括马克思后来所说的"次生的"社会形态（前两种形态——社会经济形态）和"再次生的"社会形态（共产主义）了。而我们在这里，主要来看一下马克思在这一思路中是如何分析人类社会历史在前两个历史时期所发生的人类主体生存异化关系的物役性不同情境。

马克思指出，在第一种社会形态中，人的自然生产（含人的种的繁衍和向自然的索取）占主导地位，在那时，物质生活资料的生产"顶多是附

---

① 马克思、恩格斯：《费尔巴哈》，人民出版社1988年版，第49页。
② 《马克思恩格斯全集》第46卷上册，人民出版社1979年版，第104页。

带的事情"①。无论是农业采集还是渔猎，人的劳动只对自然起协助的作用。并且，人类主体在自己的生活过程只是"直接地从自然界再生产自己"②，因为他们的"目的不是发财致富，而是自给自足"③。这也就是说，此时的人类生存只还是像动物一样在自然生产中维系自身的生命，还没有能力创造出巨大的剩余财富来。并且在社会关系结构中，人自身的自然血亲关系是居统治地位的。而在第二种形态中，人的物质生产才占据了客观主导地位，成为社会发展的主动轮，并且人类主体也由此创造出以自己生产物为直接基础的新的社会生存条件，人的确在物质生产中现实地实现了自己的主体性。经济的世界正是以人的创造物的形象与自然世界相区别的。但是马克思发现，在这个不断扩大和增长的经济王国中，人的物质生产活动却表现为对人来说"是异己的、无关的东西，表现为一种物"。人类主体自己创造的经济力量却颠倒地成为奴役和统治人的主导性的非主体客观外部力量。马克思发现，在这两种社会形态中，社会生活的过程中都存在着物役现象。因为人仍然似乎都处于一种被动的、被外部条件决定的地位和关系之中。④并且在此时，人受到外部条件的驱使，社会本身的过程"仿佛是一种自然关系，存在于个人之外并且不以个人为转移"⑤。所不同的是："在土地所有制处于支配地位的社会形式中，自然联系还占优势。在资本处于支配地位的社会形式中，社会、历史所创造的因素占优势。"⑥ 这样，社会历史的物役性就有了双重含义，其一是自然物役性，其二是经济物役性。我们能体会出来，马克思这里的论说是他在《德意志意识形态》中相同思考点的进一步具体深入。

综上所述，我们可以看到在马克思所分析的人类历史发展三大形态的前两个形态中，第一形态由于人的自然生产和对自然界的依赖占主导地位，外部自然的客观力量（自然必然性）在整体上支配着人和社会的活

---

① 《马克思恩格斯全集》第46卷上册，人民出版社1979年版，第172页。
② 《马克思恩格斯全集》第46卷上册，人民出版社1979年版，第103页。
③ 《马克思恩格斯全集》第46卷上册，人民出版社1979年版，第477页。
④ 马克思：《资本论》第1卷，郭大力、王亚南译，人民出版社1953年版，第554页。
⑤ 《马克思恩格斯全集》第46卷上册，人民出版社1979年版，第104页。
⑥ 马克思：《资本论》第1卷，郭大力、王亚南译，人民出版社1953年版，第45页。

动。在第二时期，人的社会生产力的发展创造出巨大的物质生产系统，经济力量是超自然的人的力量。可是，马克思发现，在这样一个人创造出来的世界中，却又出现了准宗教的倒置图景：人虽然不再是自然必然性的奴隶，从经济生活中显示出人相对于自然的独立性，可是，在这里人却又成为人自己创造出来的物的力量（商品经济盲目运动导致的"看不见的手"）的奴隶，这是新的人之外的经济必然性的制约规定。人类社会在一定意义上超出了自然界（动物界），自己创造着历史，但这却又是一种只能通过盲目的异向合力的自在活动实现的。在这里，特别重要的是，人虽然已经不像在第一种社会形态中那样如同动物般地依附于自然，但仍然是经济过程中弱肉强食的经济动物。历史尚不是人类社会的真正历史（这不含有任何人本主义的意味），因为它仍然像自然界一样在人之外运动着。

很显然，马克思更关注的是资本主义生产方式下的经济物役性现象。并且在他后来的经济学研究中，我们可以得到马克思对资本主义社会生活（关系）中出现的物役性现象进行了比较系统的分析。从马克思的具体厘定，可以有下面这样一些方面。

第一个方面，是人类主体的劳动生产力成为压迫个人的物役性力量。依马克思的认识，"在我们这个时代，每一种事物好像才包含的自己的反面。我们看到，机器具有减少人类劳动和使劳动更有成效的神奇力量，然而却引起了饥饿和过度的疲劳。新发现的财富的源泉，由于某种奇怪的、不可思议的魔力而变成贫困的根源。技术的胜利，似乎是以道德的败坏为代价换来的。随着人类日益控制自然，个人却似乎愈益成为别人的奴隶或自身的卑劣行为的奴隶。甚至科学的纯洁光辉仿佛也只能在愚昧无知的黑暗背景上闪耀。我们的一切发现和进步，似乎结果是使物质力量具有理智生命，而人的生命则化为愚钝的物质力量"[①]。这也就是说，人类的社会生产力原来是人类主体改造外部对象的主体性物质力量，但在资本主义生产过程中，生产力走到了它自己的反面，成为资本奴役个人的非主体物化力量。具体说，可以有这样一些表现。

---

① 《马克思恩格斯全集》第12卷，人民出版社1962年版，第4页。

首先，是劳动能力的物役性畸变。马克思说，在人类社会历史过程中，"劳动是活的、塑造形态的火；是物的易逝性，物的暂时性，这种易逝性和暂时性表现为这些物通过活的时间而被赋予形式"，即"造成物的有用性"①。可是在资本主义生产过程中，劳动本身由于它的雇佣性质却颠倒地畸变成资本的力量，因此马克思认为，"雇佣劳动，即从本身异化出来的劳动的本质，这种劳动创造的财富作为别人的财富和它对立，它自己的生产力作为它的产品的生产力和它相对立，它的致富过程作为自身的贫困化过程和它相对立，它的社会力量作为支配它的社会力量和它相对立"②。所以，"劳动本身越是客体化，作为他人的世界，作为他人的财产而同劳动相对立的客观价值世界就越来越扩大"③。这样，"劳动表现为被否定的所有权"，"或者说所有权表现为对他人的劳动异己性的否定"④。"劳动本身的力量变成对工人来说是异己的力量的必要过程"⑤。

其次，是人的劳动产品的物役性。马克思发现，资本主义生产方式与以前一切形式不同的地方就在于："资本家不是作为这种或那种个人属性的体现者来统治工作，他只在他是'资本'的范围内统治工人，他的统治只不过是物化劳动对活劳动的统治，工人制造的产品对工人本身的统治"。人类自己创造出来的劳动产品现在却"表现为资本，表现为统治；支配活劳动的物化劳动"。在这里，"劳动的产品表现为他人的财产，表现为独立地同活劳动相对立的存在方式，还表现为自为存在的价值；劳动的产品，物化劳动，由于活劳动本身的赋予而具有自己的灵魂，并且使自己成为与活劳动相对立的他人的权力"⑥。在资本主义的再生产中，物化劳动的内趋力是剩余价值，它颠倒地成为人格化的资本对活劳动的权力，从而使活劳动"把它在客观条件中的实现同时当作他人的实在从自身中排斥出来，因而把自身变成失去实体的、极度贫穷的劳动能力而同与劳动相异化的、不

---

① 《马克思恩格斯全集》第46卷上册，人民出版社1979年版，第313页。
② 马克思：《剩余价值理论》第3册，人民出版社1975年版，第284—285页。
③ 马克思：《剩余价值理论》第3册，人民出版社1975年版，第452页。
④ 《马克思恩格斯全集》第46卷上册，人民出版社1979年版，第469页。
⑤ 《马克思恩格斯全集》第46卷上册，人民出版社1979年版，第268页。
⑥ 《马克思恩格斯全集》第46卷上册，人民出版社1979年版，第502页。

属于劳动而属于他人的这种实在相对立"①。

最后,是劳动形式、工具和科学技术的物役性。我们知道,技术、劳动工具和生产本身的结构本来是人类主体作用于对象的中介性条件,是人类主体自身功能的客观扩展。可是,在资本主义生产方式中,不仅那些直接物质的东西起来反对工人,就连社会地发展了的劳动的形式(协作、分工等)都表现为资本的发展形式,甚至科学与自然力也表现为资本的生产力。"事实上,协作中的统一,分工中的结合,机器工业中的自然力、科学和劳动产品的用于生产,所有这一切,都作为某种异己的、物的东西。纯粹作为不依赖于工人而支配着工人的劳动资料的存在形式,同单个工人相对立。"②

马克思断言,在当代资本主义生产过程中,最突出的就是本来是人用以支配外部对象的工具变成奴役人的力量。在资本主义生产中,"工人把工具当作器官,通过自己的技能和活动赋予它以灵魂,因此,掌握工具的能力取决于工人的技艺。相反,机器则代替工人而具有技能和力量,它本身就是能工巧匠,它通过在自身中发生作用的力学规律而具有自己的灵魂"③。特别是在资本主义的大生产阶段上,"在机器体系中,物化劳动在物质上与活劳动相对立而成为支配活劳动的力量,它主动地使活劳动从属于自己,这不仅是通过对活劳动的占有,而且是在现实的生产过程本身中实现的"④。"在这里,过去劳动——在自动机和由自动机推动的机器上——似乎是独立的、不(活)劳动的;它不受活劳动支配,而是使(活)劳动受它支配;铁人起来反对有血有肉的人。"⑤

进而,科学技术本来是人类主体在大工业生产中创造出来的一种新的生产力,可是在资本主义生产过程中,"过去劳动,其中包括劳动的一般社会力,自然力和科学,直接变成了一种武器,这种武器部分是用来把工人抛向街头,把他变成多余的人"。因为在这里,"科学通过机器的构造驱

---

① 《马克思恩格斯全集》第46卷上册,人民出版社1979年版,第450页。
② 《马克思恩格斯全集》第48卷,人民出版社1985年版,第37—38页。
③ 《马克思恩格斯全集》第46卷下册,人民出版社1980年版,第208页。
④ 《马克思恩格斯全集》第46卷下册,人民出版社1980年版,第209页。
⑤ 《马克思恩格斯全集》第47卷,人民出版社1979年版,第567、571页。

使那些没有生命的机器肢体有目的地作为自动机来运转,这种科学并不存在于工人的意识中,而是作为异己的力量,作为机器本身的力量,通过机器对工人发生作用"。所以,"科学对于劳动来说,表现为异己的、敌对的和统治的权力"①。能看出,这也是后来卢卡奇与法兰克福学派工具理性批判和科技意识形态批判的理论入口。当然,他们这一批判逻辑的主体构性还是马克斯·韦伯和当代资本主义的新情况。

第二个方面,马克思还指出了资本主义社会关系的物役性特征。他说,"资本主义生产的当事人是生活在一个由魔法控制的世界里,而他们本身的关系在他们看来是物的关系,是生产的物质要素的属性"②。在资本主义的经济过程中,人与人的关系只有颠倒地表现为商品、货币和资本的物与物的关系才能发生现实的联结。在资本主义的金钱世界中,钱就是一切,人的价值只有通过货币兑现出来。依马克思所见,"在这里,社会关系,个人和个人彼此之间的一定关系,表现为一种金属,一种矿石,一种处在个人之外的、本身可以在自然界中找到的纯物体"③。货币的本质是一种社会关系,即交换价值关系,人只有占有资本这一社会关系,才能进而占有物。在这里,人的直接关系只有通过变成物的关系的"中介",才能得到实现。物的关系成了人的统治者。按照马克思历史唯物主义和历史辩证法客体视角中对人的科学确定,人的本质("类")正是人的现实社会关系之总和。可是,在资本主义社会中,人的真实的社会关系畸变为物的关系,变成一种脱离了个人的虚假的"类"与个人相对立,并以一定的物的关系直接支配人。马克思说,这种"交换关系固定为一种对生产者来说是外在的、不依赖于生产者的权力。最初作为促进生产的手段出现的东西,成了一种对生产者来说是异己的关系"④。

还有第三个方面,就是整个社会历史过程的物役性颠倒。社会历史是人类主体活动的结果,历史的总体过程当然是人类主体自己的创造过程。

---

① 《马克思恩格斯全集》第47卷,人民出版社1979年版,第318页。
② 马克思:《剩余价值理论》第3册,人民出版社1975年版,第571页。
③ 《马克思恩格斯全集》第46卷上册,人民出版社1979年版,第190页。
④ 《马克思恩格斯全集》第46卷上册,人民出版社1979年版,第91页。

可是，在资本主义社会中，"表现为不以个人为转移的东西的，不仅是社会关系（就像在一块货币或交换价值上那样），而且是社会运动总体本身"。因为，资本主义社会生活"这一运动的整体虽然表现为社会过程，这一运动的各个因素虽然产生于个人的自觉意志和特殊目的，然而过程的总体表现为一种自发的客观联系，这种联系尽管来自自觉个人的相互作用，但既不存在于他们的意识之中，作为总体也不受他们支配。他们本身的相互冲突为他们创造了一种凌驾于他们之上的他人的社会权力，他们的相互作用表现为不以他们为转移的过程和强制"①。这个观点后来也是恩格斯社会历史发展"合力说"的一个特定的支援性背景。② 请注意，马克思说过，资本主义社会不是自由的个人构成，而是这些个人彼此发生的那些联系和关系的总和，并不是要肯定资本主义社会总体过程畸变为非人的物役性总体。比如生产过程中的协作，"工人的职能是片面的，是整体的一个抽象部分"、"工人本身变成了这个机构的一个简单的零件"。所以，在资本主义生产过程中的协作（结合），"就是一种同工人对立的外在的、统治工人并控制工人的力量"。③ 他坚决反对资本主义社会历史过程中的这种总体物役特征。

总之，"资本的限制就在于：这一切发展都是对立地进行的，生产力，一般财富等等，知识等等的创造，表现为从事劳动的个人本身的异化；他不是把他自己创造出来的东西当作他自己的财富的条件，而是当作他人财富和自己贫困的条件"④。以马克思历史辩证法，这里的异化，我们只能作为物役性来解读。进一步明确地说，也就是"生产过程的资本主义转化同时表现为生产者的殉难历史，劳动资料同时表现为奴役工人、剥削工人和使工人贫困的手段，劳动过程的社会结合同时表现为对工人个人的活力、

---

① 《马克思恩格斯全集》第46卷上册，人民出版社1979年版，第145页。
② 传统哲学解释框架由于不能正确理解马克思这里的特定理论内涵，所以导致了对后来恩格斯"合力说"的误释。参见张一兵：《恩格斯社会历史发展"合力说"新解》，载《现代哲学》1990年第3期。
③ 《马克思恩格斯全集》第47卷，人民出版社1979年版，第320页。
④ 《马克思恩格斯全集》第46卷下册，人民出版社1980年版，第36页。

自由和独立的有组织的压制"①。显而易见，马克思的物役性理论就是关于反对资本主义社会中特有的人不正常地受到自己创造物的奴役现象的学说。

由此我们可以看出，马克思实际上是科学地说明了在整个资本主义以及资本主义以前的人类社会历史发展时期中，由于物质生产力发展的历史原因，物役性是以不同的形式发生和存在的。这使得马克思的这一重要理论具有了更加深远的历史意义。当然，从马克思自己的历史辩证法主体视角出发，他决不会像资产阶级学者那样维护这种物役性现象的永恒存在，相反，马克思科学理论的内在要求必须是否定这种不合理的历史现象。在这里，马克思进一步深刻地指出，人类社会在史前社会经济形态中出现的这种非主体因素居主导地位的物役性是历史性的现象，它正说明一切史前社会特别是资本主义制度的狭隘性和历史性。随着生产力的当代发展，这种"用盲目的破坏作用来贯彻"的"自然规律"必然要为真正的"社会的生产规律"替代，人类主体为外部力量所奴役的历史性物役现象将会被现实地超越。具体地说，也就是商品经济的盲目性将为有计划的按比例发展的社会生产所替代，这就是社会主义（共产主义）的实现。从整个人类社会历史发展的总体层面上看，也就是人类在现实的历史进程中从物役性的必然王国（原始社会和第一、二大社会形态）跨入自身全面发展的自由王国（第三大社会形态）的彻底解放。

---

① 《马克思恩格斯全集》第23卷，人民出版社1972年版，第553页。

马克思的三大社会形态学说与物役性理论[①]

张一兵

我已经指出过,在马克思的历史分期理论中存在着两种不同的逻辑视角,一是历史唯物主义和历史辩证法的客体向度。在这一观察视角里,马克思主要是从社会历史发展的一般物质生产运动和客观规律出发,用社会历史的客观结构(生产关系)作为区分不同历史时期的尺度和理论中轴线。这是马克思分析一般社会历史发展状况的基础。二是历史辩证法的主体向度,这是在确定社会历史的一般物质生产基础之上的一种寻求人类社会历史发展中的主导因素的视角。在这不同的观察视角中,马克思关于社会历史时期的划分自然是不同的。[②] 马克思在 1857—1858 年"经济学手稿"中提出的"三大社会形态"理论是立足于后一思路的。在这里,本文仅就马克思立足于历史辩证法主体视角上对整个史前时期中出现的物役性现象的分析,特别是他对资本主义社会(第二大社会形态)中在社会主导因素上发生的特定主体与客体严重颠倒物役性现象的科学批判,发表一些粗浅的看法。

我们知道,在青年马克思的论著中(如著名的《1844 年经济学哲学手稿》),他是用人本主义异化理论来表征历史过程中主体与客体地位的颠倒。而在 1845 年以后的科学理论分析中,马克思就开始提出整个人类社会"史前"历史过程(第一、二社会形态)中的科学物役性理论,以扬

---

① 原载《求实》1996 年第 3 期。
② 参见张一兵:《马克思历史分期理论的两种逻辑视角》,载《求索》1995 年第 1 期。

弃原来那种批判性的异化逻辑。① 以我的观点，马克思的这一批判人类主体不正常地为外在物（含人自己创造出来的经济力量）所奴役的重要科学话语，是从《德意志意识形态》开始的。在《德意志意识形态》一书第一章的第三手稿中，马克思从生产工具的性质方面涉入三种社会形态，即"自然发生的"工具的前资本主义社会（马克思这时还没有关于原始社会的信息），"由文明创造工具的"现代资本主义社会和未来的共产主义社会。马克思认为，在第一种和第二种社会中，人类社会的历史发展的主导方面都不是人类主体，而是物！社会历史进程都呈现出某种外部力量奴役人的状况——物役性。不过这两种物役性的情况又各自不同。在第一种情况中，"即在自然产生的生产工具的情况下，各个个人受自然界的支配。在后一种情况下，他们则受劳动产品的支配。因此在前一种情况下，财产（地产）也表现为直接的、自然产生的统治，而在后一种情况下，则表现为劳动的统治，特别是积累起来的劳动即资本的统治"②。

在后来50—60年代的经济学手稿中，马克思的这一重要的观点得到了进一步的发展。这里，马克思从多重性视角，再次肯定了人类社会历史发展中的主导因素在三大社会形态中具有的不同质点。我们读到："人的依赖关系（起初完全是自然发生的），是最初的社会形态，在这种形态下，人的生产能力只是在窄狭的范围内和孤立的地点上发展着。以物的依赖性为基础的人的独立性，是第二大形态，在这种形态下，才形成普遍的社会物质交换，全面的关系，多方面的需求以及全面的能力的体系。建立在个人全面发展和他们共同的社会生产能力成为他们的社会财富这一基础上的自由个性，是第三个阶段。"③ 马克思这一新的"三大社会形态"理论与《德意志意识形态》中的观点已经有了一些变化，他这时的三大社会形态已经是将"原生的"原始社会放在"有文字记载以来的文明社会"之外了。因为在那个人类社会历史发生的初始时期中，主体与客体恰恰是处于原始同一亚自然状态的，这也就意味着根本不能在那里讨论社会历史意义

---

① 参见张一兵：《物役性：马克思的科学批判话语》，载《社会科学战线》1996年第3期。
② 马克思、恩格斯：《费尔巴哈》，人民出版社1988年版，第49页。
③ 《马克思恩格斯全集》第46卷上册，人民出版社1979年版，第104页。

上的主体与客体的关系。实际上，此处的三大社会形态只是包括"次生的"的社会形态（前两种形态——社会经济形态）和"再次生的"社会形态（共产主义）了。而我们在这里，主要来看一下马克思在这一思路中，是如何分析人类社会历史在前两个历史时期所发生的人类主体生存异己化的物役性情境和地位的。

首先，从人类社会主体在历史发展中的作用来看，在第一种社会形态中，人的活动是以"人的依赖关系"为基础的，"起初完全是自然发生的"；在第二种社会形态中，则出现了"以物的依赖性为基础的人的独立性"；第三则是"建立在个人全面发展和他们共同的社会生产能力成为他们的社会财富这一基础上的自由个性"。①

马克思指出，在每种社会形态中，人的自然生产（含人的种的繁衍和向自然的索取）占主导地位。在那时，物质生活资料的生产"顶多是附带的事情"②。无论是农业采集还是渔猎，人的劳动只对自然起协助的作用。并且，人类主体在自己的生活过程只是"直接地从自然界再生产自己"③，因为他们的"目的不是发财致富，而是自给自足"④。这也就是说，此时的人类生存只还是动物一样在自然生产中维系自身的生命，还没有能力创造出巨大的剩余财富来。而在第二种形态中，人的物质生产才占据了客观主导地位，成为社会发展的主动轮，并且人类主体也由此创造出以自己生产物为直接基础的新的社会生存条件，人的确在物质生产中现实地实现了自己的主体性。经济的世界正是以人的创造物的形象与自然世界相区别的。但是马克思发现，在这个不断扩大和增长的经济王国中，人的物质生产活动却表现为对人来说"是异己的、无关的东西，表现为一种物"⑤。人类主体自己创造的经济力量却颠倒地成为奴役和统治人的主导性的非主体客观外部力量。马克思发现，在这两种社会形态中，社会生活的过程中都存在着物役现象。因为人仍然似乎都处于一种被动的、被外部条件决定

---

① 《马克思恩格斯全集》第46卷上册，人民出版社1979年版，第104页。
② 《马克思恩格斯全集》第46卷上册，人民出版社1979年版，第172页。
③ 《马克思恩格斯全集》第46卷上册，人民出版社1979年版，第103页。
④ 《马克思恩格斯全集》第46卷上册，人民出版社1979年版，第477页。
⑤ 《马克思恩格斯全集》第46卷上册，人民出版社1979年版，第477页。

的地位之中。① 并且在此时，人受到外部条件的驱使，社会本身的过程"仿佛是一种自然关系，存在于个人之外、并以个人为转移"②。所不同的是："在土地所有制处于支配地位的社会形式中，自然联系还占优势。在资本处于支配地位的社会形式中，社会、历史所创造的因素占优势。"③ 这样，社会历史的物役性就有了双重含义，其一是自然物役性，其二是经济必然性。我们能体会得出来，马克思这里的论述是他在《德意志意识形态》中相同思考点的进一步具体深入。

而当马克思转向人与人的社会关系视角时，三种社会形态又各自表现为"以自然血缘关系和统治服从关系为基础的地方性联系"，以"物的联系"歪曲地表现人的社会关系的形式，以及"全面发展的个人他们的社会关系作为他们自己的共同的关系"④。马克思认为，在第一种个人尚未成熟的社会形态中，人与人之间自然血族关系的脐带尚未割断，或以直接的统治与臣服的关系作为基础。⑤ "自然联系等等使他成为一定的狭隘人群的附属物"⑥。在这一形态的初期，人的关系主要还是"自然发生的"关系，在区域性的血族群体，单个人是靠简单的血缘关系来维系的，"最初还是十分自然地在家庭和扩大成为氏族的家庭中，后来是在由氏族间的冲突和融合而产生的各种形式的公社中"⑦。而到再后来的中世纪，"物质生产的社会关系以及在其上建立的各个生活领域，都是以人身的依赖关系形成这个社会的基础"⑧，而这种人对人的依赖关系主要表现为统治与服从的关系。依马克思之见，这是由于此时的生产组织还是"劳动生产力处于低级发展阶段，与此相应，人们在物质生活生产过程内部的关系，即他们彼此之间以及他们同自然之间的关系是很狭隘的"⑨。但是不管怎样，在这里的

---

① 马克思：《资本论》第1卷，人民出版社2004年版，第554页。
② 《马克思恩格斯全集》第46卷上册，人民出版社1979年版，第104页。
③ 《马克思恩格斯全集》第46卷上册，人民出版社1979年版，第45页。
④ 《马克思恩格斯全集》第46卷上册，人民出版社1979年版，第108页。
⑤ 马克思：《资本论》第1卷，人民出版社2004年版，第95页。
⑥ 马克思：《资本论》第1卷，人民出版社2004年版，第20页。
⑦ 马克思：《资本论》第1卷，人民出版社2004年版，第21页。
⑧ 马克思：《资本论》第1卷，人民出版社2004年版，第53页。
⑨ 马克思：《资本论》第1卷，人民出版社2004年版，第96页。

人与人的关系"总是表现为他们自己的关系,而不会假装为物与物,劳动产品与劳动产品间的关系"①。

在第二种社会形态中,情况就大大地不同了。在这里,原来那种"人的依赖纽带、血统差别、教育差别等等事实上都被打破了,被粉碎了","人的社会关系转化为物的社会关系,人的能力转化为物的能力"②。人自己社会联系的各种形式,对个人来说,却表现为"达到他私人目的的手段,才表现为外在的必然性"③。在这前两种社会形态中,后者当然是要比前者进步的,"毫无疑问,这种物的联系比单个人没有联系要好,或者比只是以自然血缘关系和统治服从的关系为基础的地方性联系要好"。特别是这种物的联系已经不是"自然发生"的东西,而是人们创造出来的非自然的关系。可是,马克思进一步深刻解析道:人类主体在这种物的关系中,获得的也并不是个人的真正独立,而是一种新的人类主体的非自主性的外在关系。"这些外部关系决不是'依赖关系'的消除,它们只是使这种关系变成普遍的形式,不如说它们为人的依赖关系造成普遍的基础。"④并且,这种社会关系在其存在的历史过程中,"它们尽管由社会产生出来,却表现为自然条件,即不受个人控制的条件"。马克思这一论点十分重要,实际上说明了资本主义经济关系的物役性。"在前一场合表现为人的限制即个人受他人限制的那种规定性。在后一场合则在发达的形态上表现为物的限制即个人受不以他为转移并独立存在的关系的限制。"⑤显然,这种人类历史发展的结果仍然"具有狭隘的、为自然决定的性质"⑥。在这种特殊状态中,生产的社会联系,不过当作一种压倒一切的自然法则,面对着个人的自由意志来发挥作用。⑦

其次,马克思还从社会历史发展的客观规律方面,提出了与三大社会

---

① 马克思:《资本论》第1卷,人民出版社2004年版,第96页。
② 《马克思恩格斯全集》第46卷上册,人民出版社1979年版,第103—104页。
③ 《马克思恩格斯全集》第46卷上册,人民出版社1979年版,第21页。
④ 《马克思恩格斯全集》第46卷上册,人民出版社1979年版,第111页。
⑤ 《马克思恩格斯全集》第46卷上册,人民出版社1979年版,第110页。
⑥ 《马克思恩格斯全集》第46卷上册,人民出版社1979年版,第111页。
⑦ 马克思:《资本论》第3卷,人民出版社2002年版,第1035页。

形态相对应的"自然必然性"、"经济必然性"以及"人类自由自主发展"不同社会运动特征。在第一种社会形态中，人类主体在整体上还是直接受到自然运动规律的决定的。在第二种社会形态中，人却被自己创造出来的经济过程背后的"看不见的手"所支配。"个人从属于象命运一样存在于他们之外的社会生产"①。马克思将第一形态中人类社会历史发展在总体上受到自然界法则制约的运动状态称为自然必然性，而将第二形态中人受到自己创造出来的经济物化世界的驱使的状况称为经济必然性，在这两种情况下，人类的社会历史活动都呈现出一种不自主的非主体状态。

此外，马克思还从人的存在方面区分过"自然存在物"经济的"生产当事人"、"社会自由人"（大写的人）。在第一大形态中，人类主体存在中自然的因素还占主导的方面，在这个意义上，人与自然动物的存在情境十分接近；而在第二大形态中，人类主体虽然已经以经济力量成为自然的主人，但却颠倒地表现为经济力量的人格化，马克思甚至将此时的人称为"经济动物"。所以在这两种状态之下，主体本身都没有真正站立起来，从社会组织结构方面，马克思还界定过"自然共同体"、"经济的社会形态"——"自由联合体"。在第一个形态中，由于人类个体力量的弱小，人们不得不归依于相互依赖人群共同体，但此时的共同体仅仅是建立在自然血缘关系上的，并且是自然发生的。第二个形态中，人类主体已经创造了经济社会，可是主体仍然是在不以人的主体意志为转移的颠倒的经济物质联接中获得整合的。还是在指称人类社会历史发展的前两个历史时期中，马克思看到了人类全体早期处于自然母体内的自在状态，和仅仅作为人格化资本力量的"非人"状态，以及社会组织表现为"自然形成"的血缘群体和在市场网络中不自觉构成的经济物化关系。

综上所述，我们可以看到在马克思所分析的人类社会历史发展的三大形态中，第一形态由于人的自然生产和对自然界的依赖占主导地位，外部自然的客观力量（自然必然性）支配着人和社会的活动。在第二时期，人的社会生产力的发展创出巨大的物质生产系统，经济力量是超自然的人

---

① 《马克思恩格斯全集》第46卷上册，人民出版社1979年版，第105页。

的力量。可是，马克思发现，在这样一个人创造出来的世界中，却又出现了准宗教的倒置图景：人虽然不再是自然必然性的奴隶，从经济生活中显示出人相对于自然的独立性，可是，在这里人却又成为人自己创造出来的物的力量（商品经济盲目运动导致的"看不见的手"）的奴隶，这是新的人之外的经济必然性的制约规定。人类社会在一定意义上超出了自然界（动物界），自己创造着历史，但这却又是一种只能通过盲目的异向合力的自在活动实现的。马克思说："这一运动的整体虽然表现为社会过程，这一运动的各个因素虽然产生于个人的自觉意志和特殊目的，然而过程的总体表现为一种自发的客观联系，这种联系尽管来自自觉个人的相互作用，但既不存在于他们的意识之中，作为总体也不受他们支配。他们本身的相互冲突为他们创造了一种凌驾于他们之上的他人的社会权力；他们的相互作用表现为不以他们为转移的过程和强制[①]。"在这里，特别重要的是，人虽然已经不像在第一种社会形态中那样如同动物般地依附于自然，但仍然是经济过程中弱肉强食的经济动物，历史尚不是人类社会的真正历史（这不含有任何人本主义的意味），因为它仍然像自然界一样在人之外运动着。

由此我们可以看出，马克思实际上是科学地说明了在整个资本主义以及资本主义以前的人类社会历史发展时期中，由于物质生产力发展的历史原因，物役性是以不同的形式发生和存在的，这使得马克思的这一重要理论具有了更加深远的历史意义。当然，从马克思自己的历史辩证法主体视角出发，他决不会像资产阶级学者那样维护这种物役性现象的永恒存在，相反，马克思理论逻辑的内在要求必然是否定这种不合理的历史现象。在这里，马克思进一步深刻地指出，人类社会在史前社会经济形态中出现的这种非主体因素居主导地位的物役性是历史性的现象，它正说明一切史前社会特别是资本主义制度的狭隘性和历史性。随着生产力的发展，这种"用盲目的破坏作用来贯彻"的"自然规律"必然要为真正的"社会的生产规律"替代。具体地说，也就是指商品经济的盲目性将为有计划的按比

[①]《马克思恩格斯全集》第46卷上册，人民出版社1979年版，第145页。

例发展的社会生产所替代。这就是社会主义（共产主义）的实现。从整个人类社会历史发展的总体层面上看，也就是人类在现实的历史进程中从物役性的必然王国跨入自身全面发展的自由王国的彻底解放。

物役性：马克思哲学新视域中的科学批判话语[①]

张一兵

我已经指出过，马克思在1845年以后的哲学新视界中关于人类史前发展（特别是资本主义社会）的似自然性规定是一种对社会总体过程的批判性把握，即人类社会的历史运动由于自身实践功能度的特定条件制约，不正常地畸变为外在于人类主体的非主体无序过程——类似自然界盲目运动的状况。[②] 准确地说，这还是一种在社会发展与自然过程的一般性比较中形成的理论确证。更重要的是，资本主义社会运动的这种似自然性现象的本质究竟是什么？这是马克思更加关注的一个深层理论课题。我发现，马克思在进一步的科学理论探索中，提出了史前社会历史呈现似自然性现象的本质是社会生活中发生特定主客体关系颠倒的物役性。以我的界定，马克思的这个物役性理论正是早期青年马克思主体辩证法思路中异化理论所转换生成的科学社会批判理论形态的第二个重要逻辑层面。

一、对象化和异化与物化和物役性

在确证马克思关于物役性理论的基本规定之前，我们首先必须界定两

[①] 原载《社会科学战线》1996年第3期。
[②] 参见张一兵：《析马克思社会历史发展似自然性的特设规定》，载《哲学研究》1991年第2期。

对重要的关系范畴，即马克思早期人本哲学逻辑中的**对象化和异化**的关系与他哲学新视界中的**物化和物役性**的关系的理论逻辑关联。

众所周知，1845年春天之前支配青年马克思哲学思想的是一种充分肯定主体能动作用的**主体辩证法话语**。在早期，马克思就将人类主体超越自然限定性的冲动视为人与动物的根本差别，并且看到了本质（"应该"）与现实（"是"）的冲突。青年马克思撰写《博士论文》时，他已经站在黑格尔哲学的立场上肯定原子走向现实对象的必然性（**肯定的**观念异化逻辑的出现）。而到了他撰写《黑格尔法哲学批判》和《德法年鉴》时期，马克思就开始**否定异化**状态，并将异化与对象化区分开来了（"异化只是对象化的一部分"——费尔巴哈语）。在《1844年经济学哲学手稿》中，青年马克思在建构自己的劳动异化本体逻辑时，他已经自觉批判了黑格尔在唯心主义基础上将对象化与异化混为一谈的错误。而此时，马克思站在寻求无产阶级起来革命根据的立场上就必然要否定异化，因为工人的劳动自我异化现象，是与他批判资本主义私有制度中存在的人与物关系颠倒的不合理性联系在一起的。扬弃劳动异化也就是共产主义，即**人与自然、人与人两大矛盾，存在与本质、对象化与自我确证、自由与必然、个体与类四大悖结的真正解决**。①诚然如此，马克思的这种批判尚不是建立在科学的理论基础之上的。因为这里最重要的一个理论现实就是：劳动异化理论此时是以一种人本主义意识形态的**本体**逻辑彰显的。记住这一点，尤为关键。

依我所见，马克思的劳动异化逻辑最早是在他1845年3月写下的《评弗里德里希·李斯特的著作〈政治经济学的国民体系〉》中失去其统摄作用的。在这篇书评中，同样是在批评资本主义经济生活中人与物关系的颠倒，但马克思没有再使用劳动异化这一非历史的本体逻辑工具。他只是客观地说明了这种特殊的**人外化为物的历史性现象**。马克思指出，在资本主义生产过程中，"工人是资本的奴隶，是一种'商品'，一种交换价值"，如果人是"交换价值"，"那么这个说法已经包含了这样的意思：社

---

① 《马克思恩格斯全集》第42卷，人民出版社1979年版，第120页。

会条件把人变成了'物'"。① 在这种状态下，人类主体的"活动不是他的人的生命的自由表现，而毋宁说是把他的力量卖给资本，把他片面发展的能力让渡（售卖）给资本，一句话，他的活动是'**劳动**'"②。马克思当然仍旧对资本主义条件下这种人与物关系的颠倒持批判态度，但却第一次摆脱了那种据以人本主义逻辑的先验伦理要求，这里马克思只是在客观地说明这一不合理的现象。以我的判断，**青年马克思哲学话语中的主体辩证法正是在这里被解构的**！劳动异化理论作为一种**总体逻辑趋动结构**被加上了"括号"。

马克思在此分析道，"自由劳动，即间接的自我出卖的奴隶制是它的原则"③。马克思以资本主义条件下的生产力为例："资产者把无产者不是看作人，而是看作创造财富的力量"。对于资本主义生产过程中的工人来说，"如果弯腰驼背、四肢畸形，某些肌肉的片面发展，使你更有生产能力（更有劳动能力），那么你的弯腰驼背，你的四肢畸形，你的片面的肌肉运动，就是一种生产力"。人的能力在这里仅仅是与外部力量相同的物的力量，马克思愤怒地问道："人同马、蒸汽、水全都充当'力量'的角色，这难道是对人的高度赞扬吗？"④ 马克思将这种现象称为一种"人为物而牺牲"的卑鄙性！请注意，马克思正是在这里有了一个十分重要的新界定，即对生产过程中的物化与同一过程中发生的人被物所支配的"物化"的区分（取代了原来人本学视界中的对象化与异化的区分！）：第一，是人们在工业中对象化自己的物化活动，据此"工业可以被看作大作坊，在这里人第一次占有他自己的和自然的力量，使自己对象化，为自己创造人的生活条件"⑤。马克思称这种工业为"人的发展"。第二，是"从肮脏的买卖利益"出发的工业，在这里，工业"把人贬低为一种创造财富的'力量'"，而"人类不得不作为奴隶来发展自己的能力"，"整个人类社会

---

① 《马克思恩格斯全集》第 42 卷，人民出版社 1979 年版，第 263 页。
② 《马克思恩格斯全集》第 42 卷，人民出版社 1979 年版，第 254 页。
③ 《马克思恩格斯全集》第 42 卷，人民出版社 1979 年版，第 260 页。
④ 《马克思恩格斯全集》第 42 卷，人民出版社 1979 年版，第 261 页。
⑤ 《马克思恩格斯全集》第 42 卷，人民出版社 1979 年版，第 257 页。

只是成为创造财富的机器"①。人在这个物化过程中，不是发展了人类主体的能力，而是在"违反自己意志而无意识地创造出**生产力**"。并且，这种人创造出来的工业"成为控制我们的力量"②。这第二个特殊的"物化"就是指在资本主义社会中**人被自己的创造物所奴役的现象**！

依马克思新的见解，在现代资本主义制度下"生产力"（李斯特意义上的）自身就包含了双重属性：一方面它"使人的劳动更有效或者使自然的力量和社会的力量更富有成效"（现实的**合理的**"是"）；另一方面，生产力也成为资产者的致富和"实现他的自私的（肮脏的）利润欲的工具"（不合理的"是"）。十分明确，原来在人本逻辑中否定的"是"本身被分解了。马克思是要肯定前者否定后者。他要求消除和"摆脱工业力量现在借以活动的那种条件、那种金钱的锁链"，而不是工业本身。我们注意到，这时马克思虽然已经不再使用异化逻辑，但是他还依循"人的原则"。

马克思明确表示他不是反对一般的物质生产发展，而是反对那种把人变成物的带引号的"**劳动**"（性质和关系）。因为在他看来，这种资本主义条件下的"'**劳动**'，按其本质来说，是非自由的、非人的、非社会的、被私有财产所决定的并且创造私有财产的活动"③。他要求（仍然是"应该"，但已经失去了原有的逻辑先验性），废除这种作为私有财产基础的"劳动"，而无产阶级就是这场革命的主体。马克思说，"明天，它们将砸碎自身的锁链，表明自己是会把资产者连同只有肮脏外壳（资产者把这个外壳看成是工业的本质）的工业一起炸毁的人类发展的承担者，这时人类的核心也就赢得了足够的力量来炸毁这个外壳并以它自己的形式表现出来"④。我们能看得出，马克思在此还没有找到一个合适的观点来概括这一表述。我以为，这种对资本主义制度的科学社会批判只是在他创立了科学历史观之后才确立起来的。

---

① 《马克思恩格斯全集》第 42 卷，人民出版社 1979 年版，第 262—263 页。
② 《马克思恩格斯全集》第 42 卷，人民出版社 1979 年版，第 260 页。
③ 《马克思恩格斯全集》第 42 卷，人民出版社 1979 年版，第 254—255 页。
④ 《马克思恩格斯全集》第 42 卷，人民出版社 1979 年版，第 258—259 页。

在马克思恩格斯1845年写下的《关于费尔巴哈的提纲》和《德意志意识形态》等科学新文本中,我们看到了马克思所创立的新的哲学视界。我们也指出过,这一理论建构过程的主体是历史唯物主义的客观历史逻辑(含历史辩证法的**客体向度**)的确立。同时,我们还发现马克思虽然抛弃了人学异化史观逻辑("意识形态"),实现了从主体辩证法向历史辩证法**的逻辑转型**,但仍然在历史辩证法的**主体向度**上关心人类主体在现代资本主义社会中的地位问题,其中占很大分量的是对资本主义历史过程不合理现状进行批判的论述。

在这一新的科学理论视角上,马克思界定道,如果说在以前的历史发展中,人是受到自然界(自然关系与人自身血缘关系)的支配,而在资本主义社会中则出现了人受自己劳动产品和"过去劳动"的统治。依他之见,在社会历史发展中,"我们本身的产物聚合为一种统治我们、不受我们控制、使我们的愿望不能实现并使我们的打算落空的物质力量,这是过去历史发展的主要因素之一"①。特别是在现代资本主义生产关系下,人本身的社会活动对人来说"成为一种异己的、同他对立的力量,这种力量压迫人,而不是人驾驭这种力量"②。所以在资本主义生产方式运动的进程中,这些力量本来是人类主体自己活动构成的人的力量,可是现在却畸变为一种"不仅不以分散的个人而且也不以他们的总和为转移的实际力量"③。

显而易见,马克思这里所批评的资本主义社会中的不合理现象正是他原来用异化逻辑所否定的东西。他在此还专门标注道,这就是原来("用哲学家们易懂的话来说")的"异化"!但这里是在历史唯物主义基础之上的重新审视了。我以为,马克思**历史辩证法主体向度中的这种新的批判性思路与原来的异化劳动理论中的主体辩证法逻辑是决不同构的**。这里极重要的理论逻辑差别是,马克思这里对人与物关系的颠倒界定,不再受到异化逻辑中"应该"的一般否定(理想本质与现实存在的冲突),而是先

---

① 《马克思恩格斯全集》第42卷,人民出版社1979年版,第29页。
② 《马克思恩格斯全集》第42卷,人民出版社1979年版,第29页。
③ 《马克思恩格斯全集》第42卷,人民出版社1979年版,第274页。

承认这一客观现象存在的历史必然性（历史辩证法客体向度中的"是"），再立足于对资本主义生产方式内在矛盾的分析，转而在新生产方式的立点上（历史辩证法的主体向度和人类现实解放的尺度）对其提出**历史的否定**。[①] 并且，依马克思的看法，共产主义革命的一个根本的方面，也就是对资本主义这种物的力量对人的压迫和奴役关系的纠正，但这时马克思所界说的共产主义也已经不是1844年手稿中那种"应该确立的状况，不是现实应该与之相适应的理想"[②]。而在现实社会主义实践的变革和发展中对那些异己力量的重新"控制和自觉驾驭"。随着私有制的消灭，"随着对生产实行共产主义的调节以及这种调节所带来的人们对于自己产品的异己关系的消灭"，那种在人之外的经济过程中的"看不见的手"（供求关系的威力）也将被控制，人类主体的创造物和客观关系会"重新受自己的支配"[③]。平心而论，马克思这里的批判性论述还是不够系统和完整的，也许是理论逻辑转换带来的某种不确定性。但是我以为，马克思用来在科学哲学视界中取代异化逻辑的基本观点还是表述出来了。这包含了一个重要理论要点，即批判资本主义社会经济过程中那种人所创造的物质力量通过一种颠倒的物质关系对人的压迫和奴役，这是在历史辩证法主体向度的逻辑视角中呈现出来的一个不合理的主客体关系颠倒。这就是本文要重点分析的马克思的物役性理论了。

二、物役性：我们为自己创造出来的物的力量所驱使

在马克思后来的科学理论研讨中（主要也是他对资本主义社会的经济学研究和社会主义实践中），上述历史批判观点又得到了更进一步的说明

[①] 关于马克思历史辩证法逻辑中双重向度问题的具体阐述，可参见张一兵：《马克思历史辩证法逻辑的主体向度》，河南人民出版社1995年版。
[②] 马克思、恩格斯：《费尔巴哈》，人民出版社1988年版，第31页。
[③] 马克思、恩格斯：《费尔巴哈》，人民出版社1988年版，第32页。

和系统阐发。

我们看到，马克思在他的经济学研究中还是精细地区分了在资本主义生产中所出现的两种物化：其一是"个人在其自然规定性上的物化"，这也就是在一般意义上所说的，"一切生产都是个人在一定社会形式中并借这种社会形式而进行的对自然的占有"①。或者从社会历史发展的层面来看，人类的"劳动首先是人与自然之间的一个过程，在这过程中，人由他自己的活动，来引起，来调节，来统治人与自然之间的物质变换"。人在生产劳动中要在"一种对自己生活有用的形式上占有自然的物质"②。这一种意义上的物化，实际上就是马克思原来所讲的对象化，它是指人类主体通过劳动生产在对象的改变中实现自己目的的积极肯定过程。

其二，马克思发现资本主义生产中人的物化还表现为"个人在一种社会规定（关系）上的物化，同时这种规定对个人来说又是外在的"③。因为在这一层面上，生产的物化过程却表现为"产品支配生产者，物支配主体，已实现的劳动支配正在实现的劳动"的一种特殊关系，马克思指出，这里的"劳动与劳动条件的关系被颠倒了"！④ 这种物化的实质是人自己创造出来的物在一种现实关系中**反过来奴役人**！这种特定的"物化"关系不仅不是对人类主体的肯定，反而表现为自身的否定。按照马克思的分析，这就是资本主义社会中出现的独特的物役性现象。特别请大家注意的是，这里的**物役性绝不是指某种外部东西奴役人，而是说人与人的关系在资本主义条件下颠倒地表现为物与物的关系，其实质是一部分人通过占有物从而获得统治另一部分人的权力关系**！

马克思专门界定："关键不在于物化，而在于异化，外化，外在化，在于巨大的物的权力不归工人所有，而归人格化的生产条件即资本所有，这种物的权力把社会本身当作自身的一个要素而置于同自己相对立的地位。"这是一种在现代资本主义经济生活中现实发生了的人与物、人与人

---

① 《马克思恩格斯全集》第46卷上册，人民出版社1979年版，第24页。
② 马克思：《资本论》第1卷，人民出版社1975年版，第171页。
③ 《马克思恩格斯全集》第46卷上册，人民出版社1979年版，第176页。
④ 马克思：《剩余价值理论》第3册，人民出版社1975年版，第303—304页。

关系的真实错乱和颠倒。资产阶级经济学家由于受一定的社会历史发展阶段的观念的严重束缚,则认为"劳动的社会权力物化的必然性是跟这些权力同活劳动相异化的必然性分不开的"①。这一点是由他们的阶级立场决定的。马克思觉察到,资产阶级学者维护历史过程中这种人与物关系的颠倒(通过拜物教)的合法性,正是他们证明资本主义生产方式是永恒的自然规律的核心内容。

在这里,马克思已经没有丝毫的抽象的价值伦理批判和浪漫主义色彩,他只是否定人的物化对象对人类主体的奴役和盲目支配。他**仍然**在反对这种物对人的统治关系(反对经济力量成为支配人的主导因素)!马克思指出:"像人在宗教上受自己的脑的产物的统治一样,在资本主义生产中,他是受自己手的产物的统治。"②在资本主义社会的经济过程中,"资本家对工人的统治,就是物对人的统治,死劳动对活劳动的统治,产品对生产者的统治"。这是在物质生产中,现实社会生活过程(因为它就是生产过程)中与意识形态领域内表现于宗教中的那种关系完全同样的关系,即把主体颠倒为客体以及反过来的情形。马克思指出,从历史上看,这种颠倒是靠牺牲多数来强制地创造财富本身,即创造无限的劳动生产力的必经之点,只有这种无限的社会劳动力才能构成自由人类社会的物质基础。也就是说,这种对立的形式是必须经过的,正像人起初必须经过以宗教的形式把自己的精神力量作为一种独立的力量来与自己对立完全一样。但是"工人在这里所以从一开始就站得比资本家高,是因为资本家的根就扎在这个异化过程中,并且在这个过程中找到了自己的绝对满足,但是工人作为这个过程的牺牲品却从一开始就处于反抗的关系中,并且感到它是奴役过程"③。

不难发现,马克思在这里实际上是在历史辩证法主体向度的逻辑视角上,批判资本主义社会中那种特有的人与物关系的颠倒。以马克思这里批判的本质来看,这是一种人自己的创造物通过一种**颠倒的关系反过来对人**

---

① 《马克思恩格斯全集》第46卷下册,人民出版社1980年版,第360—361页。
② 马克思:《资本论》第1卷,人民出版社1975年版,第683页。
③ 《马克思恩格斯全集》第49卷,人民出版社1982年版,第48—49页。

类主体的驱使和奴役的现象。概括地说，就是社会历史进程中人类主体的**物役性**（要说明一点的是，马克思并没有明确提出所谓"物役性"概念，这是**本文作者对马克思这一重要科学话语的理论解喻**。"物役性"一词也受到了中国传统文字中"物役"一词的启发。①我认为，马克思关于资本主义社会运动过程中的物役性理论，不仅是他社会批判学说的重要内容，也是他哲学新世界观中历史辩证法主体向度的一个具有重大理论价值的方面。遗憾的是，这一重要的理论观点不仅被我们的传统哲学解释框架忽视了，而且与似自然性理论一样也被严重地误解了（即机械的经济决定论之隐性制约下的普适性错误诠释）。

三、一个重要的理论辨识

我要特别申明，这里还有几个需要着重厘定的深层逻辑理论问题。当然也是比较棘手的界说点。一是**马克思的这种物役性理论正是他在科学的历史观基础上原有人本主义异化逻辑的直接转型新生**。在1845年的哲学变革中，马克思抛弃了费尔巴哈式的劳动异化框架，但并没有放弃他在原来主体辩证法中对社会历史进程中那种主客体关系颠倒状况的关注。这一点，我们在他的李斯特"书评"和他与恩格斯合作的《德意志意识形态》一书中可以看得很清楚。在马克思那里，对社会历史过程中人与物关系的颠倒现象的否定性批判仍然是他哲学新视界的历史辩证法逻辑主体向度和共产主义理论的重要内容。而在这里，马克思在对资本主义经济生活的本质越是深入，他就越是深刻地体验到原来还只是在哲学逻辑上的那种批判的重要性。依我之见，物役性的思想实际上构成了马克思在经济学研究和科学社会主义实践中形成的社会批判理论的一个核心驱动力。

二是这里在马克思对资本主义社会物役性现象的批判中，已经不存在某种人本主义色彩的非历史因素。他已不像原来在劳动异化理论中那样简

---

① 参见《荀子正义》。

单地贬谪人与物关系的颠倒，在物役性理论中，他现在首先是承认物役现象的客观历史必然性，再从当代社会历史运动——大工业生产发展的内在矛盾和人类解放的现实可能性中，去确证物役现象的这种必然性只是"暂时的必然性"，以确证消除物役性的客观历史条件。这里的理论支点既不是否定异化的"应有"（"应该"）也不是直观的"实有"（"是"），而是一个关系性的"能有"。如果从此处着眼，当青年卢卡奇（György Lukács）否定资本主义的全面"物化"（实际上应该是物役性），早期的弗罗姆①（Erich Fromm）（《马克思的人的概念》）和早期的列弗斐尔（Henri Lefebvre）（《人类的产生》）批判资本主义特有的"经济人"时，他们是持有重要合理之点的。但一俟他们伪托这种批判，在没有区分异化逻辑与物役性科学理论的根本异质性的情况下重新退回到人本主义时，他们自然就已经离开马克思了。而日本的广松涉（Hiromatsu Wataru）虽然正确看到了马克思从人本主义向物化观的转型，但同样没有科学界划物化与物役的差别，以至于落入另一种海德格尔式的关系本体论逻辑陷阱②。

当然，马克思关于物役性的理论表述并没有形成一个独立的显性理论范式，但他这一思想的基本线索已经是十分清晰的了。所以，马克思在他的经济学手稿中有时还**用异物化一词来替代物役性**。但应该注意的是，马克思这里的异化已经不是**经典意义上**的人本主义**本体**逻辑框架（"意识形态"），而只是说明物役性现象的科学异化**概念**了（这种情况在马克思的后期经济学手稿中是经常可以看见的。在这里所使用的"异化"概念实际只是马克思科学社会批判理论逻辑中的物役性之意！）。有时候，马克思还把异化一词与对立和矛盾、颠倒和混乱等范畴一并使用。③但在这里，马克思没有简单地将异化等同于这些概念的意思，这里"矛盾"和"颠倒"都是具体用于界定经济过程中**主体与客体的关系**时，特别是**物对人的奴役关系**时才使用的。按照我的想法，物役性能够更准确地表达马克思的这一

---

① 今多译为"弗洛姆"。——编者注
② ［日］广松涉：《物化论的构图》、《以物化论为视轴读〈资本论〉》，岩波书店，1983年版、1986年版。
③ 《马克思恩格斯全集》第26卷（第三册），人民出版社1972年版，第553页。

重要科学观点。由于这一问题的复杂性和深刻性，特别是这一思想始终以**一种隐喻式的话语形式**呈现，使马克思的这一精到的观点始终没有能具有直观上的可透视性，这也使后来不少国内外马克思异化理论的研究者由此误入歧途。

在马克思科学哲学视域中，似自然性和物役性批判以及关于资产阶级对这种主客体颠倒现象的主观认证——拜物教的批判，构成了他的历史辩证法面向资本主义现实展开冲击的社会批判理论的三个依次推进的重要层面。① 在马克思的完整科学理论逻辑中，他先是确立了科学的历史观（第一大发现），并以此指导自己的经济学研究，终而发现了资本主义生产方式的剥削秘密——剩余价值理论（第二大发现），这是在实证科学层面上否定资本主义的根据，而科学社会主义则是通向推翻资本主义实现共产主义的现实道路和实践。依我之见，我们已经揭示的马克思似自然性和物役性批判（以及拜物教批判）正是他科学经济研讨和科学社会主义实践的辩证内趋力，即从历史辩证法主体向度投射的隐性批判话语。这一点，恰恰为我们传统理论研究在哲学、经济学和社会主义三个研究领域中所共同忽略了。而正是问题的这一方面，对于我们深刻理解马克思对资本主义来自**历史总体高度**的本质批判是至关重要的。

---

① 关于马克思的三大拜物教批判问题的研讨，参见张一兵：《马克思的拜物教》，载《福建论坛》1996 年第 1 期。

从马克思的"物象化"理论到后现代主义的"拟象化"理论[①]

刘怀玉

青年马克思著作中的异化理论,是20世纪30年代以来世界范围内马克思主义研究中争论最为持久与激烈的话题之一。但长期以来,研究者中不同程度地存在着这样或那样的理解偏差:要么认定异化理论是马克思历史观中最具有价值与意义的部分,要么认为异化理论是马克思思想中应当被超越的、不成熟的东西。其共同点在于,都是在人本主义理论框架之内来界定异化的本质,都用某种一成不变的观点来理解马克思著作中的异化概念的基本意义,而没有看到在其青年时代与中年经济学研究两个时期,异化概念是有明显不同的所指的;特别是没有充分认识到,成熟时期著作中马克思用以替代异化概念的物化理论的科学内涵。本文试图将马克思的物化理论更准确地表述为"物象化"理论[②],并在和当代西方社会批判诸理论流派进行广泛对话中,来充分理解马克思的物象化理论的当代价值与意义。

一、马克思的物象化理论及其当代西方的解释

Reification(Verdinglichung/Versachlichung)一词,国内一般有两种译

[①] 原载《南京大学学报》2000年第3期。
[②] 其语义是:现代社会发展具有这样的自相矛盾的悖论特征,即一方面社会关系发展得愈来愈抽象化,另一方面则是其表现形式的越来越"形象化"、特别是"似自然物质化",由此导致整个人类文化价值资源的愈益贫困化与虚无化。

法，一译为"物化"，一译为"具体化"，对照其德文原文 Versachlichen 和英文词根 reify，都有"使（抽象的概念等）具体化"之意思，并参考日本学者广松涉（Hiromatsu Wataru）的观点①，我认为，将其译作"物象化"、"似物化"、"物喻化"等可能要比译作"物化"、"具体化"会更明朗确切一些。

按照一种权威的看法，"物象化"是指人的属性、关系和行动转化为人所生产的物的属性、关系和行动的作用（或者作用的后果），而物却变得对人独立（而且被想象为原来独立）并支配他的生活，也指人转化为物的一般存在，不以人的方式而按照物的世界的规律行动。物象化是异化的一种"特殊的"情况，是它在现代资本主义社会中最基本的和广泛的形式。② 在黑格尔的著作中没有物象化的术语与明确的概念，只有从一种绝对精神的外化、对象化、现实化角度来表述的异化思想。物象化概念的真正历史是起源于马克思。如果说异化概念曾经是青年马克思在人本主义哲学理论框架中，对资本主义社会进行政治经济学批判的核心哲学范畴，物象化概念则是成熟时期马克思在科学历史观与剩余价值理论视野中，历史地批判性揭示资本主义经济及整个社会神秘化颠倒化现象实质的基本理论武器。请注意，异化与物化这两个概念无论在方法论上，还是在基本历史观上，其内涵都是有本质不同的。所有的异化理论，包括青年马克思的异化劳动理论，都是以某种一成不变的人性假设为前提——如果没有原初的"本真状态"这一预设，也就没有了历史上所谓的人性扭曲与异化，也就没有了从某种完美无缺的理想人性出发，对现实社会罪恶进行批判的理论基础。所以，由此来看，所有的异化理论都是具有人本主义哲学性质的。另外，以人本主义哲学为基础的异化理论实际上都隐含着一种更加深刻的唯心主义的意识哲学基础。也就是说，在异化理论看来，世界之所以是异化的，是因为世界本来是人创造的，世界的本质是人的本质的外化或者物

---

① 陈学明、张志孚：《当代国外马克思主义研究名著提要》上卷，重庆出版社1996年版，第408—413页。
② ［英］博特莫尔：《马克思主义思想辞典》，陈叔平等译，河南人民出版社1994年版，第499页。

化，即人的意识思想文化的物质化现实化体现，现在却反过来统治人、主宰人、奴役人，这是一种从所谓人的"原初本质"看来"颠倒的"、不合理的现象。而马克思在成熟著作中所表达的物化理论则具有迥然不同的理论视野与立场。在以科学的唯物主义历史观与劳动价值论为基础的物化劳动理论中，资本主义社会的基本特征不是从某种完美无缺的道德理想与人性假设出发所看到的罪恶与堕落，而是其由于历史发展局限所造成的社会结构上的自相矛盾。资本主义社会的历史特征，表现为人的活动本质与社会关系本质的高度抽象化、社会化，而与此同时，不可避免地在现实形式上表现为高度的形象化与似自然物质化。在这里，物化的意义不在于它是人的先验、永恒本质的外化与颠倒性表现，而是在高度发达的生产力基础上充分发展起来的，是抽象的客观的社会化关系的暂时的、历史的、颠倒的、神秘的表现。

概括起来说，马克思的物象化理论包括狭义即微观的形态，也包括广义的即宏观的形态。前者主要体现在《1857—1858 年经济学手稿》的"货币章"，特别体现在《资本论》第一卷的"商品拜物教"一节中。正是在这里，马克思指出资本主义社会的商品作为一种本来平凡简单之物，何以能够变为充满形而上学的微妙和神学怪诞的幽灵般对象，就在于商品形式的奥秘——它在人们面前将它的本来抽象的本质，即人们劳动的社会性质（抽象劳动）表现为劳动产品本身的物的性质，反映成这些物的天然的社会属性。而在《资本论》第三卷及《剩余价值学说史》中，马克思则表达了一种广义的社会物象化理论：认为物象化不仅是商品的特点，而且是资本主义生产总过程及其一切范畴诸如货币、资本、利润的特点。在著名的"资本—利息（润）"、"土地—地租"、"劳动—工资"，这个表示（实际上掩盖）价值和一般财富的各个组成部分同财富的各种源泉的联系的"经济三位一体"中，"资本主义生产方式的神秘化，社会关系的物化，物质生产关系和它的历史社会规定性直接融合在一起的现象已经完成：这是一个着了魔的、倒立着的世界"。特别是在生息资本这个自行增值的价值，这个自动的物神或者拜物教身上，即在 $G—G'$ 上，"看到了资本的没有概念的形式，看到了生产关系的最高度的颠倒和物化"。因为在这个形式上再也看不到资本的起源的任何痕迹；它不仅不再作为资本的一种派生形式，一种现实剥削的结果，反而作为一种本原的形式而存在，"社会关系最终成为一种物即货币同它自身的关系"，"资本表现为一种对自身的关系"。① 在这种神秘的形式中，"物现在表现为资本，资本也表现为单纯的物，资本主义生产过程和流通过程的全部结果则表现为物所固有的一种属性"②。作为生息资本的资本，充分地物化、颠倒和疯狂！"物的主体化、主体的物化、因果的颠倒、宗教般的概念混淆、资本的单纯形式 $G—G'$ 在这里被荒诞地、不经任何中介过程地展示和表现出来了。"③ 在这里我们又读到了黑格尔以颠倒的神秘的方式所反映的绝对精神自身物化为现实的一章；也就是说，这真是一个精神（利息）生成现实（工资）而不是现实生成精神的过程，一个精神生成自身的过程，一个后现代主义者笔下所描绘的纯粹的"能指"即符号本身生成现实、符号成为唯一的"实在"的"现实世界"！

西方马克思主义创始人卢卡奇（György Lukács）第一个发现了马克思的物象化思想的重要意义，真正认识到物象化现象在现代资本主义社会中的总体性与主导性意义。在《物化与无产阶级意识》第一节"物化现象"中，他首先提出这样一个基本观点：商品拜物教问题是现代资本主义的一个"特有的"问题，一个"核心的"问题；正是由于商品的构成性功能而不是表现性作用，它才使得资本主义社会人与人之间的关系获得了物的性质，从而获得一种"虚幻的客观性"，一种独立地位，它似乎绝对合理，无所不包，乃至掩盖它的基本性质即人们之间关系的任何痕迹。这种物化现象实际上已经远远超出了经济生活领域，而渗透到社会生活各个领域。能够比较准确地理解马克思的物象化理论的学者，是日本的广松涉及国内学者张一兵（后者近些年在系统解读马克思"经济学语境中的哲学话语"的基础上，提出了"似自然性"、"物役性"、"拜物教"特别是"历史现

---

① 参见《马克思恩格斯全集》第 25 卷，人民出版社 1975 年版，第 938、442、57 页。
② 《马克思恩格斯全集》第 26 卷第三册，人民出版社 1975 年版，第 505 页。
③ 《马克思恩格斯全集》第 26 卷第三册，人民出版社 1975 年版，第 548 页。

象学"等概念与理论①）。广松涉在《唯物史观原貌》一书中认为，后期马克思批判地扬弃了早期人本主义哲学理论视野中的劳动异化论思想，在剩余价值论理论视野中又将其改造成为一种"物象化论的逻辑"，这就成了唯物史观的核心概念，以后的马克思主义理论都是建立在这种物象化论概念的基础上。所谓物象化，就是指人的物化、外化、对象化的意思，通俗地说，它包含三层意思。第一，人自身的物化。人成了可以买卖的商品、奴隶、雇用劳动者，或者成了大机器的附属部件。这时，人完全成了不具有"人格"的同物品一样的存在物，即"人的存在完全采取了物的存在方式"的意思。第二，人的行为、活动方式的物化。人的行为、活动完全变成了没有独立意识的、受控制受制约的、被动的物的活动方式。第三，人的身心能力的物化，人自身所固有的能力好像从自身中流出来，被凝固、结晶在物体之中，即"人的主体能力完全采取了物体的存在方式"。请注意，在广松涉看来，马克思所说的"物象化"并不是近代以来思辨的唯心主义哲学所理解的那种意识的外化、物化，那种主客观转化意义上的"物化"或者"异化"，"物象化"并不是主体性的东西直接变成了物的存在，而是说，人与人之间的社会关系恰好像物与物之间的关系一样，被误看成是具有物体形象性质的东西，实质上这仅仅是一种假象。② 进而言之，理解马克思的物象化理论的关键在于，马克思认为社会现实作为客观存在物，与自然物质的本质不同就在于它是一种抽象的关系与结构："一种关系只有通过抽象，才能取得一个特殊的化身"③；即它并不能够直接体现自身与现实性存在，而只能通过借助于自然物质外壳来体现自身，于是就获得了一种似自然的客观的外观，成为一种神秘化的物质！正像马克思自己所说的，"作为一般对象，劳动时间只能象征性地存在"。"以交换价值为基础的劳动的前提恰好是：不论是单个人的劳动还是他的产品都不具有直接的一般性；他的产品只有通过物的媒介作用，通过与它不同的货币，才

---

① 参见张一兵：《回到马克思——经济学语境中的哲学话语》，江苏人民出版社1999年版。
② 陈学明、张志孚：《当代国外马克思主义研究名著提要》上卷，重庆出版社1996年版，第408—413页。
③ 《马克思恩格斯全集》第46卷上册，人民出版社1979年版，第87页。

能获得这种形式。"① 在这里我们的确进入了一个虚幻的审美世界，一个颠倒的宗教的艺术的意识形态世界！对此，英国当代马克思主义文艺批评家伊格尔顿有过精辟的解释，可以帮助我们进入马克思的物象化理论视野。

在特里·伊格尔顿（Terry Eagleton）看来，资本主义社会关系与整个社会物象化表现，是形式与内容相分裂，并且形式掩盖内容、冒充内容；现象与本质相分裂，假象掩盖本质，社会关系以自然物质的外观来对人进行统治；所以才有了主客观根本颠倒，人的实践创造的社会现实以似自然物的形态控制着人的活动。马克思历史辩证法的最伟大特点之一，在于它揭示了物质生产的客观性与人的活动的抽象社会本质之间的区别与联系，尤其是揭开了社会关系的抽象本质与其具体化的、似自然的客观物质性表现之间的本质联系。问题不仅仅在于马克思发现了人类社会的客观的抽象的本质，发现了现代社会的非人格化的抽象性，发现了现代劳动及其价值的抽象本质；关键在于马克思发现了它们暂时的历史性特点，发现了一种以非历史面目出现的似自然的客观的物质性合理性特征，一种"伪具体"特征——社会的客观抽象物可以具体化为似自然的客观物质。所以在社会关系的物象化问题上，马克思实际上指出了它的美学意识形态特征。如果说马克思的著作中对抽象化和具体关系问题作了专门研究，而且研究得特别集中深入的话，那是因为他把商品的概念提升到了形而上学层次上。商品是一种真实的人工制品的可怖的漫画，具体化为特殊的客体，又具有致命的反物质的形式，既是愚钝的物质又是难以理解的幽灵。借用德里达的著名比喻：商品所表现出来的这种抽象的具体化特征，即物象化特征，"是一种超自然的和自相矛盾的现象性，是不可见物的隐秘的和难以把握的可见性，或者说是一种可见的未知物的不可见性"。一言以蔽之，它是"隐形者的显形"，一种没有现象的"物品"！② 商品是一种精神分裂与自相矛盾的象征，仅仅是一种象征，一种意义与存在都完全不一致的统一体，以及仅仅作为外在形式的偶然负荷者的感性存在。作为纯粹的交换价值，商品删掉了物质部分，作为诱人的气韵化的对象，商品炫耀它自己的

---

① 《马克思恩格斯全集》第46卷上册，人民出版社1979年版，第120页。
② [法]德里达：《马克思的幽灵》，何一译，中国人民大学出版社1999年版，第209页。

唯一的感性存在，展示了一种虚假的物质性。但这种物质是一种抽象形式，堵塞了具体社会关系的自我生产。一方面商品升华了这些关系的物质内容；另一方面，它用虚假的物质密度来掩盖它的抽象性。从它的神秘主义，以及它对于物质的偏执敌意来说，商品是一种形而上学唯心论的仿制品；但是作为偶像，它是典型的退化的物质。① 阿多诺也发现："马克思已经表达了作为批判产物的客体的优先地位同现存的客体的讽刺画、商品特性对客体的歪曲之间的差异。交换作为一个过程具有现实的客观性，但同时在客观上又是不真实的……这就是为什么必然产生一种虚假意识，即市场偶像的原因。只是在讽刺的意义上，商品交换的社会的自然增长才是一种自然的规律。"② 他进而指出了物化现象的美学特点。在他那里，物象化被概括为艺术的"似物性"（thing-like）特征，认为"物象化"属于艺术的精髓。他深刻地看到，艺术作品只要想保持一种自律性，就无法摆脱被物化的命运，因为它总是要借助于物质载体来表现自己，所以在艺术的物象化与社会关系的物象化之间有一种同谋关系。③ 整个资本主义社会就是一个巨大的"伪（反）美学"的世界！

深受青年卢卡奇与海德格尔物化思想影响，原捷克哲学家卡莱尔·科西克（Karel Kosik）认为，资本主义社会日常生活包括经济生活表现为一种现象与本质相分裂、主体与客体相颠倒的"伪具体性"特点，表现在："这些现象以其规则性、直接性和自发性渗透到行动的个人的意识中，并获得了自主性和自然性的外表……这些客体给人一种印象，似乎它们是自然环境，使人无法直接看到它们是人的社会活动的结果……伪具体的世界是一幅真理与欺骗相映衬的图画。"④ 辩证法的任务是要用理论批判与实践批判的方法来摧毁这伪具体的世界。对于辩证法来说，"这些现象之所以是伪具体的，不是因为它们是实存的，而是因为实存的表面自主性。在摧毁伪具体时，辩证思维并不否认现象的存在及其客观性。辩证法只是通过

---

① ［英］伊格尔顿：《美学意识形态》，王杰等译，广西师范大学出版社1997年版，第200页。
② ［德］阿多诺：《否定的辩证法》，张峰译，重庆出版社1993年版，第188、356页。
③ ［德］阿多诺：《美学理论》，王柯平译，四川人民出版社1998年版，第176页。
④ ［捷］科西克：《具体的辩证法》，傅小平译，社会科学文献出版社1989年版，第14页。

指明它们的中介性来扬弃它们虚构的独立性"①。

二、当代西方思想家对
资本主义社会文化物象化特征的批判

马克思关于现代社会物象化理论不仅对西方马克思主义产生了深刻的影响,而且波及整个 20 世纪西方哲学特别是存在主义哲学。海德格尔就是一个受其深刻影响的著名代表。如他在《存在与时间》一书中的结尾处便通过卢卡奇的《历史与阶级意识》一书[据法国哲学家 L. 戈德曼(Alvin L. Goldman)的考证]而接受了现代社会被物化力量统治的基本事实。而在其晚期著作中,物化问题再一次得到了高度的重视,只不过,在这里海德格尔使用了一个词意上更接近于马克思的"物象化"概念本意的、足以反映现代社会本质特点的新范畴——"图像化"。②他认为,现代本质的转折过程包括世界成为图像和人成为世界主体,而世界图像化并非是指一幅关于世界的图像,而是指世界被观察与统治世界的现代技术仅仅把握为"图像",而没有了本来的形象与意义了。现代的基本进程表现为人类作为世界主体将世界作为人所绘制的一幅图画而被主观地构建与控制、征服的过程,而不像在中世纪,世界是作为上帝的构造物而被人类所承认与崇拜。③与此种"图像化"理论很相似,法国的居伊·德博特(Guy Debord)也认为,资本主义社会是一个巨大的、无所不包的、像橱窗展览似的"景象社会"。资本主义的商品交换就是一个展览景象的社会,景象并不是图像的汇集,而是以图像为中介的人际关系。资本主义社会的时间与空间通通都不是"自然的",而是被展览出来的"景象"。景象不可以被看作是对世界观的一种误用,即不是大众化传播图像技术的产物。它毋宁说是成为真实的世界观,是转化为物化的世界观。它是已经

---

① [捷]科西克:《具体的辩证法》,傅小平译,社会科学文献出版社 1989 年版,第 7 页。
② 参见[德]海德格尔:《林中路》,孙周兴译,上海译文出版社 1997 年版。
③ [德]阿多诺:《否定的辩证法》,张峰译,重庆出版社 1993 年版,第 72—93 页。

变为客观化的世界观。景象是不真实的现实的核心——这是一个乱七八糟的世界，其中的"真实"无非是荒谬的一瞬间。景象是宗教幻想的物质化重建。

马克思的物象化理论对当代的影响，不仅在于它从一种比较狭义的政治经济学批判理论扩充为一种较为宽泛的、对现代性社会的哲学和政治的批判理论，而且被广泛地运用于更为广阔的社会学文化学研究领域，变为西方所谓的后现代社会理论和后现代主义文化理论一种基本的经典来源。例如，美国当代后现代主义文化批判大师詹姆逊（Fredric Jameson）便认为，马克思和20世纪西方最为伟大的思想家一起为揭示现代社会存在的自我分裂矛盾特征提供了一种基本的解释范式和方法论。在詹氏看来，共有四种公认的现代性或曰"深度解释"的基本模式，它们包括：一是黑格尔与马克思的"现象—本质"二元分析模式；二是弗洛伊德（Sigmund Freud）的"明显—隐含"二分模式；三是存在主义的"本真—异化"二分模式；四是索绪尔（Ferdinand de Saussure）的"能指—所知"二分模式。[①] 根据并综合以上所列四种基本方法，詹姆逊将近代以来西方文化特别是文学发展概括为三个基本阶段：现实主义（18—19世纪上半叶）——现代主义（19世纪中叶—20世纪中叶）——后现代主义（20世纪50年代至今）。在他看来，正是由于马克思所揭示的资本主义经济社会关系的物象化特征及其统治力量，不断导致了西方世界内部的分裂与分化，才引出了具有明显阶段性特征差别的文化发展。从现代语言学角度来看，世界本来应是由所指（主观意义世界）、能指（物质符号、声音、图像、数码等等文本本身）与参符（即能指与所知所涉及与指明的外在现实）三个部分所组成的有机整体；但物化的统治力量却像酸性腐蚀剂一样不断地促使这个统一世界不断瓦解与消失。如果说在现实主义文学时代，物化的统治力量已经将前工业社会传统的规范消解，将外在的自然界的神秘性魅力破坏殆尽，现实世界变成了纯粹的客观的物的世界；那么，随着资本主义物化统治力量的进一步膨胀与发展，这种消解作用进一步扩展到

---

① ［美］詹姆逊：《后现代主义与文化理论》，唐小兵译，北京大学出版社1997年版，第201—203页。

对现实主义本身的消解，表现在开始将作为参符内容的客观现实加以消融，现实、参照物世界、日常生活虽然仍然存在在现实地平线上，但却不断萎缩如同衰退期的恒星；而那些本来是由现实派生出来的符号与意义世界却不断地异常膨胀，仿佛一种半自动生成的流动体。也就是说，在整个现代主义文化时代，世界只剩下了一种意义与符号，现实消失了！而这种物化统治并没有因此消失影响而继续腐蚀着这个已经残缺不全的世界，最终的结果是，不仅现实即参符本身消失了，而且连表面上独立的抽象地表征着现实的主观意义世界即"所指"本身也被从语言中排挤出去，整个世界只残余着一种没有意义、没有现实的自动的符号（能指）本身。① 我们已经从全球化的资本主义金融经济、信息经济膨胀的"现实"中看到了后现代社会的基本经济学特征。假如说，18至19世纪的现实主义文学作品聚焦点是忠实地描绘资本主义社会现实，现代主义作品旨在表述一种强烈的主观意义与愿望，那么后现代主义文学作品则是一个纯粹的图像与符号的世界［我想我们都可以从今天广告文化铺天盖地，电子货币称雄世界，因特网络的那种煽情迷离的、没有具体位置感（no sense of place）的、纯粹虚拟的空间中读到了这样一个高度符号化、文本化的世界］，真可谓是自然消失、意义隐退、符号狂舞、事实虚无、信息膨胀……这真的是一个"影像胜过实物、副本胜过原本、表象胜过现实、外貌胜过本质"的时代。②

詹姆逊显然认同马克思的物化理论意义，他批判性地揭露了后现代社会的"晚期资本主义"政治经济实质；而法国的后结构主义思想家则是在一种近乎"零度写作"的客观水平上，默认了物象化理论的积极的解构功能与历史作用。如福柯，便从回顾近代以来西方所谓基本知识型断裂性转换过程入手，来确认并客观揭示了西方当代文化的全面物象化基本事实。在福柯（Michel Foucault）看来，在西方思想史中，决定性的

---

① ［美］詹姆逊：《晚期资本主义的文化逻辑》，陈清侨等译，生活·读书·新知三联书店牛津大学出版社1997年版，第284—287页。
② ［德］费尔巴哈：《费尔巴哈哲学著作选集》下卷，荣震华等译，商务印书馆1984年版，第18页。

变化，或者更确切地说是"突变"，就是"将语言置于表象之中"，让词语完成的任务就是作为透明的、明确的符号来再现构成"现实"的"事物"。这种话语表面上是仅仅对现实事物的"再现"，实际上背后却能把它自身的形式变成构成现实的含糊内容。这种启蒙叙事导致了语言与现实的完全脱离、乃至当代的语言单纯指示自身而不代表任何现实的知识型。后现代社会学家让·布希亚（Jean Baudrillard）在继承福柯思想的基础上，认为从映象（记号/符码）与现实关系的角度来看，人类历史经历了四种映象秩序：（1）在中世纪，符号反映了现实，出现了神学；（2）在文艺复兴至工业革命前，出现了自然法与自然价值律这样一些人造秩序，这标志着符号构成现实即"拟象化"（Simulation）的开始；（3）工业化时期，出现了工业价值律与技术和机器生产构成的新现实；（4）在当代，这时出现了一个纯粹的拟象或者图像化秩序，一个由通讯网络、信息技术、传播媒介和广告艺术制造出来的种种模型所构成的世界，这一秩序服从于"结构价值律"。总之，这个过程可以作这样的推理与概括：（1）符号首先被看成是一个宏大现实的反映；（2）宏大现实被遮盖起来，使之非自然化；（3）把宏大显示的缺席再遮蔽起来；（4）与任何现实都不再发生任何关系，它成为自己的幻象。① 布希亚着重分析了最后一种秩序，也就是他所说的第三种人造的即拟象化的现实。在他的拟象化理论看来，后现代社会的首要特点是"拟象化"，在这里，"拟象"不再是对一个领域的模拟、对一个指涉性存在的模拟，或者是对一种本质的模拟；拟象不需要原物或实体，而是以模拟来产生真实，这是一种"超级真实"（Hyperreal）。拟象的时代也就是一个信息和符号的时代。拟象过程创生了类象（Simulacra），类象就是"客体或者事物的同类复制"。拟象不同于虚构之处就在于，它能够将不存在的变成存在的，将想象变成真实，符号与现实彻底地融为一体，人们越来越难以分清哪些是真实的，哪些是拟真实的。这是一个"自我指涉的符号世界"。在这里媒体不再是真实之镜，而是变成了这种真实本身，甚

---

① 中国社会科学院"世界文明"课题组：《国际文化思潮评论》，中国社会科学出版社1999年版，第218页。

至比真实本身还要真实——一种在幻觉式的逼真中雕塑而成的真实。问题已经不再是迪士尼乐园越来越像美国现实，而在于美国的社会现实越来越接近、越来越像迪士尼乐园！① 这大概真的是马克思所揭示的商品拜物教现象发展的极致！当然，我们也听到了现代西方社会学阵营内部的不同的批评声音："在现代性的条件下，媒体并不反映现实，反而在某些方面塑造现实。但是这并不意味着我们应得出这样的结论：媒体制造了'超现实'的自主的王国，其中的符号和意象就是一切。"② 也就是说，并不是符号本身创造现实，而是符号正在破坏着、消解着旧的现实，但同时却也在表现着那些超越具体的自然界限即时空限止和超越地方性民族性特征的、统一的抽象的全球化的新现实！也就是说，物象化的膨胀并不意味着社会关系的客观本质的消失。

　　由以上所述，我们不难看到，马克思当年针对资本主义经济社会关系历史特征与实质所提出的"物象化"理论，对于现代西方众多思想家与众多学科领域所产生的深刻的广泛的具有创造性的影响。但我们也不能不看到，包括西方马克思主义在内，对马克思的物象化理论的运用都是在大大地扩展的意义上进行的，也就是说都或多或少地脱离了马克思的经济学研究的科学理论基础与具体的原初语境，脱离开了唯物主义历史观的基本立场；而要么重蹈了近代"前马克思"的人本主义哲学与意识哲学的异化理论的旧辙，要么陷于将文化的物象化现象看成是纯粹自生的自我决定的东西的审美幻觉，犯了文化决定论与符号决定论等隐性的现代唯心史观错误，而在实质上回避与掩盖了资本主义整个社会被物象化统治的深刻现代经济根源，特别是其中的生产关系根源这个最为重要与基本的问题，从而找不出解决问题的方法与走出困境的门径。虽然许多当代西方思想家在分析当代西方文化与社会弊病方面比马克思还要深刻、准确与精辟，但这种对当代微观问题、具体问题分析解决上显得非常高明的"后形而上学"，

---

① 有关以上所列的布希亚的观点，我这里主要参看了夏光：《后现代主义：社会理论的新视野》，载《国外社会学》1991年第4期；并参见宋林飞：《西方社会学理论》，南京大学出版社1997年版，第480—489页。
② ［英］吉登斯：《现代性与自我认同》，赵旭东等译，生活·读书·新知三联书店1998年版，第28页。

这种非常精致的"象牙之塔"中的学问,是无法与马克思的历史辩证法这种抓住了现代社会根本问题实质与解决问题根本方法的科学世界观方法论相提并论、同日而语的。

"物象化"、"物化"还是"对象化"?
——从思想史和马克思文本出发的理论选择①

周嘉昕

在马克思主义哲学研究中,"物化"是一个颇为引人关注的概念。特别是在与"青年马克思"的"异化"概念相比较的意义上,对于"物化"的追问更是构成了历史唯物主义研究不断深化的重要动力。近年来,随着马克思文本研究的推进和现代思想史语境的进一步廓清,围绕"物化"概念出现了一系列具有开拓性和创新价值的探索。同时,新的争论也在进行之中。在此基础上,本文尝试从马克思文本中不同"物化"术语的辨析出发,提出一种从"对象化"出发来诠释"物化"的理论建议,以期为更好地把握"物化"概念的科学内涵以及历史唯物主义的方法论本质投砾引珠。

一、问题的提出

马克思"物化"概念之所以引人关注,不外出于以下两个方面的缘由:一是《1844年经济学哲学手稿》(以下简称《手稿》)同《1857—1858年经济学手稿》(《政治经济学批判大纲》,以下简称《大纲》)的比较问题;二是"物象化"(Versachlichung,或译为"事物化")同"物

---

① 原载《哲学研究》2014年第12期。

化"（Verdinglichung）这两个都可以翻译为"物化"的概念之间的辨析问题。而这两者又共同指向了关于历史唯物主义的方法论界定。换言之，对于"物化"概念的科学说明本身是同马克思主义哲学研究的进展密切结合在一起的。回顾思想史，今天这一问题讨论的理论背景可以概括为这样三条线索。

第一条线索是"西方马克思主义"对于"物化"问题的"发现"和阐发。其中，具有标志性意义的是《历史与阶级意识》中所提出的"物化"（Verdinglichung）概念。时至今日，对这一问题的回应仍然构成西方左翼思潮关注的焦点之一。不能回避的是，这一"物化"批判思路也包含自身的理论困境。正如该书新版序言（1967）中曾提到，"将异化等同于对象化"是一个"根本的和严重的错误"；虽然"物化现象与异化现象有着紧密联系，但无论在社会中还是在概念上，两者都不尽相同，而在《历史与阶级意识》中，这两个词却是在同一意义上使用的"。① 如果说，这一自我批评主要是在"青年马克思"和"成熟马克思"的界划上进行的；那么，即便是回到卢卡奇所由以提出"物化"理论的马克思原初文本中去，还存在另一个值得玩味的问题：《资本论》第一卷"商品章"（以下简称《商品》）中"价值形式"和"商品拜物教"部分，不仅并未出现"物化"（Verdinglichung）的说法，而且其分析也更多依赖于"物象"（Sache）范畴的探讨。

也正是在对"物化"、"异化"、"对象化"等概念的区分中，围绕另外一个"物化"，即"物象化"（Versachlichung）概念，以广松涉为代表的日本"新马克思主义"学者提供了一条解决上述问题的独特思路。用他自己的话说："我们可以把这种从'早期马克思'到'后期马克思'的世界观的结构的飞跃用'从异化论的逻辑到物象化论的逻辑'这一熟语作为象征性的表达。"② 据其理解，"物象化"批判不仅体现在《资本论》的分析中，也体现在《德意志意识形态》第一章（以下简称《费尔巴哈》）历

---

① ［匈］卢卡奇：《历史与阶级意识》，杜章智、任立、燕宏远译，商务印书馆1996年版，第19、20页。
② ［日］广松涉：《唯物史观的原像》，邓习议译，南京大学出版社2009年版，第35页。

史唯物主义立场的设定之中。那么，唯物史观的内在发展和不同维度，就成为了困扰"物象化论"的另一个问题。20世纪70年代以来，随着《资本论》中的辩证法问题和马克思主义认识论研究的推进，"物化"（Verdinglichung）概念较之"物象化"论的重要性相应得以凸显。其中，最具代表性的是日本学者平子友长关于"物象化"颠倒和"物化"再颠倒的研究。① 作为对广松涉的批判，这一研究客观上形成了一种从"异化"到"物象化"再到"物化"来理解马克思哲学方法演进的概念谱系。

第三条线索是更加复杂的中国语境中关于"异化"、"对象化"、"物化"和"物象化"等概念的讨论。最先升温的是有关"异化"和"物化"的讨论。其次是"西方马克思主义"、西方"马克思学"相关思想资源的译介。再就是随着《手稿》的再次出版以及《大纲》的翻译问世，"异化"和"物化"概念的讨论获得了直接的文本基础。只不过，这里的"物化"是一个相对含混的概念，在很多情况下对应的德文原文恰恰是"对象化"。对照《大纲》的新版翻译，这一点是十分明显的。

毋庸讳言，在"异化"和"物化"讨论的升温中，实际包含一个理论上的挑战。这就是如何在释放马克思主义内在批判张力的同时，成功规避"人本主义"的逻辑陷阱。在特定意义上，马克思主义辩证法合理形态的探索、生存论马克思主义研究的开拓、历史唯物主义和政治经济学批判话题的转移等新时期的探索都可以看作是对这一挑战的回应。在此基础上，近年来国内学界关于"异化"、"物象化"、"物化"等概念的关注和讨论，就并非一个简单的文本研究事件，而是30多年来中国马克思主义哲学研究历史成果的凝结。其中蕴含着"西方马克思主义"、日本"新马克思主义"以及当代西方激进理论等多种思想资源的对话和融合。因此，这一研究中所形成的不同观点和争论，都是值得尊重和肯定的。然而，围绕这些概念是否还有我们"未曾到过的地方"呢？或者说，回到马克思的文本和思想史语境，我们是否可以找到某种更好地理解这些关键词的方式呢？

---

① ［日］平子友长：《物象化与物化同黑格尔辩证法的联系》，李乾坤译，载《马克思主义与现实》2012年第4期。

二、马克思著作中的"物"

为了回答上述疑问,首先需要解决的是对"物"的科学定义问题。而这也是国内学界近年来关注的一个焦点。在既有研究的基础上,回到马克思的原初文本语境,在中文翻译中经常提及的"物"的说法,主要有"Material"、"Stoff"、"Sache"、"Ding"和"Gegenstand"。这五个术语又可划分为三类:(一)"Material"和"Stoff",即"物质"或"质料"意义上的"物",这也是唯物主义表述中的"物"的含义;(二)"Sache"和"Ding",即作为"物化"术语词干部分的"物",这两个术语在马克思著作的中文译本中都被翻译为物,但又存在明显差异;(三)"Gegenstand",这样一个不是"物"的"物",准确来说其含义是"对象",但又被经常译作"物"。

可以肯定,"物质"或是"质料"意义上的"物"("Material"或"Stoff")这两个概念与本文所讨论的"物化"或"事物化"没有直接关联。就马克思常用"物质"或"质料"意义上的"唯物"来限定自己的探讨而言,在强调他自己的研究是一种与唯心主义根本不同的"历史科学"。在具体的文本语境中,这类术语常常以"物质财富"、"物质生活条件"、"物质生产"等形式出现。同"物化"的分析直接相关的是"物象"(Sache)和"物"(Ding)这两个内在关联而又存在差异的"物"。需要注意的是,这两个术语在马克思的著作中使用非常频繁且常常混杂在一起,这就给翻译带来了一定的困难。这一点不仅体现在中文的翻译上,而且体现在英文的翻译上。这两个概念经常一同被译作"thing",而"物象化"和"物化"也常常一同被不加区别地译为"reification"。

实际上,正如有学者已指出的那样,"物象"和"物"不仅在马克思的著作中,而且在作为马克思思想资源的德国古典哲学语境中,都存在明显差异。概言之,目前学界辨析"物象"和"物"这对范畴的焦点主要集中在康德"物自体"(Ding an sich)和黑格尔"事情(物象)自身"

（Sache selbst）的区别，以及黑格尔哲学内部从"感性确定性和知觉活动"向"自我意识"上升过程中"物"和"物象"的差别。有趣的是，关于马克思的"物化"概念，同样是从上述区别出发却形成了两种不同的甚至是截然相反的观点。对于强调"物象化"概念重要性的学者来说，"物象"概念本身包含的"关系"维度，成为马克思清除一般唯物主义残余，摆脱直观"物性"（Dingheit）观念的一剂良方。而对于强调"物化"概念重要性的学者来说，"物象"概念只是资本主义生产方式所产生的现实颠倒的第一层次，要全面理解资本拜物教批判必须不仅关注"物象化"，而且更要重视"物化"。

回到马克思的文本本身，我们将发现：上述对立只是一种虚假的对立，至少在文献依据上，"物象"和"物"并未截然分开。正如上文已经提到的卢卡奇的例子那样，《商品》中"物象"和"物"，乃至"对象"经常混杂在一起使用，很难加以严格区分。同样，《资本论》第三卷中提到"物化"概念的那段"著名的引言"，可能也是唯一的引言的下方"物象化"的表述赫然在列。这就提醒我们：如果承认"物象化"和"物化"之间存在不同，那么这一差别的理论意义到底是什么？是否存在其他的思想史线索需要我们去发掘？对此，一种可能的解释是：如果我们从构成德国古典哲学中所包含的法权学说出发，将"物象"放回"私有财产"关系中与"人格"（Person）相对应的位置；那么，"物象化"本身就是对现代"资产阶级社会"（Bürgeliche Gesellschaft）的表象。在马克思所批判的"庞大的商品堆积"中，"人"向"物"的颠倒，并非简单的"主体"（Subjekt）力量表现为"客体"（Objekt）的力量，而是"人格"关系表现为"物象"关系。而在这一"资产阶级社会"现实中，"物"同时以三种方式存在着：其一是具有使用价值的商品这样一种"可感觉而又超感觉的物（Ding）"；其二是体现（交换）价值的货币这种"物（Ding）"或"特殊的物质（Materie）"；其三是资本生产过程中（Prozess）"以物（Ding）的形式出现"的"物质（Stofflichen）生产关系"。

简单说来，马克思著作中"物象化"和"物化"概念的用法可以概括为：在"财产关系"中"物象化"，在资本主义生产过程中"物化"。就历史唯物主义的理解而言，无论是"物象化"还是"物化"都不足以单独构成对其方法论本质的标识。这是因为，除了上文提到的争论外，在文本和思想史考察中存在一个难以解释的"意外"，即"对象"（Gegenstand）和"对象化"（Vergegenständlichung）概念的幽灵般存在。一方面，基于《大纲》两个中译本的比较，"物化"与"对象化"在使用上很难严格区分，将若干语境中的"对象化"（Vergegenständlichung）译为"物化"并未消弭马克思的理论意图。另一方面，在马克思集中使用"物象"、"物"等术语的《商品》中，"对象"（Gegenstand）总是与二者如影随形，在中文语境中也常常被翻译为"物"。其中，最典型的也是最让人感到混乱的莫过于《商品》中的这样一段表述："人类劳动的等同性，取得了劳动产品的等同的价值对象性（Wertgegenständlichkeit）物的形式（sachliche Form）……商品形式在人们面前把人们本身劳动的社会性质反映成劳动产品本身的物的（gegenständliche）性质，反映成这些物（Dinge）的天然的社会属性，从而把生产者同总劳动的社会关系反映成存在于生产者之外的物与物（Gegenständen）之间的社会关系。"①

三、幽灵般的"对象化"

结合上述引文的文本语境，马克思意在强调：在"价值形式"的规定下，劳动产品作为一种"物"反映了劳动本身的社会性质，即在以"私有财产"为前提的商品交换中成为一种"物象的"（sachlich）存在；正是在这样一种"物象的形式"（sachliche Form）中，劳动产品才成为抽象价值的"对象性"（gegenständlich）存在；而从直观或日常的角度来看，劳动产品或商品不过是"物"（Ding），只是这种"物"既"可感觉而又超感觉"。而劳动产品"剩下的只是同一的幽灵般的对象性（gespenstige Gegenständlichkeit）……这些物（Dinge），作为它们共有的这个社会实体

---

① 马克思：《资本论》第1卷，人民出版社1995年版，第89页。

的结晶,就是价值——商品价值"。① 这提醒我们:对于"物"的理解,不应仅限于探讨"什么是物",而应进一步追问"怎样成为物(对象)"的问题。同样,对于"物化",也就不应满足于从"物"的解释出发发现"物化"的秘密,而必须经过"什么对象化"和"对象化为什么"的思考走向"怎样对象化(物化)"的说明。正是在此意义上,"对象化"概念也是一种"幽灵般"的存在。考虑到"对象"概念本身在德国古典哲学语境中的复杂含义,以及马克思同黑格尔之间的微妙思想关系,以"对象化"为切入点,或可建构一条理解历史唯物主义形成及其本质的更为恰切的方法。

首先必须指出,与"物象化"和"物化"不同,"对象化"是一个贯穿马克思思想发展不同时期的概念。在不同方法论框架下,"对象化"以及与之直接关联的"对象"、"对象性"这些术语都有所提及,并承担了特定的理论功能。其中,最具代表性的是《手稿》、《关于费尔巴哈的提纲》(以下简称《提纲》)、《大纲》和《资本论》这些理解马克思主义哲学形成发展的关键文本。

《手稿》的核心范畴是"异化劳动"。但是与"异化"概念直接相关并构成马克思人本主义批判前提的是费尔巴哈的"对象"概念。在《黑格尔法哲学批判》中马克思就通过"主谓颠倒"将自己的批判标尺设定为"感性"的"对象性"的"人类"(Mensch)在国民经济学研究基础上,《手稿》进一步确认在"私有财产"条件下,"劳动"的"对象化"表现为"异化"(Entfremdung)和"外化"(Entäußerung)。相应的,"黑格尔站在现代国民经济学家的立场上",并且其"意识的对象的克服"不过是一种"虚有其表的批判主义"。但在《手稿》中,马克思还提到了"黑格尔辩证法的积极的环节",即"在异化之内表现出来的关于通过扬弃对象性本质的异化来占有对象性本质的见解"。② 这一细微转变既同马克思的经济学研究有关,又与《提纲》中对费尔巴哈的批判密切关联。后者主要表现为"实践"(Praxis)、"对象性的活动"(gegenständliche Tätigkeit)的概

---

① 马克思:《资本论》第1卷,人民出版社1995年版,第51页。
② 《马克思恩格斯全集》第3卷,人民出版社1998年版,第331页。

念同以"客体的或者直观的形式去理解"的"对象（Gegenstand）、现实（Wirklichkeit）、感性（Sinnlichkeit）"的差别。①

然而自《形态》开始到《大纲》之前，"对象化"一类术语并不多见。这既可用马克思告别青年黑格尔派，转向政治经济学研究所引发的话语系统的转变来加以说明，也可理解为 1846 年历史唯物主义确立之后，马克思的主要任务就是对一定的"对象性的活动"，即"生产方式"进行"实证"研究，进而在"现代资产阶级社会"运动中剖析"把人变成帽子"以及"把帽子变成了观念"的"现实的抽象"。透过这一理论棱镜，马克思关注的自然不再是"对象化"表现为"异化"，而是扬弃"抽象成为统治"的"物象化"的可能性。就马克思自己的表述而言，这一目标的实现显然是基于工业和资本的发展所产生的阶级对抗，而绝非从"物象"关系颠倒回"人格"交往关系中去。

作为同一主题的延续，《大纲》却又开始重新使用"对象化"一类的黑格尔式术语。甚至，与对资产阶级"财富"本质的批判相关，"对象化"的剖析构成了《大纲》逻辑展开的重要线索。马克思这样提到："有了创造财富的活动的抽象的一般性，也就有了被规定为财富的对象（Gegenstandes）的一般性，这就是产品一般，或者说又是劳动一般，然而是作为过去的（vergangene）、对象化的劳动（vergangene，vergegenständlichte Arbeit）。"② 考虑到古典政治经济学语境中的"财富"本身就是"资本积累"的另一种命名，那么"对象化的劳动"本身就标示着对资本的内在批判。如果考虑到"财富"与"德性"、"劳动"与"教养"的关联，那么资本批判同时也预示着对"倒立着"的黑格尔辩证法的再发现。

在"货币章"中，马克思认为："任何生产都是个人的对象化。但是，在货币（交换价值）上，个人的对象化不是个人在其自然规定性上的对象化，而是个人在一种社会规定（关系）上的对象化，同时这种规定对个人来说又是外在的（äusserlich）。"③ 可见，这里所理解的"对象化"除了

---

① 《马克思恩格斯全集》第 1 卷，人民出版社 1998 年版，第 133 页。
② 《马克思恩格斯全集》第 30 卷，人民出版社 1998 年版，第 45 页。
③ 《马克思恩格斯全集》第 30 卷，人民出版社 1998 年版，第 178 页。

直接的"主客体"间的"对象性"关系外,更加重要的是个人与个人之间通过对象(物)之间的关系而发生的另外一种"社会规定(关系)上的对象化"。在后者的意义上,佐之以"货币章"中"三大社会形态"讨论前后有关"个人"、"人格"(Person)"物象"等范畴的讨论,我们有理由将这种在货币"物"(Ding)层面上发生的"对象化"理解为"物象化"。然而,这并非问题的全部。在"资本章"中,马克思指出:"如果我们就资本最初表现出来的与劳动不同的方面来考察资本,那么资本……只是对象的存在(gegenständliches)……资本只是从它的内容来说——作为对象化(vergegenständichte)劳动一般——才进入过程。"① 也就是说,在进入到"资本"这种特殊的社会生产关系后,在直接生产过程中的"对象"和交换过程中的"对象",都成为一种更加神秘且同时可以被直观的物(Ding)。与此同时,"对象化劳动"反倒由"谓词"颠倒成为"主词",把"劳动"和"对象"变为再生产自己的手段。同时,资本本身作为一种社会关系的规定性也隐藏在了自然"物"的背后。"在资本上,创造交换价值的活动即劳动的一切规定,也是以物的形式出现的。"②

在这一过程中,由劳动的"对象化"产生但又掩盖了自身的"对象性"的"对象"(资本)成为一种统治一切的"现实的抽象"。在"货币章和资本章的增补"中,这一秘密是以令人费解的"青年马克思"式的话语被揭示出来的。"随着劳动生产力的发展,劳动的物的(gegenständlichen)条件即对象化劳动(vergegenständlichte Arbeit),同活劳动相比必然增长"。"关键不在于对象化(Vergegenständlichtsein)而在于异化、外化、外在化(Enfermdt, Entäussert, Veräussertsein),在于不归工人所有,而归人格化的生产条件即资本所有,归巨大的对象[化]权力(vergegenständlichten Macht)所有,这种对象[化]的权力把社会劳动本身当作自身的一个要素而置于同自己相对立的地位。"③

---

① 《马克思恩格斯全集》第30卷,人民出版社1998年版,第260页。
② 《马克思恩格斯全集》第30卷,人民出版社1998年版,第210页。
③ 《马克思恩格斯全集》第31卷,人民出版社1998年版,第243、244页。

这样，"对象化"的幽灵性存在就不难理解了，无论商品形式分析中的"价值对象性"，还是资本生产批判中的"对象"、"对象性"、"对象化"，这些概念并不具备固定的"所指"，而只是结合马克思市民社会（资产阶级社会）解剖或政治经济学批判理论分析的"一定的"环节才具有了"一定的"意义。在这个意义上，如果认真阅读马克思"政治经济学批判"的开头部分，无论是由"论交换价值的那一篇"调整而来的《商品》，还是历经多次修订补充的《资本论》第一章，"物"、"物象"、"对象"等不同术语的切换都不是一件随意的事情，而是如电影中的蒙太奇般激发着我们对"物"本身的秘密，以及"物"背后的历史唯物主义方法论本质的追问。

四、"对象化"与历史唯物主义

综上所述，就"物化"这样一个在马克思著作和思想研究中充满争议的问题而言，"物象化"和"物化"概念虽然从不同角度出发提供了解决问题并准确界定历史唯物主义的重要理论参照，但回到马克思的理论探索之中，除了对"物象"、"物"，以及与之相关的一系列范畴进行必要的文本考察外，还需要对马克思不同时期的逻辑架构进行更为细致的分析。在此过程中，"对象化"一类范畴的探讨扮演着特殊的角色。究其缘由，这一探索必须跳出直接的概念定义，结合不同文本的思想语境和逻辑方法，及其特定的理论和现实指向，去追问本身也是作为一种"物"性存在的术语范畴如何获得运用的问题。在这个意义上，具体到《资本论》及其手稿中马克思对于资本主义生产方式本质的揭示，"对象化"一类概念的使用方式可以简单概括为：

其一，"对象"和"对象化"本身在以私有财产为前提和交换价值生产为导向的社会关系中"不仅具有直接生产过程中劳动主体对客体的塑形"（Formierung）关系，而且包含主体之间以"物象"关系为基础的"交往"（Verkehr）关系。但这种与"塑形"相对应的**"交往"**本身同时又表现为"对象"之间的关系。这一点已经隐含在费希特的"对象化"

和黑格尔的"劳动"概念之中。结合政治经济学关于"劳动"的讨论，内蕴于这一"对象"关系之中的"物象化"概念构成了进入马克思政治经济学批判和辩证法颠倒的理论入口。其二，"物象化"概念并非"对象化"一类范畴使用的全部，在"塑形"和"交往"的基础上，"对象化的劳动"或"过去的劳动"不仅成为一种独立的、外在于个人主体的"自在"存在，而且成为一种统治具体个体的"自为"存在。作为"物象"关系的中介，"货币"本身是一种社会关系的抽象规定，但作为"物"成为财富欲望的唯一"对象"。这也是马克思认为"逻辑学是精神的货币"，并将黑格尔称为"私有财产的神秘主义者"的原因。其三，进入资本主义生产过程内部，"对象化的劳动"或"积累的劳动"，或者说作为一般"财富"的资本，将"活劳动"作为自身增殖的工具。与此同时，"死劳动"却表现为"活劳动"的"对象"。也就是说，资本隐藏了自身的"形式"规定性，纯然成为一种物质"内容"，作为"物"与"活劳动"直接结合。而"资本主义生产的总过程"就是这种"对象化的劳动"作为"对象"的变形记，"资本先生和土地太太'作为社会的人物，同时又直接作为单纯的物，在兴妖作怪"。①

最后，作为对"物化"和历史唯物主义讨论的思考与回应，需要再次强调的是：毋庸置疑，"物象化"和"物化"概念都具有重要的理论价值，对"对象化"的追踪不过是解决当前争论的一种尝试性探索而已。只是在"物象"、"物"、"对象"等概念的辨析中，阿多诺的感叹言犹在耳："哲学使我们知道了这一点……概念即使在涉及存在的事物时也是概念，但这并不改变这样一个事实：概念本身是和一个非概念的整体纠缠在一起的。唯一使它同这个整体相分离的东西是它的物化（Verdinglichung）——那种把它确立为一种概念的东西。"②

---

① 马克思：《资本论》第3卷，人民出版社1995年版，第940页。
② ［德］阿多诺：《否定的辩证法》，张峰译，重庆出版社1993年版，第10、11页。

马克思著作中的"物象"与"物"[①]

周嘉昕

新世纪以来,有关历史唯物主义方法论本质的思考构成了国内马克思主义哲学研究推进的一项重要内容。对《资本论》哲学思想的考察在很大程度上构成了这一思考的扩展和延伸。在此过程中,有关"异化"和"物化"(包括"物象化")的讨论扮演着重要的理论角色。换句话说,就是从《1844年经济学哲学手稿》(以下简称《手稿》)到《资本论》及其手稿,马克思的哲学方法到底发生了怎样的范式转变。作为这一探讨的理论副产品,有关马克思著作中"物"的考察成为近年来国内学界关注的热点问题之一。以这一研究中所形成的大量极富学术价值的成果为基础,本文拟从马克思的文本出发,在思想史语境中梳理不同的"物化"术语,进而尝试提出:为准确理解马克思的哲学变革,必须认真关注并区分"物象"(Sach)和"物"(Ding)这两个术语的不同用法,并在思想史语境中加以准确定位。

一、财产关系中的"物象"

可以说,直接引发近十年来"物化"讨论热潮的是日本学者广松涉提出的"物象化"(Versachlichung)概念。作为同"异化"相对应的一个概

[①] 原载《现代哲学》2014年第1期。

念,"物象化"在这位日本"新马克思主义者"那里被看作是唯物史观诞生的标志。相应的,这个概念的发明是由马克思在《德意志意识形态》第一章《费尔巴哈》(以下简称《费尔巴哈》)中完成的,进而在《1857—1858年经济学手稿》(《大纲》)以及《资本论》中得到了进一步的阐述。用广松涉自己的话说就是:

> 我们可以把这种从"早期马克思"到"后期马克思"的世界观的结构的飞跃用"从异化论的逻辑到物象化论的逻辑"这一熟语作为象征性的表达。① 可以说马克思的所谓物象化,是对人与人之间的主体际关系被错误地理解为"物的性质"(例如。……),以及人与人之间的主体际社会关系被错误地理解为"物与物之间的关系"这类现象(例如,……)等等的称呼。②

也就是说,在区分青年马克思的人本主义"异化"逻辑同成熟时期的马克思理论的过程中,广松涉专门强调了"物象化"这一概念,认为"物象化论"逻辑是马克思根本超越现代西方形而上学(主—客体范式)的出发点。暂且不谈"物象化"概念在日本及中国学界日后所引发的争论,单就这一术语的词干部分而言,回到马克思的文本及其思想史背景中去,我们可以发现:"物象"(Sach)本身有其特定的理论指向,即现代"财产关系"中与"人格"(Person)相对应的"物"③。

为此,我们需要做一个简短的说明。日常意义上,谈到"财产"时,我们常常将其理解为为"我"(某一主体)所有的某种实物;谈到"财产关系"时,又常常满足于马克思的一个现成判断"这只是生产关系的法律用语"④,而对其一笔带过。实际上,对于"财产"的反思是我们理解现代社会的兴起及其理论再现,以及马克思历史唯物主义的一个重要出发

---

① [日]广松涉:《唯物史观的原像》,邓习议译,南京大学出版社2009年版,第35页。
② [日]广松涉:《物象化论的构图》,彭曦、庄倩译,南京大学出版社2002年版,第70页。
③ 为了表述的方便,引文保留了原初译文的状态,不做修改。而在正文中,用"物象"(Sach)方式表述。但是这并不意味着笔者认同这种翻译。只是出于表达和交流的需要而已。
④ 《马克思恩格斯全集》第31卷,人民出版社1998年版,第412页。

点。"财产"绝不简简单单就是一种"实物",更是一种"关系",而正是这个"关系"织就了现代社会的构成及其意识形态表现。

对于"财产"问题,从事德国哲学(尤其是康德、费希特)研究的专家学者给予了密切的关注,并形成大量对于马克思主义哲学研究富有启发意义的成果。这也为我们理解"物象"(Sach)概念打开一个理论入口。受篇幅所限,笔者的探讨将从康德开始,经过费希特到黑格尔,依托古典哲学大师的"法权"著作,提供一种对于"物象"(Sach)的理论意见。在康德的《法权论的形而上学初始根据》[《道德形而上学》(1797)第一部,又译为《法的形而上学原理》]中的"私法"部分,"物象"(Sache)和"人格"(Person)得到了专门的讨论。作为概括,康德指出:

> (1) 根据质料(Materie)(客体),我要么获得的是一个有形体的物(实体)[Sache(Substanz)],要么是一个他人的劳务(因果性),要么是另一个人格(Person)本身(就他所处的状态而论),我有权利(在与这个人格的交往关系中)去支配他。(2) 根据形式(Form),这或者是物权(Sachenrecht),或者是对人权(persoenliches Recht),或者是把另一个人格当作一个物(Sache)来占有的物的对人权(dinglich-persoenliches Recht)。①

由此可见,在康德的"法权学说"中,"物象"(Sach)并不是一般意义上的物,而是在财产(所有)关系中的"物",并且在这样一种"物"的概念背后还包含着"人格"与"物"的"占有"关系以及"物"的"所有者"相互之间的"人格"关系。为了说明这种"占有"的合理性,在康德的"法权"学说中,"财产"被规定为"理知的占有"(理性占有):

> 我享有某种外在于我的东西作为我的(财产),这种模式包含着

---

① [德]康德:《法的形而上学原理》,沈叔平译,林荣远校,商务印书馆1991年版,第74页。

主体的意志与该对象之间的特殊的法律联系；此模式与该对象在时间上和空间上的经验状态无关，却与理性占有的概念一致。①

正如既有研究已经指出的那样，康德对于财产"理知占有"的界定与其对于认识论的批判存在内在的关联。通过对理性的划界为道德和信仰保留空间，"财产关系"作为"市民社会"的基本原则在《道德形而上学》中同样以一种伦理的方式被规定下来。作为康德哲学的完成，费希特以"自我意识"哲学消弭了康德的二元论。同样，在"法权学说"中费希特以之为基础推进了康德关于"财产"的理解。在《自然法权基础》中，费希特提出：

> 所有权（财产），即对于独占的东西的权利，是以相互承认完成的，是以相互承认为条件的，没有这个条件，就不会产生所有权。一切财产都是以许多人的意志联合为一个意志为根据的。②

既然如此，在费希特的法权分析中，"物象"（Sach）本身就不重要了，重要的是"自我"的"对象化"以及包含其中的"自我意识"之间的相互承认。但是在黑格尔的《法哲学原理》，尤其是第一章"所有权（财产）"中，"物象"（Sach）在新的理论框架中得到了阐述。如果说"财产是自由最初的定在，它本身是本质的目的"③，那么"物象"（Sach）就构成了"客观精神"辩证运动第一个环节中的关键范畴。

"跟自由精神直接不同的东西，无论对精神说来或者在其自身中，一般都是外在的东西——即物（Sache），某种不自由的、无人格（Person）的以及无权的东西"④。但是，"人有权把他的意志体现在任何物（Sache

---

① ［德］康德：《法的形而上学原理》，沈叔平译，林荣远校，商务印书馆1991年版，第65页。
② ［德］费希特：《自然法权基础》，谢地坤、程志民译，梁志学校，商务印书馆2004年版，第133—134页。
③ ［德］黑格尔：《法哲学原理》，范扬、张企泰译，商务印书馆1961年版，第54页。
④ ［德］黑格尔：《法哲学原理》，范扬、张企泰译，商务印书馆1961年版，第50页。

中，因而使该物成为我的东西"①。进而，"所有权在意志对物（Sache）的关系上具有它更进一步的规定"，包括"直接占有"、"使用"和"转让"三个环节。②这样一来，在"所有权（财产）"中"物象"与"人格"、"意志"（Will）以及"劳动"（"给物以定形"）等范畴内在结合在一起，实现了"国家学"的最初展开。在此过程中，康德对于合乎道德律令的"占有"的捍卫，费希特对于"相互承认"的"人格"的论证，都被辩证地纳入到黑格尔自己的"物象化"过程中来了。

> 这种占有，就是人把他在概念上存在的东西（即可能性、能力、素质）转变为现实，因而初次把他设定为他自己的东西，同时也是自己的对象而与单纯的自我意识有别，这样一来，他就成为有能力取得物的形式（Form der Sache）。③

二、"物象化"不是历史唯物主义的标志

换成我们非常熟悉的马克思的原话，上述引文可以被表述为"人与人的关系表现为物与物的关系"。但是，如果我们理解了"物象"（Sach）本身是同私有财产关系紧密关联在一起的这一事实，就会发现马克思的"物象"（Sach）和"物象化"（Versachlichung）并不足以证明其方法上的根本变革。在马克思的文本中，"物象"概念的使用并不足以承担这一重大的理论使命。

在《手稿》中，马克思曾提到"国民经济学抽象地把劳动看作物（Sache）"④，"所有者和他的财产之间的一切人格的关系必然终止，而这

---

① ［德］黑格尔：《法哲学原理》，范扬、张企泰译，商务印书馆1961年版，第52页。
② ［德］黑格尔：《法哲学原理》，范扬、张企泰译，商务印书馆1961年版，第61页。
③ ［德］黑格尔：《法哲学原理》，范扬、张企泰译，商务印书馆1961年版，第64页。
④ 马克思：《1844年经济学哲学手稿》，人民出版社2000年版，第18页。

个财产必然成为纯实物的、物质的财富（sachlich materiel Reichtum）"① 等说法。也就是说，"物象"（Sach）作为一个德国古典哲学中常见的概念，并不是最先由马克思发现其背后遮蔽的"人格"关系。这不过是现代私有制的一个普遍现象。在《费尔巴哈》中，马克思也曾在同样的意义上使用"物（Sach）"或"物的（sachlich）"的含义：

> 个人力量（关系）[Persoenlichen Maechte（Verhaeltnisse）] 由于分工而转化为物的（sachlich）力量这一现象，不能靠人们从头脑里抛开这一现象的一般观念的办法来消灭，而是只能靠个人（Individuen）重新驾驭这些物的（sachlich）力量，靠消灭分工的办法来消灭。②

也就是说，在马克思看来，这样一种向"物象"的转化，是有其物质（质料而非形式意义上）的现实基础的，即从物质生产出发才能发现的"分工"。不要忘记，在《德意志意识形态》中，"分工"和"所有制（财产）"是同一个东西，但正是这样一种基于政治经济学研究所发生的术语替代，使马克思成功摆脱黑格尔哲学的缠绕，走向历史唯物主义的现实大地。在《费尔巴哈》的最后，马克思还提到：

> 仅仅从私有者的意志（Will）方面来考察的物（Sache），根本不是物；物（Sache）只有在交往（Verkehr）中并且不以权利（Recht）为转移时，才成为物，即成为真正的财产（Eigentum）[一种关系（Verhaeltnisse），哲学家们称之为观念]。③

乍一看，这仿佛是马克思在强调唯物主义的一般原则，但实际上这句话的意思是：表现为"物象"的财产（所有制）关系并不只是由"意志"所规定的，而是在以分工为基础的交往中客观形成的。因此，对"物象"

---

① 马克思：《1844年经济学哲学手稿》，人民出版社2000年版，第45页。
② 《马克思恩格斯选集》第1卷，人民出版社1995年版，第118页。
③ 《马克思恩格斯选集》第1卷，人民出版社1995年版，第133页。

的分析就要从"分工"出发,经过"交往关系"进入到对"现存的所有制关系",即"资产阶级所有制"或"私有财产"的批判。在这个意义上,将历史唯物主义称为"物象化批判"未尝不可,只不过要是非要从"Sache"出发引申出关系和交往的含义,并将其看作马克思的哲学创见就有点小题大做了。

实际上,以"物象"(Sach)为词干的术语群的频繁出现是在《大纲》的"货币章",以及《资本论》第一卷的前两章中。这也是有关"物象化"的绝大部分"著名的引言"(借用阿尔都塞的话说)的出处。其中最著名的是在《大纲》论述"三大社会形态"的部分,以及《资本论》第一卷《商品的拜物教性质及其秘密》一节:

> 活动的社会性质……在这里表现为对于个人是异己(Fremdes)的东西,物的(sachliches)东西……活动和产品的普遍交换已成为每一单个人来说是异己的、独立的东西,表现为一种物(Sache)。在交换价值上,人(Person)的社会关系转化为物(sachen)的社会关系;人(Person)的能力(Vermoegen)转化为物的能力。[①] 在生产者面前,他们的私人劳动的社会关系……不是表现为人们在自己劳动中的直接的社会关系,而是表现为人们之间的物的关系(sachliche Verhaeltnisse der Personne)和物之间的社会关系(Gesellschaftlich Verhaeltnisse der Sachen)。[②] 经济学家,却发现物(Sachen)的使用价值同它们的物质(Sachlich)属性无关,而它们的价值倒是它们作为物(Sachen)所具有的。[③]

根据上述引文及其上下文语境,我们不难发现:如果说在马克思的文本和逻辑中的确存在一种所谓的"物象化"(Versachlichung)表述的话,那么这种"物象化"的确切内涵应该是在商品关系成为普遍原则的"资产

[①] 《马克思恩格斯全集》第30卷,人民出版社1995年版,第107页。
[②] 马克思:《资本论》第1卷,人民出版社2004年版,第90页。
[③] 马克思:《资本论》第1卷,人民出版社2004年版,101—102页。

阶级社会（市民社会）"中，作为"私有财产"主体的"人格"（Person）之间的"交往"（Verkehr）关系表现为作为"私有财产"客体的"物象"（Sache）之间的关系。

在这个意义上，广松涉对于"物象化"的说明是有道理的，即在"Versachlichung"中，并非直接的主体（人）通过客体（物）来表现，而是人与人之间的关系表现为物与物之间的关系——前者更多是在"异化"概念的含义上被理解的。然而，这样一种"关系"通过"关系"来表达并非马克思的最先发现，而恰恰是"私有财产"运动的或者说概念确立的题中之义。这样，即便我们能够看透这样一种商品世界的神秘性，也不可能仅仅通过将"物的"关系复归为"人格"的关系来实现对"物象化"的超越。同时，在马克思的分析中，这种"物象的"（sachlich）关系成为"掩盖私人劳动的社会性质以及私人劳动者的社会关系"的"外衣"，主要是集中在对商品交换的分析过程之中的。因此，能否直接用"物象化"批判来定义历史唯物主义的方法本身也就存在一定的疑问。在这里，我们不妨以两个例子来佐证上述疑问的客观性。

第一个例子是，如果从"物象化"的字面意思来看，既然在"资产阶级社会"中人与人的关系颠倒地表现为物与物的关系，那么是不是可以通过将这种颠倒再颠倒回来以实现马克思意义上的未来社会理想呢？或者说，是否可以通过将颠倒为"资本家社会"的"市民社会"颠倒回来，即重新强调人与人之间的真正的"交往"关系来实现"人的自由自觉的联合"呢？就马克思对赫斯的批判来看，这种"再颠倒"显然没有真正触动作为基础的"私有财产"制度，而必须依赖于从"分工"出发说明这种"物象化"的现实基础。如果仅仅从"交往异化"出发批判"物象化"，倒真是按下葫芦浮起瓢。

第二个例子涉及卢卡奇的理论得失问题。众所周知，《历史与阶级意识》中专门批判了资本主义社会中存在的"物化"（Verdinglichung）现象及"物化意识"。但是如果仔细阅读相关文本，不难发现卢卡奇在论述"物化"时所引证的主要文句，恰恰是上文引用的马克思论述"物象化"的部分。正如卢卡奇后来承认的那样，这就为从对"物象化"的历史唯物主义批判退回到对"异化"的人本主义批判留下了理论缺口。这提醒我们：在讨论"物象化"的同时，还必须注意与之紧密关联的另外一个概念"物化"（Verdinglichung）。

三、"物"的三种用法

结合上文提到的西方马克思主义的理论语境，就会发现卢卡奇本人也是在"物化"和"物化意识"批判的意义上提出有关马克思主义辩证法的理解的。可以说，自《历史与阶级意识》问世以来，"物化"（Verdinglichung）已经成为西方马克思主义和当代国外激进理论的一个关键词。也正如日本学者平子友长在批评广松涉"物象化"论的过程中所提出的那样，在马克思的拜物教理论中，存在着"物化"（Verdinglichung）对"物象化"的另一重颠倒[①]。结合上文分析，这一研究无疑是有其重要理论价值的。另一方面，回到马克思的文本及其思想史背景，我们可以发现"物"（Ding）的使用要比"物象"（Sach）复杂得多。

首先必须承认，同"物象化"（Versachlichung）概念一样，"物化"（Verdinglichung）概念在马克思的文本中并不多见。甚至有学者指出，这个概念在马克思的文本中可能只出现过一次。就是《资本论》第三卷《三位一体的公式》中那段最著名的修辞性话语：

> 在资本—利润（或者，更好的形式是资本—利息），土地—地租，劳动—工资中，在这个……三位一体中，资本主义生产方式的神秘化，社会关系的物化（Verdinglichung），物质（stofflichen）生产关系和它的历史规定性直接融合在一起的现象已经完成……资本先生和土地太太，作为社会的人物，同时又直接作为单纯的物（Dinge），在兴

---

① ［日］平子友长：《物象化与物化同黑格尔辩证法的联系——对颠倒的逻辑的阐释》，引自张一兵编：《社会批判理论纪事》第5辑，江苏人民出版社2013年版。

妖作怪。①

即便如此，"物"（Ding）的身影仍然时常浮现在马克思的行文之中。笔者尝试对马克思文本中围绕"物"（Ding）和"物象"（Sach）讨论比较集中的文本进行了梳理，发现在马克思的文本中，"物"（Ding）包括以之为词干的相关术语的使用大致可以概括为这样三种类型。

第一种使用类型，是在直接的"财产关系"被掩盖起来的地方（无作为主体的"人格"存在），或是在强调某种自然属性的"东西"的时候，马克思会有意识地使用"物"（Ding）这个词，比如商品"成了可感觉而又超感觉的物"，就是这样一种"东西"。具体说来，这在《资本论》第一章，尤其是在《商品的拜物教性质及其秘密》一节中表现得尤为明显："物"（Ding）一般出现在关于商品的自然属性，即使用价值的分析中；或是在交换价值表现为一种独立的物性存在，如"货币"（Geld）的分析时。例如：

> 商品首先是一个外界的对象（Gegenstand），一个靠自己的属性来满足人的某种需要的物（Ding）。②

在这里为他们作证的是这样一种奇怪的情况：物（Ding）的使用价值对于人来说没有交换就能实现，就是说，在物（Ding）和人（Mensch）的直接关系中就能实现；相反，物（Ding）的价值则只能在交换中实现，就是说，只能在一种社会的过程中实现。③

然而，如果仔细比对上述例证的上下文，单就"商品章"，尤其是其中对"价值形式"和"商品的拜物教性质"的分析来看，我们很难对"物象"（Sache）和"物"（Ding）的使用作出彻底的区分，只能在方法论意义上强调：在马克思提到交换（必然涉及财产所有）关系时，"物

---

① 马克思：《资本论》第3卷，人民出版社2004年版，第940页。
② 马克思：《资本论》第1卷，人民出版社2004年版，第47页。
③ 马克思：《资本论》第1卷，人民出版社2004年版，第102页。

象"（Sache）会出现得更频繁，而在他论述商品的自然属性及其价值表现为一种外在的独立存在时，则更多使用"物"（Ding），仅此而已。

但是如果我们将视野转移到《资本论》及其手稿的其他部分，尤其是《大纲》中从"货币章"到"资本章"的过渡时，却会为这两种"物"的使用情况区分找到一条新的线索。这就是上文提到的第二种情况：与在商品交换过程中，更多使用"物象"（Sach）这个词相比，在马克思开始分析生产过程，特别是分析作为关系的资本在直接的生产过程中表现为"物"的结合时，他使用"物"（Ding）相关术语的频率会明显提高。

在"货币章"的最后，涉及"货币"和"财富"（Reichthum）问题时，这个术语的否定使用往往是同另一个范畴如影相随，但却是对立出现的，这个术语就是"过程"（Prozess）：

> 交换价值现在不再是被规定为这样一种简单的物（Ding），对这种简单的物来说，流通只是一种外在的运动，或者说，这种物是作为个体而存在于某种特殊的物质（Materie）上，——现在交换价值是被规定为一个过程（Prozess），被规定为通过流通过程而和自己发生的关系。①

在"资本章"论及资产阶级经济学家对"资本"（Capital）作庸俗或直观的理解时，马克思又曾提到：

> 正如在货币上，交换价值即作为交换价值的商品的一切关系，以物（Ding）的形式出现一样，在资本上，创造交换价值的活动及劳动的一切规定，也是以物（Ding）的形式出现的。②
>
> 货币（作为从流通中复归于自身的东西）作为资本失掉了自己的僵硬性，从一个可以捉摸的东西（Ding）变成了一个过程（Proz-

---

① 《马克思恩格斯全集》第30卷，人民出版社1995年版，第189页。
② 《马克思恩格斯全集》第30卷，人民出版社1995年版，第210页注释。

ess）。①

资本的过程和简单生产过程本身是一致的，在这个过程中，资本作为资本的规定在过程形式中消失了，就像作为货币的货币在价值形式中消失一样……资本的生产过程并不表现为资本的生产过程，而是表现为一般生产过程，而且资本与劳动不同，只表现在原料和劳动工具的物质规定性上。②

尽管在这里并没有直接提到"物"（Ding）或是"物化"（Verdinglichung），但是在对资本的"过程形式"分析中，我们却可以直接看到这样一种物化的机制本身。如果考虑到有关"物化"的那段"最著名的引言"是出现在《资本论》第三卷，而其前身又是作为对"资本章"重新改写和扩充的《1861—1863年经济学手稿》的话，我们就更有理由相信：除了马克思在商品"价值形式"的分析中，涉及使用价值和货币时会有意识地使用"物"（Ding）这个术语之外，对资本"过程形式"的分析也构成了我们理解马克思的"物"（Ding）和"物化"（Verdinglichung）概念的主要依据，甚至是更关键的依据。

如果我们认同上述观点的话，那么就会很容易地过渡到上文提到的第三种情况，即在资本主义生产的总过程，尤其是在对作为"各种收入"的利润、地租和工资"及其源泉"的分析中，马克思会有意识地使用"物"（Ding）和"物化"（Verdinglichung）的术语。换言之，在真正的资本主义生产过程中，不仅是"人格"（Person）之间的关系以"物象"（Sache）之间的关系表现出来，而且是生产过程中的各种关系完全消失在无主体之"物"（Ding）的自身运动之中。可以说，正是基于广义剩余价值理论和资本再生产理论，在马克思的理论透镜下，资本主义生产过程就不仅表现为一种直接生产过程，而是呈现为一种将社会生活涵盖其中的总过程，资本也就自然而然地成为一种"以太"和"普照的光"，或者说是"物化"为一种遮蔽了真实社会关系的"物"（Ding）——在这里，即便是"物象"

---

① 《马克思恩格斯全集》第30卷，人民出版社1995年版，第220页。
② 《马克思恩格斯全集》第30卷，人民出版社1995年版，第261页。

（Sach）与"人格"（Person）的对应关系或者说"物象"关系对"人格"关系的颠倒也消失了。

四、从"物自体"到"物象自身"，再到"对象"？

根据上述分析，我们可以发现：在马克思的文本中，"物"（Ding）在字面上主要是"实物"或"东西"的含义，但是在这个作为表象的"实物"或"东西"背后，实际上还隐藏着更深刻的本质（社会关系）。在这个意义上，有的时候，"物"（Ding）可以等同于"物象"（Sach），但更多时候又不同于后者。相应的，对"物"（Ding）的分析和追问，就不能仅仅依赖于"物"本身，而必须深入到构成"物"（Ding）得以表象出来的结构之中去。这倒非常类似于德国古典哲学语境中关于"物自体"（Ding an sich）的分析——之所以说类似，是因为尚没有充分的证据证明"物自体"概念直接影响了马克思的理论探索，但就古典哲学的逻辑进程来说，对"物自体"的说明和克服倒是可以为我们理解历史唯物主义的哲学方法提供参照。

众所周知，无论是在康德还是在黑格尔那里，"物"（Ding）本身也是一个经常被提到的术语。而最著名的关于"物"（Ding）的使用，非康德的"物自体"（Ding an sich）莫属。根据学界达成的一般共识，康德的"物自体"概念本身具有两重含义：一是作为感觉的基础的、存在于现象之外的"东西"；一是在"本体"（noumenon）的意义上的"物自体"，即"纯粹理性"不能把握但却在"实践"中去信仰的东西。简言之，就是"人"的感性或知性认识不能直接将其纳入自身之内，超出认识能力之外但却对认识发生作用的"东西"。

正是从对康德"物自体"的批判出发，费希特"完成"了康德哲学，强调作为绝对主体的"自我"及其"对象化"运动，构成了整个认识过程的基本原则。以之为基础，黑格尔进一步发展了绝对唯心主义，即从绝对精神的自我运动和展开出发，克服了康德"物自体"概念中所包含的二元论倾向，并对"物"（Ding）和"物象"（Sach）本身提供了一种辩证的说明。概而言之，黑格尔在《精神现象学》的写作，即对人类精神成长过程的描述中，有意识地在"自我意识"确立之前的阶段，特别是"知觉"阶段上对"物"（Ding）和"物性"（Dingheit）进行了详细的分析，而在"自我意识"确立之后向"绝对自我意识"演进的环节中，专门论述了"物象自身"（Sacheselbst）。黑格尔这样写道：

> 简言之，只有当以下环节聚在一起，物（Ding）作为知觉的真相才会最终出现。首先，物是一种莫不相关的、被动的普遍性，是多个属性或确切地说多种质料的"并且"；其次，物同样也是一个单纯的否定，或者说是一个排斥着相反属性的单一体；再者，物就是众多属性本身，是前面两个环节之间的关联，是一个与各种漠不相关的要素相关联、并在这个过程中作为一系列的差别而扩散开来的否定。①
>
> 对于自我意识来说，感性确定性和知觉活动所指的物（Ding）只有通过自我意识才获得一个意义。物和物象（Sach，原译为事情）之间的差别就在于这里。——至于那个与感性确定性和知觉相契合的运动，将循着这个差别一直持续下去。②

在笔者看来，黑格尔对于"物"（Ding）和"物象"（Sach）的区分显然具有特定理论意义，且可以帮我们更好地理解马克思在自己文本中对于这两个术语的使用。简单说来：在马克思的文本中，无论是"物"还是"物象"都首先是一个袭得的概念，在其直接的思想史语境中和文本逻辑中有确定的"所指"。"物"（Ding）具有"物自体"的划界含义，即在表象中"主体"的"自我意识"，以及被"关系"遮蔽起来的"东西"。"物"本身在直观中呈现为实物存在的"东西"，但又不仅仅是"东西"。用马克思的话来说，"物"是"可感觉而又超感觉的"。"物象"的出现依

---

① ［德］黑格尔：《精神现象学》，先刚译，人民出版社2013年版，第73—74页。
② ［德］黑格尔：《精神现象学》，先刚译，人民出版社2013年版，第249页。

赖于构成现代"市民社会"（资产阶级社会）兴起的基础的"私有财产"关系的确立，在这样一种"交往"之中，"物象"与"物象"的关系颠倒地表现并掩盖了"人格"与"人格"之间的关系。正是从现实的物质生产出发，马克思才参透了"物象化"本身的秘密，即在"分工"（"所有制"）发展的基础上，现实"市民社会"中出现了一种不依赖于"欲望"和"意志"的客观的"权利"关系。用黑格尔的术语，这就是"物象自身"（Sache selbst）。

然而，正如前文讨论已经揭示的那样：对于这两个概念的"所指"的说明，并不能从这两个范畴本身出发而获得，还必须依赖于对黑格尔本人的分析框架的"能指链"的分析。即便回到马克思的文本，我们也会发现：另外一个黑格尔式的术语，"对象"（Gegenstand）的出现频率不仅远远高于"物象"（Sach）和"物"（Ding），而且其使用方式更加复杂且常常与前两个术语纠缠在一起。举个最简单同时也是最典型的例子，马克思在《商品的拜物教性质及其秘密》一节中曾写下这样一段话：

> 人类劳动的等同性，取得了劳动产品的等同的价值对象性这种物的形式（sachliche Form）……商品形式的奥秘不过在于：商品形式在人们面前把人们本身劳动的社会性质反映成劳动产品本身的物的（gegenstaendliche）性质，反映成这些物（Dinge）的天然的社会属性，从而把生产者同总劳动的社会关系反映成存在于生产者之外的物与物（Gegenstaenden）之间的社会关系。由于这种转换，劳动产品成了商品，成了可感觉而又超感觉的物或社会的物（Dinge）。①

作为开放性的结论："对象"（Gegenstand）或许是我们应该进一步追问的下一个"物"？

---

① 马克思：《资本论》第1卷，人民出版社2004年版，第89页。

物象化、物化与拜物教[①]
——论《资本论》对《1857—1858年经济学手稿》的超越与发展

孙乐强

在当前马克思主义哲学研究中,存在一种普遍的倾向,即把《1857—1858年经济学手稿》(以下简称《大纲》)看作为马克思哲学思想发展的顶峰,而把《资本论》视为是《大纲》的历史倒退。[②] 这也由此引出一个重要问题,即我们究竟如何理解《大纲》与《资本论》之间的内在关系,或者说,该如何理解《资本论》在马克思哲学思想发展史上的历史地位?在此,笔者以物化和拜物教批判理论为突破口,通过对《大纲》和《资本论》的比较分析,来重新诠释《资本论》在马克思哲学发展史上的历史地位。

一、物象化与物化:一对需要澄清的范畴

物象化(Versachlichung)和物化(Verdinglichung)是马克思后期著作中的两个重要概念。在传统的翻译中,这两个概念都被翻译成"物化",它们之间的本质差异被抹杀掉了。随着当前马克思主义哲学研究的不断深

[①] 原载《学术月刊》2013年第7期。
[②] [意]安东尼奥·奈格里:《〈大纲〉:超越马克思的马克思》,张梧、孟丹、王巍译,北京师范大学出版社2011年版,第24页。

入,这两个概念也越来越引起国内外学者的普遍关注。①卢卡奇首次在《历史与阶级意识》中强化了"物化"(Verdinglichung)概念的重要性,从而使这一概念凸显为马克思哲学的重要范畴。虽然他是从马克思的商品拜物教理论出发的,但他并没有走向"物象化"论,而是转向了主—客体颠倒的物化理论,后者的理论支撑不是马克思,而是黑格尔和韦伯。因此,在卢卡奇的语境中,所谓物化并不是指主体间关系的物化,而是指主体本身被颠倒为一种物,广松涉将其概括为三个层面:人本身的"物"化、人的行动的"物"化以及人的能力的"物"化。②结果,主体不是作为主体存在,而是被标识为一种物。

针对此,广松尖锐地批判到,卢卡奇的物化理论实际上仍然停留在近代哲学的主—客体模式之中,是与庸俗的"异化论"联系在一起的,并没有真正把握马克思"物化"理论的实质。他指出,马克思的"物化"理论决不是"立足于主体的东西直截了当地转成物的客体存在这样'主体—客体'图式"的③,而是基于人与人之间的主体际关系,由此,提出了自己的"物象化"(Versachlichung)理论,实现了由物化到物象化论的转变。那么,何谓物象化呢?广松指出:"马克思的所谓物象化,是对人与人之间的主体际关系被错误地理解为'物的性质'(例如,货币所具有的购买力这样的'性质'),以及人与人之间的主体际社会关系被错误地理解为'物与物之间的关系'这类现象。"④物化只是表达了人被颠倒为物这样一种客观事实,而物象化则揭示这一事实背后的社会本质。也基于此,广松认为,物象化论才是马克思历史唯物主义的核心,它比物化理论更能体现马克思的哲学精髓。

---

① [日]广松涉:《物象化论的构图》,彭曦、庄倩译,南京大学出版社2002年版;[日]平子友长:《"物象化"与"物化"同黑格尔辩证法的联系》,载《马克思主义与现实》2012年第4期;[德]阿克塞尔·霍耐特:《对物化、认知、承认的几点误解》,载《世界哲学》2012年第5期。在此影响之下,国内学者也对这两个范畴之间的思想差异展开了积极探讨,请参见张一兵:《Versachlichung:物象化还是事物化》,载《中国社会科学学报》第260期;刘森林:《物与无》,江苏人民出版社2013年版。
② [日]广松涉:《物象化论的构图》,彭曦、庄倩译,南京大学出版社2002年版,第69页。
③ [日]广松涉:《物象化论的构图》,彭曦、庄倩译,南京大学出版社2002年版,第69页。
④ [日]广松涉:《物象化论的构图》,彭曦、庄倩译,南京大学出版社2002年版,第70页。

到了这里，物象化和物化的区分似乎已经明确了。但事实真的如此吗？换言之，马克思究竟是在何种意义上来理解这两个范畴的？为了回答这一问题，我们不妨回到马克思的文本之中来寻找答案。

日本学者平子友长指出："物象化与物化之间的区别与联系最终归结到这样的问题上：在马克思的政治经济学批判中是以怎样的方式运用事物（Sache）和物（Ding）这两个概念的。"① 我以为，这一判断是非常准确的。所谓"事物"（Sache）指的是一种社会关系存在物，它与"物"（Ding）存在本质差异，后者是指脱离社会关系的自然存在物。马克思在《资本论》及其手稿中对这两个范畴展开了充分分析。在他看来，商品、货币和资本都是Sache，而不是Ding，"资本不是物（Ding），而是一定的、社会的、属于一定社会形态的生产关系，后者体现在一个物上，并赋予这个物以独特的社会性质。资本不是物质的和生产出来的生产资料的总和。资本是已经转化为资本的生产资料，这种生产资料本身不是资本，就像金或银本身不是货币一样。"② 这种概念上的区分，也揭示了物象化和物化的根本差异。马克思指出，在资产阶级社会中，货币成为每个人进入社会的唯一凭证，因此，与过去人与人的直接交往相比，现在资产阶级社会中人与人的关系则必须要经过货币中介，于是物象化就不可避免地发生了。

> 活动的社会性质，正如产品的社会形式和个人对生产的参与，在这里表现为对于个人是异己的东西，物的东西（Sachliches）；不是表现为个人的相互关系，而是表现为他们从属于这样一些关系，这些关系是不以个人为转移而存在的，并且是由毫不相干的个人互相的利害冲突而产生的。活动和产品的普遍交换已成为一个单个人的生存条件，这种普遍交换，他们的相互联系，表现为对他们本身来说是异己的、独立的东西，表现为一种物（Sache）。在交换价值上，人的社会关系转化为物（Sache）的社会关系；人的能力转化为物（Sache）的

---

① ［日］平子友长、李乾坤：《"物象化"与"物化"同黑格尔辩证法的联系》，载《马克思主义与现实》2012年第4期。
② 《马克思恩格斯全集》第46卷，人民出版社2003年版，第922页。

能力。①

由此形成了"以物（Sache）的依赖性"为基础的第二大形态。结果，"人和人之间的社会关系可以说是颠倒地表现出来的，就是说，表现为物（Sache）和物（Sache）之间的社会关系……因此，如果交换价值是人和人之间的关系这种说法正确的话，那么必须补充说：它是隐蔽在物（Sache）的外壳之下的关系。"②也是在这个意义上，马克思才说："因此，在生产者面前，他们的私人劳动的社会关系就表现为现在这个样子，就是说，不是表现为人们在自己劳动中的直接的社会关系，而是表现为人们之间的物的关系（sachliche Verhältnis）和物（Sachen）之间的社会关系。"③以此来看，在马克思的语境中，所谓物象化（Versachlichung）指的是人与人的关系颠倒为事物（Sache）与事物（Sache）之间的关系，而不是颠倒为单纯的物（Ding）与物（Ding）之间的关系。

从这个意义上来讲，广松对物象化的界定是非常准确的。但是，他也存在两个缺陷：第一，他只是从认识论层面来理解物象化过程，"人与人的关系以外观相异的，物质的关系、性质、形态的形式表现出来的这个事态，从学理反省的见地看来，的确是误视、误认"④。显然，他没有看到这一过程是资本主义生产方式必然产生的现象，而不单纯是一种学理上的错认。第二，广松只是在卢卡奇的意义上来理解物化概念，他并没有真正揭示马克思"物化"（Verdinglichung）范畴的科学内涵，更没有看到马克思物化范畴与卢卡奇物化范畴的本质差异，因此，当他自认为物象化论比物化理论更深一层次的时候，恰恰抹杀了马克思物化批判理论的精髓。

这也由此引出另一个问题，即马克思是如何理解物化范畴的？卢卡奇、广松涉甚至霍耐特⑤都把物化（Verdinglichung）理解为主体向物（客

---

① 《马克思恩格斯全集》第30卷，人民出版社1995年版，第107页。
② 《马克思恩格斯全集》第31卷，人民出版社1998年版，第426页。
③ 《马克思恩格斯全集》第44卷，人民出版社2001年版，第90页。
④ ［日］广松涉：《物象化论的构图》，彭曦、庄倩译，南京大学出版社2002年版，第80页。
⑤ ［德］阿克塞尔·霍耐特、胡云峰：《对物化、认知、承认的几点误解》，载《世界哲学》2012年第5期。

体）的颠倒，这真的是物化的本真内涵吗？对此，笔者存有疑义。在这里，我们必须首先弄清楚，"人向物的颠倒"中的"物"究竟是哪种意义上的"物"。马克思的确在不同场合提到了人的物化问题，如"物的人格化和人格的物化（Personifizierung der Sache und Versachlichung der Personen）"①、"物的人格化和生产关系的物化（Personifizierung der Sache und Versachlichung der Produktionsverhältnisse）"②、"物的主体化、主体的物化（die Versubjektivierung der Sachen, die Versachlichung der Subjekte）"③等等。但马克思提到的"主体的物化"实际上是指人向"事物"（Sache）的颠倒，而不是向"自然物"（Ding）的颠倒。这种内涵是与"物象化"（Versachlichung）联系在一起的，而与"物化"（Verdinglichung）还存在本质差异。以此来看，单纯从主体颠倒为物的层面来理解物化范畴还是不够的，在这点上，不论是卢卡奇还是广松涉都没有真正把握马克思物化范畴的精髓。

那么，马克思是如何理解物化的呢？马克思指出："在资本主义生产过程的基础上，**使用价值**（资本在这种使用价值上以生产资料的形式存在）和作为**资本**（资本是一定的社会生产关系）的这些生产资料即这些**物**（Dinge）的用途，是**不可分割地融合在一起的**……这一点构成了政治经济学拜物教的一个基础。"④这样就必然产生了一种结果，即资本的生产是与作为使用价值的"物"的生产紧密联系在一起的，于是，"资本——它表现生产条件所有者在生产中同活的劳动能力发生的特定的生产关系，特定的社会关系——就表现为物（Ding），正象价值表现为物（Ding）的属性，物（Ding）作为商品的经济规定表现为物的物质性质（dingliche Qualität）完全一样，正象劳动在货币中获得的社会形式表现为物的属性（Eigenschaften eines Dings）完全一样"⑤。因此，与物象化过程不同，"物化"指的是作为社会关系产物的事物之间的关系进一步颠倒为物的自然属性的过

---

① 《马克思恩格斯全集》第44卷，人民出版社2001年版，第135页。
② 《马克思恩格斯全集》第46卷，人民出版社2003年版，第940页。
③ 《马克思恩格斯全集》第26卷第三册，人民出版社1975年版，第548页。
④ 《马克思恩格斯全集》第49卷，人民出版社1982年版，第41页。
⑤ 《马克思恩格斯全集》第49卷，人民出版社1982年版，第47页。

程。也正是立足于此，马克思才说：

> 在资本—利润（或者，更恰当地说是资本—利息），土地—地租，劳动—工资中，在这个表示价值和财富一般的各个组成部分同其各种源泉的联系的经济三位一体中，资本主义生产方式的神秘化，社会关系的物化（Verdinglichung），物质的生产关系和它们的历史社会规定性的直接融合已经完成：这是一个着了魔的、颠倒的、倒立着的世界。在这个世界里，资本先生和土地太太，作为社会的人物，同时又直接作为单纯的物（bloße Dinge），在兴风作怪。①

基于上述分析，我们可以看出，所谓物象化是指人与人之间的社会关系颠倒为事物与事物之间的关系，物化则是指事物之间的关系进一步颠倒为物（Ding）的自然属性，这是两种不同的逻辑。而物象化只是最初层级的颠倒，物化则是对前者颠倒的进一步颠倒。基于此，笔者并不赞同广松的判断，即物象化要比物化更接近马克思哲学批判的本质，相反，后者要比前者更为深刻，只有立足于物化层面，我们才能真正揭示马克思拜物教理论的真实内涵。

二、"拜物教"范畴的科学内涵及其历史定位：《资本论》对《大纲》的发展

有了上述区分，下面就让我们来探讨一下拜物教（Fetischismus）范畴与物象化、物化之间的内在关系。在此，笔者通过对马克思三大拜物教即商品拜物教、货币拜物教和资本拜物教的比较分析，来清晰厘定拜物教范畴的科学内涵。

在马克思看来，产品之所以能够取得价值量的形式，能够与别人相互

---

① 《马克思恩格斯全集》第46卷，人民出版社2003年版，第940页。

交换，是由于生产这种物的劳动本身具有一种无差别的社会劳动的性质，这种社会劳动是特定历史发展的客观结果，它与劳动产品的物理性质以及由此产生的物的关系没有任何直接联系。然而，资产阶级及其代言人却天真地以为，这种社会劳动的形式就是劳动产品本身具有的物的属性，将原本作为社会发展的特定产物的社会关系看作为物本身具有的自然属性，"可见，商品形式的奥秘不过在于：商品形式在人们面前把人们本身劳动的社会性质反映成劳动产品本身的物的性质，反映成这些物（Ding）的天然的社会属性……由于这种转换，劳动产品成了商品，成了可感觉而又超感觉的物或社会的物（Ding）。"① 结果，原本作为人类劳动产物的物，呈现为某种赋有生命的、彼此发生关系并同人相互独立的东西，人手的产物却呈现为独立于人之外的存在。马克思把这种颠倒称为"拜物教"。"商品形式和它借以得到表现的劳动产品的价值关系，是同劳动产品的物理性质以及由此产生的物的关系完全无关的。这只是人们自己的一定的社会关系，但它在人们面前采取了物与物的关系的虚幻形式。因此，要找一个比喻，我们就得逃到宗教世界的幻境中去。在那里，人脑的产物表现为赋有生命的、彼此发生关系并同人发生关系的独立存在的东西。在商品世界里，人手的产物也是这样。我把这叫做拜物教（Fetischismus）。"②

不过，商品拜物教只是拜物教的初级形式，它必然会发展为货币拜物教。在马克思看来，货币之所以能够与其他商品相交换，是因为它在本质上是一般社会劳动时间的化身，是一种社会关系。但由于资产阶级及其代言人根本不理解商品形式，他们自然也无法理解由商品等价形式发展而来的货币形式。一旦货币在金银身上取得了独立存在，货币拜物教也就由此产生。在他们的眼中，货币似乎就是金银这些物的固有属性，这样就把货币的价值关系转换为物自身所具有的自然关系，"社会关系，个人和个人彼此之间的一定关系，表现为一种金属，一种矿石，一种处在个人之外的、本身可以在自然界中找到的纯物体，在这种物体上，形式规定和物体

---

① 《马克思恩格斯全集》第44卷，人民出版社2001年版，第89页。
② 《马克思恩格斯全集》第44卷，人民出版社2001年版，第89—90页。

的自然存在再也区分不开了"①。于是,在他们看来,"金和银,一从地底下出来,就是一切人类劳动的直接化身。货币的魔术就是由此而来的……人们在自己的社会生产过程中的单纯原子般的关系,从而,人们自己的生产关系的不受他们控制和不以他们有意识的个人活动为转移的物的形式,首先就是通过他们的劳动产品普遍采取商品形式这一点而表现出来。因此,货币拜物教的谜就是商品拜物教的谜,只不过变得明显了,耀眼了"②。货币是社会关系发展的产物,然而在资产阶级及其代言人那里,却变成了金银等物自身所具有的自然属性,这是一种读不懂现实社会关系的理论无知,是一种典型的拜物教。这种形式到了生息资本时,达到了顶峰。在这里,我们看到的是 $G—G'$,是生产更多货币的货币,是没有在两极间起作用的过程而自行增殖的价值,资本表现为资本自身增殖、自行创造的源泉。利息完全脱离社会关系的形式,成了物(Ding)本质所固有的自然属性,就像梨树会结梨一样。通过这种变形,事物就丧失了它的特定的社会形态,实现了与自然物质形态的合而为一。于是,资本主义获得了一种自然物所天生具有的内在属性,成为一种自然的永恒的社会制度。这是一种拜物教,而且是一种彻底的拜物教。

通过上述分析,我们可以看出,拜物教不仅包括物象化过程,而且还包括物化过程,它是二者的合一,其中后者更具有实质意义,如马克思所说:"这一点构成了政治经济学拜物教的一个基础。"③ 所以,当广松涉仅从物象化视角来解读拜物教批判理论时,他已经漏掉了拜物教批判的核心:物象化只是资本主义颠倒的初始阶段,只有上升到物化层次,才是拜物教批判理论的真正完成。④ 另一方面,虽然卢卡奇试图从物化入手来探讨马克思的拜物教批判理论,但由于他是站在黑格尔和韦伯的肩膀之上的,这导致了他对物化的理解完全停留在主—客体的思辨的层面上,显然已经背离了马克思拜物教批判理论的精髓。

---

① 《马克思恩格斯全集》第30卷,人民出版社1995年版,第193页。
② 《马克思恩格斯全集》第44卷,人民出版社2001年版,第112—113页。
③ 《马克思恩格斯全集》第49卷,人民出版社1982年版,第41页。
④ [日]平子友长、李乾坤:《"物象化"与"物化"同黑格尔辩证法的联系》,载《马克思主义与现实》2012年第4期。

厘清了拜物教在客体维度上的内涵之后，下面我们就来比较一下《大纲》和《资本论》在这一问题理解上的具体差异。在这两部著作中，虽然马克思都看到了拜物教范畴与物象化、物化范畴之间的内在关系，但在拜物教理论的历史定位上却存在本质差异。这主要表现在以下三个方面。

第一，拜物教究竟是一种"理论错认"，还是资本主义生产方式的必然产物？在《大纲》中，马克思看到了物象化过程的必然性，并认为"这种扭曲和颠倒是**真实的**，而不是**单纯想象的**"[①]。但他并没有看到"物化"过程的必然性，更没从本质层面揭示这种物化过程的内在机制，而是把这种物化看作为经济学家的"错认"，马克思说："经济学家们把人们的社会生产关系和受这些关系支配的物（Sache）所获得的规定性看作物（Ding）的**自然属性**，这种粗俗的唯物主义，是一种同样粗俗的唯心主义，甚至是一种拜物教，它把社会关系作为物（Ding）的内在规定归之于物（Ding），从而使物（Ding）神秘化。"[②] 因此，在《大纲》的理论逻辑中，拜物教被看作为一种学理上的误识[③]，似乎人们只要看破了这种误认，拜物教就可以消除了。可以说，此时马克思并没有揭示拜物教产生的真正根源。而在《资本论》中，马克思已经清楚地认识到，拜物教绝不是观念上错认的结果，而是资本主义本质特征的真实写照，是资本主义生产方式必然产生的客观颠倒形式。"劳动产品一旦作为商品来生产，就带上拜物教性质，因此拜物教是同商品生产分不开的。"[④] 只要资本主义生产方式存在，物象化和物化过程就必然存在，拜物教也就必然存在。而生息资本就是这种拜物教的最完美表达。

第二，拜物教真的只是一种物象化和物化批判理论吗？它与文化霸权之间存在何种关系？在《大纲》中，马克思对拜物教的分析，更多地停留在物象化和物化层面上，虽然他也看到了物象化和物化过程必然导致生产

[①] 《马克思恩格斯全集》第31卷，人民出版社1998年版，第244页。
[②] 《马克思恩格斯全集》第31卷，人民出版社1998年版，第85页。
[③] 刘召峰：《马克思的拜物教概念考辨》，载《南京大学学报》2012年第1期。
[④] 《马克思恩格斯全集》第44卷，人民出版社2001年版，第90页。

当事人形成颠倒的意识,但他并没有从主体维度深层挖掘这种拜物教意识对人工的影响,更没有揭示出拜物教与文化霸权理论之间的内在关系。单从这一角度来看,《大纲》中的拜物教理论还是不完善的。犹如唐正东教授指出的那样:"马克思用拜物教这一概念来指称他的批判对象,显然是有其特别的用意的。如果仅有客体维度上对本质的遮蔽而没有主体维度上的观念认同,那么,这至多只能被界定为物化,而与拜物教无关。"① 拜物教不仅要指出资产阶级物象化和物化的现实,更为重要的是,还要阐明资本主义生产当事人在观念上是如何接受和认同上述物象化和物化现实的,就像宗教徒在观念上必然会把神当作一种客观现实的存在物来看待一样。而这点恰恰是在《1861—1863年经济学手稿》和《资本论》中得到阐述的。在这些著作中,马克思指出,由于资本主义生产方式的颠倒性,资本主义生产当事人根本无法识别资本主义运行的内在机制,"因此,对单个的生产当事人本身来说,这种内部规律仍然是看不出来,不能理解的。"② 他们必然会从单纯的外在现象来理解资本主义的内在规律,形成颠倒的拜物教意识,"从这种颠倒的关系出发……必然会产生出相应的颠倒的观念,即歪曲的意识"③。以此来看,拜物教观念并不是资产阶级通过国家形式虚构出来的,而是生产当事人在日常实践中不由自主地形成的,是具有客观效力的约束形式。观念拜物教的"种种形式恰好形成资产阶级经济学的各种范畴。对于这个历史上一定的社会生产方式即商品生产的生产关系来说,这些范畴是有社会效力的、因而是客观的思维形式"④。因此,工人作为资本主义的生产当事人一开始是无法识别这些意识形式的狡猾性的,他们也必然会像资本家一样"受这同一种被歪曲了的观念束缚"⑤。换言之,他们必然会像资本家及其代理人一样,把物象化和物化过程看成是资本主义社会的内在本质。以此来看,拜物教批判理论不仅是一种物化批判理

---

① 唐正东:《马克思拜物教批判理论的辩证特性及其当代启示》,载《哲学研究》2010年第7期。
② 《马克思恩格斯全集》第46卷,人民出版社2003年版,第938页。
③ 《马克思恩格斯全集》第46卷,人民出版社2003年版,第53页。
④ 《马克思恩格斯全集》第44卷,人民出版社2001年版,第93页。
⑤ 《马克思恩格斯全集》第48卷,人民出版社1985年版,第258页。

论，同时也是一种文化霸权批判理论。

第三，如何消解物质拜物教和观念拜物教？在《大纲》中，马克思并没有看到拜物教产生的内在机制，而是将其归咎于经济学家的一种理论错认。这种思路决定了马克思在现实层面上还无法找到拜物教的消解途径，以至于认为，似乎只要所有人能够在认识层面上意识到拜物教只是一种幻觉，就能够摆脱这种错觉的纠缠。这一点显然还是不充分的。在《资本论》中，马克思通过对资本主义生产方式的全面剖析，揭示了拜物教产生的真正根源：资本主义拜物教的形成并非源自于个人在单纯文化维度上的建构，而是来自于商品关系发展到资本主义阶段时的特定情形；同样，这种拜物教的解构也并非取决于个体在文化或观念上的挣脱，而是取决于资本主义商品关系的进一步发展所凸显出来的内在矛盾。因此，要真正消解拜物教，绝不可能单纯停留在认识层面上的，只有彻底推翻资本主义的生产方式，才能真正消除资本主义的物质拜物教以及与之适应的观念拜物教。所以，马克思并没有像西方学者那样，完全停留在文化批判的逻辑上，更没有过分夸大资本的文化霸权问题，而是立足于资本主义社会的内在矛盾，来引出其在文化层面的逻辑效应，由此来探索无产阶级冲破拜物教束缚的实践机制。也正是基于此，马克思认为，在资本主义内在矛盾没有充分暴露出来的时候，想冲破拜物教的束缚是非常困难的，只有资本主义的内在矛盾发展到一定程度之后，工人才有可能认识到拜物教观念的狡猾性，进而起来"反对所有这种关系，从而反对与这种关系相适应的观念、概念和思维方式"①，最终冲破观念拜物教的束缚。马克思的这一观点表明，历史唯物主义的主体向度是奠基在客体向度之上，没有生产力与生产关系内在矛盾的彻底推进，工人是不可能真正冲破拜物教观念束缚的，文化霸权批判必须要与经济批判和政治革命紧密联系在一起，任何脱离生产力与生产关系内在矛盾的文化批判，都是违背历史唯物主义的精神的。

---

① 《马克思恩格斯全集》第48卷，人民出版社1985年版，第258页。

三、何谓"资本主义生产方式":《资本论》对《大纲》的超越

在此,一个根本问题也由此凸显出来,即在《大纲》中,马克思为什么没有形成对拜物教的科学认识?我以为,这是与他此时对资本主义生产方式的认识紧密联系在一起的。

首先,在《大纲》中,马克思对资本主义特有的生产方式的认识还是不充分的。在这一著作中,马克思指出:"生产资本,或与资本相适应的生产方式,只能有两种形式:工场手工业或大工业。"① 在这里,马克思还没有甄别出"协作"的历史地位,而是将其排除在资本主义特有的生产方式之外,显然是不科学的。后来,马克思在《1861—1863年经济学手稿》和《资本论》中对这一问题展开了详细分析。他指出,所谓协作指的是,"许多人在同一生产过程中,或在不同的但互相联系的生产过程中,有计划地一起协同劳动"②。因此,协作的实质始终是行动的同时性,这种协作不仅提高了个人生产力,而且还创造了一种集体生产力,后者是不可能通过单个工人按时间依次劳动实现的。这种协作关系绝不是工人自愿结成的,而是资本家调控的结果,"不是这种关系属于工人,而是工人隶属于这种关系,因而这种关系本身表现为资本对他们的关系。这不是他们相互的结合,而是一种统治着他们的统一体,其承担者和领导者正是资本本身。他们在劳动中的特殊结合——协作——事实上对他们来说是一种别人的权力,也就是与单个工人相对立的资本的权力"③。作为协作的个人,只不过是这个机体的一个肢体,是资本的特殊存在方式;而工人协作所发挥出来的生产力也不属于工人本身,而是表现为资本的生产力。因此,在协作中,发生了"劳动的社会性质向资本的社会性质的最初变化,社会劳动

---

① 《马克思恩格斯全集》第30卷,人民出版社1995年版,第588页。
② 《马克思恩格斯全集》第44卷,人民出版社2001年版,第378页。
③ 《马克思恩格斯全集》第47卷,人民出版社1979年版,第298页。

的生产力向资本的生产力的最初变化；最后，［劳动］在形式上的从属于资本向生产方式本身的实际改变的最初转化"①。所以，协作构成了劳动对资本实质从属的"第一个阶段"，是特殊资本主义生产方式的基本形式。到了这时，马克思才真正完成对特殊**资本主义**生产方式的科学认识。

其次，退一步来讲，在《大纲》中，马克思虽然指出了工场手工业和大工业是与资本相适应的两种生产形式，但马克思对工场手工业的认识还是不够完善的。他指出：

> 工场手工业的产生就是资本生产方式的产生……那就是以下面这点为前提：真正由资本本身所造成的劳动生产力还不存在。这也就是说，工场手工业中的必要劳动仍然占去整个可以支配的劳动时间的大部分，这样，每一个工人完成的剩余劳动仍然比较少……工场手工业所以取得这样高的利润率，只是因为同时使用了许多工人。所以能够获得较多的剩余时间，只是由于许多工人的剩余时间在对资本的关系上集合起来。在工场手工业中，占优势的是绝对剩余时间，而不是相对剩余时间。②

以此来看，在《大纲》中，马克思是把工场手工业放在绝对剩余价值的框架内来考察的，完全忽视了它的相对剩余价值生产的本性。在《资本论》中，马克思彻底改变了这一判断。他指出，虽然工场手工业从根基上侵袭了个人的劳动方式，把每一个工人变成畸形物，但它却创造了一种崭新的社会劳动组织，形成了一种全新的生产力，提高了总生产过程的生产率。因此，在工场手工业中，占据主导的绝不是绝对剩余时间，而是相对剩余时间。也正是基于此，马克思在《资本论》中将其标识为相对剩余价值生产的第二种形式。这与《大纲》中的理论分析存在着天壤之别。

再次，更为重要的问题是，在《大纲》中，马克思虽然提出了绝对剩余价值和相对剩余价值的区分，但在二者的界定标准上，马克思还是不科

---

① 《马克思恩格斯全集》第47卷，人民出版社1979年版，第300页。
② 《马克思恩格斯全集》第30卷，人民出版社1995年版，第590—591页。

学的。通过上述分析,我们可以看出,在《大纲》中,马克思把工场手工业当作是与绝对剩余价值相适应的生产形式,而把大工业看作是与相对剩余价值相适应的生产方式。很明显,在这里,马克思实际上是以"劳动手段的机械化、固定资本的发展和机器使用"①为依据,来区分绝对剩余价值和相对剩余价值的。这一区分显然与《资本论》存在本质差异。在《资本论》中,相对剩余价值的界定标准已经不再是生产的机械化,而是人所发挥的生产力合作。这样,不论是协作还是工场手工业的分工,实际上都是与相对剩余价值相适应的生产形式。由此出发,马克思建立了科学的资本主义生产方式批判理论。

最后,在《大纲》中,虽然马克思建立了剩余价值理论,但这一理论还是狭义层面上的剩余价值理论,还有待进一步完善。《大纲》中的剩余价值还是单纯从生产过程来界定的,属于狭义层面上的剩余价值理论,虽然马克思也力图从再生产的视角来探讨剩余价值与利润、地租和工资之间的内在关系,但这种探讨还是非常粗略的。可以说,直到《1861—1863年经济学手稿》和《资本论》中,马克思才真正完成这一任务。在这里,马克思从资本主义生产的总过程出发,科学分析了剩余价值的生产和生活史,全面揭示了剩余价值与利润、工资、地租、利息之间的内在关系,建立起了完整的剩余价值理论,为我们理解资本拜物教和生息资本奠定了科学的理论基础。

基于上述分析,我们有理由认为,马克思在《大纲》中对资本主义生产方式的片面认识,妨碍他对拜物教的科学内涵及其理论实质的科学认知,更无法从资本主义生产方式的本性出发,建构出一套解构拜物教的科学之路。基于此,笔者认为,《大纲》固然在马克思主义哲学发展史上具有不可忽视的重要地位,但是,我们绝不能过分夸大它的历史地位,更不能像奈格里或望月清司那样,将其看作是马克思哲学思想发展的最高峰,而把《资本论》视为它的历史倒退;这样,就割断了马克思思想发展的连续性。作为无产阶级斗士,马克思一生的使命都是批判资本主义,为无产

---

① [日] 内田弘:《新版〈政治经济学批判大纲〉的研究》,王青、李萍、李海春译,北京师范大学出版社 2011 年版,第 248 页。

阶级革命提供科学依据。而《大纲》的理论分析，显然还无法完成这一历史任务。从这个意义上来讲，《资本论》恰是这一历史使命的完整体现，是对《大纲》的进一步完善和发展。

马克思拜物教批判理论的辩证特性及其当代启示

唐正东

严格地说，马克思是在《资本论》第一卷中完成其拜物教批判理论的，因为对他来说，真正的拜物教批判理论绝不仅仅在于从客观性的维度揭示物与物之交换关系背后的人与人之间的社会关系，而且还要从主体意识的角度阐明物化的观念是如何被接受的。另外，马克思还要厘清资产阶级政治经济学作为一种意识形态或拜物教的观念形式，是如何既作为客观表象的反映又作为具有社会效力的资产阶级意识形态形式而存在的。在此基础上，马克思还要对拜物教的物质形式与观念形式之间的关系作出说明。马克思用拜物教这一概念来指称他的批判对象，是有其特别用意的。如果仅有客体维度上对本质的遮蔽而没有主体维度上的观念认同，那么，这至多只能被界定为物化，而与拜物教无关。指出这一点并非只有概念辨析的意义，而是跟对马克思历史唯物主义深层内涵的理解直接相关。

一

为了更清楚地把握马克思《资本论》中拜物教批判理论的辩证内容，本文首先对马克思在观念形式问题上的思想发展过程作一个简单的梳理。

---

① 原载《哲学研究》2010 年第 7 期。

下面直接从马克思（与恩格斯一道）站在历史唯物主义的角度对观念形式作出系统分析的《德意志意识形态》开始。在这一文本中，马克思在批判青年黑格尔派的唯心主义历史观时，明确地提出"人从来没有受过这些词句的奴役"①，并认为应该根据历史的不同发展阶段，来"消除实体、主体、自我意识和纯批判等无稽之谈，正如同清除宗教的和神学的无稽之谈一样，而且在它们有了更充分的发展以后再次清除这些无稽之谈"②。从表面上看，马克思此时的观点似乎与他后来在《资本论》及其手稿中关于雇佣工人也受到歪曲了的观念的束缚的观点③是不一致的，但是应该看到：马克思后来所讲的束缚工人的观念是客观地存在于资本主义生产过程之中，并且还是作为对这一过程之本质的外在必要表现形式的反映而存在的；而《德意志意识形态》中马克思所批判的鲍威尔（Bruno Bauer）等人的"词句"，则是这些人戴着哲学家的眼镜所主观地建构出来的。现实生活并不产生实体、主体等词句，它们只存在于唯心主义哲学家的头脑中。正因如此，马克思才说，现实的个人从来没有受过这些词句的奴役，把人们从这些词句中解放出来，对现实的个人的真正解放没有任何用处。这一文本的另一段话："对于人民大众即无产阶级来说，这些理念观念并不存在，因而也不用去消灭它们"④，说的也正是这个意思。

不仅如此，马克思还站在历史唯物主义的层面上对鲍威尔等人为什么停留在词句的层次上进行了说明。在他看来，观念、国家、法律等形式，其实都是建立在物质生产实践的不断发展之基础上的。人们是自己的观念等等的生产者，同时也是国家、法律等上层建筑形式的建构者。可是如果不具备这种历史唯物主义的发生学思维方法，仅从静态的、非历史的角度来解读这些东西，那么所得出的结论必然是唯心主义的。再进一步，马克思认为，鲍威尔等德国的青年黑格尔派成员之所以会把哲学理解为想象的主体的想象活动，一个重要原因就在于当时德国的生产力及交往形式的发

---

① 《德意志意识形态》（节选本），人民出版社2003年版，第18页。
② 《德意志意识形态》（节选本），人民出版社2003年版，第18页。
③ 《马克思恩格斯全集》第32卷，人民出版社1998年版，第414页。
④ 《马克思恩格斯全集》第32卷，人民出版社1998年版，第39页。

展水平还相当落后，当时的德国人还没有为历史提供市民社会史、工业史、商业史等维度上的世俗基础，因此，身处在德国的哲学家囿于其狭隘的民族视域，也只能产生一些对现实关系的虚幻反映。① 应该说，马克思在这一文本中对青年黑格尔派唯心史观的批判已经相当彻底了。

当然，一个新的问题随即产生：马克思批判青年黑格尔派的思路是否可以自然地运用到对发达资本主义社会的批判之中？也就是说，对于落后的德国来说，作为其意识形态表现的青年黑格尔派的观点由于其虚幻性，是很容易被工人阶级看穿的。物质实践活动的发展水平相对落后的德国在意识形态建构方面，应该说处在相对简单的层面上。但一旦我们把英国这样的发达资本主义社会当作研究对象，那么工人阶级是否还会像在德国发生的情况那样，坚决不受资产阶级意识形态或拜物教意识的束缚？人民大众在德国可以不受鲍威尔等人的实体、主体等概念或词句的奴役，但在英国，他们是否具有对拜物教意识的天生免疫力？客观地说，在《德意志意识形态》中，马克思尽管谈到了资本主义大工业的一些情况，但他对这一新生产方式的内涵的了解还很不够。当时的马克思既不清楚资本增殖的秘密，也不清楚资本拜物教运行机制的秘密，尤其是没有看到资本主义生产当事人的日常观念的产生与资本主义生产过程的特点之间的关联性，因此，他过于简单地认为，资本主义大工业会尽可能地消灭意识形态、宗教等等，凡是在不能消灭它们的地方，就把它们变成赤裸裸的谎言。② 而实际上，根据马克思后来在《资本论》中的观点，资本主义生产过程所消灭的只是以前的意识形态，而不是所有的意识形态；它恰恰是建立了自己的意识形态，即资产阶级政治经济学，并使这种意识形态与生产当事人的日常观念融为一体。③ 可见，马克思此时所展开的德意志意识形态批判理论，还不能算是严格意义上的资本主义拜物教批判理论。

经过1848年欧洲大革命的洗礼，马克思在观念、思想等的社会效力问题上的观点发生了一些变化，他开始承认无产阶级也是会受到落后观念

---

① 《德意志意识形态》（节选本），人民出版社2003年版，第23页。
② 《德意志意识形态》（节选本），人民出版社2003年版，第58页。
③ 《马克思恩格斯全集》第44卷，人民出版社2001年版，第99页，注释32。

的统治或影响的。在《1848年至1850年的法兰西阶级斗争》和《路易·波拿巴的雾月十八日》等文本中，马克思指出，法国巴黎的工人阶级在刚刚过去的斗争中显然受到了"博爱"等抽象"词句"的影响，他们沉醉在这种被幻想出的"宽大仁慈的博爱气氛中"①，因而失去了实现无产阶级革命的能力②。马克思还把这种情况上升到理论的高度来加以说明。他指出："人们自己创造自己的历史，但是他们并不是随心所欲地创造，并不是在他们自己选定的条件下创造，而是在直接碰到的、既定的、从过去承继下来的条件下创造。一切已死的先辈们的传统，像梦魇一样纠缠着活人的头脑。"③相比《德意志意识形态》而言，马克思此时的观点显然是复杂了一点，他已经看到了"词句"对工人阶级的观念统治。当然，需要说明的是，马克思此时所说的"词句"，并不是唯心主义哲学家嘴里的实体、主体等范畴，而是在现实生活中真实存在的、代表统治阶级利益的传统观念。因此，这标志着马克思在观念形式的社会效力问题上的思路，已经转向了现实生活中的观念形式的层面。只是由于他此时的解读对象是资本主义发展水平仍不怎么高的法国所发生的阶级斗争问题，所以，马克思仍然没有关注到资本主义拜物教的物质形式与观念形式之间的辩证关系问题，而只是把研究的重点定格在导致法国革命失败及法国无产阶级没能担负起自己的历史使命的原因上。马克思的结论是当时法国的社会关系或生产关系的发展水平还远远不够："在这些失败中灭亡的并不是革命，而是革命前的传统的残余，是那些尚未发展到尖锐阶级对立地步的社会关系的产物，即革命党在二月革命以前没有摆脱的一些人物、幻想、观念和方案，这些都不是二月胜利所能使它摆脱的，只有一连串的失败才能使它摆脱。"④可见，马克思此时的研究对象决定了他还无法深入到资本主义生产与再生产过程的层面，去探讨拜物教的内在机理及其复杂性。

---

① 《马克思恩格斯全集》第10卷，人民出版社1998年版，第142页。
② 《马克思恩格斯全集》第10卷，人民出版社1998年版，第140页。
③ 《马克思恩格斯全集》第11卷，人民出版社1995年版，第131—132页。
④ 《马克思恩格斯全集》第10卷，人民出版社1998年版，第131页。

二

《1857—1858年经济学手稿》是马克思研究资本主义生产过程的重要文本，在其中的"货币章"中，马克思专门谈到了人与人之间的社会关系在交换价值基础上的物化问题。为此，国内外学界的不少学者都对这一文本投入了较大的研究精力，并取得了显著的研究成果。不过，就本文的解读线索而言，我想指出的是，马克思在这一文本中所谈的只是资本主义社会的物化，而尚未达到资本主义拜物教的层面。在研究对象上，物化与拜物教的不同在于，前者侧重于指出人与人之间的社会关系转化成了物与物之间的交换关系，而后者除了指出这一点之外，还阐明了生产过程当事人在观念上对上述物化现实的接受和认同，就像一个宗教徒一样，他在观念上是把神当作一种客观现实的存在物来看待的。正因为如此，马克思的拜物教批判理论在揭示资本主义生产过程的内在机理方面，具有比其物化批判理论更丰富的内涵。

仔细阅读上述文本中关于社会关系物化的那段著名论述①，我们不难发现，马克思所关心的是揭示社会关系的物化或异己性，而不是说明这种货币关系是资本主义社会的必要的和必然的表现形式。这具体表现在，马克思尽管明确地指出"活动的社会性质，正如产品的社会形式和个人对生产的参与，在这里表现为对于个人是异己的东西，物的东西；不是表现为个人的相互关系，而是表现为他们从属于这样一些关系，这些关系是不以个人为转移而存在的，并且是由毫不相干的个人互相的利害冲突而产生的"②，但他并没有继续深入下去，探讨雇佣工人在观念上是如何认识这种物化的。这一点不能说不重要，后来的西方马克思主义者所探讨的阶级意识、文化霸权等问题，就是冲着这一理论质点而来的。应该说，此时的马克思所关注的重点是资本主义生产过程在客体性维度上的一些基本问题，

---

① 《马克思恩格斯全集》第30卷，人民出版社1995年版，第105—108页。
② 《马克思恩格斯全集》第30卷，人民出版社1995年版，第107页。

这既是跟他在1848年欧洲革命失败之后所确定的从历史发展整体趋势的角度来研究资本主义经济规律的计划直接相关的，也是跟他在面对即将到来的1857年经济危机时所立下的在"洪水"到来之前把一些基本问题搞清楚的决心联系在一起的。当然，从另外一个角度上说，马克思此时对商品价值的论述还不够详细，对价值与交换价值的关系把握得还不够具体。他事实上也只是在整个手稿的最后，用了很少的篇幅来阐述"价值"问题。而如果对价值问题不能作出深入的解读，那就很容易影响到马克思对作为价值之表现形式的交换价值的复杂性的认识；具体地说就是，容易简单地把交换价值指认为一种物化的存在物，而看不出这种交换价值还是资本主义商品关系之内在价值本质的必要表达形式。在《1857—1858年经济学手稿》中，马克思有时也会论述到工人在观念上产生错觉的问题：

> 由于工人以货币形式，以一般财富形式得到了等价物，他在这个交换中就是作为平等者与资本家相对立，像任何其他交换者一样；至少从外表上看是如此……但是，这种外表却作为工人方面的错觉存在着，而且在对方也一定程度上存在着，从而使工人的关系在本质上发生变形，而不同于其他社会生产方式中劳动者的关系。①

但应该说，马克思在这一文本中强调的是这种观念是一种错觉，而不是这种错觉是与资本主义生产过程的特点相联系的一种现实的观念存在。

但到了《资本论》第一卷中，情况则发生了显著的变化。尽管马克思在"第一版序言"中已经明确地指出此文本中所涉及的人只是经济范畴的人格化，并明确地把自己的研究对象界定为作为经济的社会形态的资本主义生产过程，但他在具体的阐述过程中，还是明确地凸显了他对资本主义拜物教的辩证特性的认识。与前面的手稿不同，此时的马克思不是从货币而是从商品尤其是商品的价值出发，来展开自己的论述，这使他有可能既对货币关系的物化特性，又对其客观存在的必要性及其与此相关的生产当

---

① 《马克思恩格斯全集》第30卷，人民出版社1995年版，第243页。

事人对这种必要存在形式的观念认同性，进行深刻的阐述。① 事实也是如此。我以为，马克思在这一问题上的辩证观点可以从以下几个方面来加以剖析。

首先，马克思揭示了价值与资本主义生产关系之间的关联性。尽管在《1857—1858年经济学手稿》中，马克思已经提到"价值这个经济学概念在古代人那里没有出现过。价值只是在揭露欺诈行为等等时才在法律上区别于价格。价值概念完全属于现代经济学，因为它是资本本身的和以资本为基础的生产的最抽象的表现。价值概念泄露了资本的秘密"②，但应该说这只是提出了观点，而真正对这一观点作出证明的，还是在《资本论》第一卷中。在这里，马克思深刻地指出，前资本主义社会之所以不可能出现价值概念，是因为在那样的社会中劳动不可能表现为等同的人类劳动，因而也不可能产生社会必要劳动时间："亚里士多德没有能从价值形式本身看出，在商品价值形式中，一切劳动都表现为等同的人类劳动，因而是同等意义的劳动，这是因为希腊社会是建立在奴隶劳动的基础上的，因而是以人们之间以及他们的劳动力之间的不平等为自然基础的。价值表现的秘密，即一切劳动由于而且只是由于都是一般人类劳动而具有的等同性和同等意义，只有在人类平等概念已经成为国民的牢固的成见的时候，才能揭示出来。而这只有在这样的社会里才有可能，在那里，商品形式成为劳动产品的一般形式，从而人们彼此作为商品占有者的关系成为占统治地位的社会关系。"③ 显然，马克思的这种价值概念中已经凝结了生产力与生产关系矛盾运动的唯物史观的内容：他就是希望通过以价值为基础的理论演绎，来论证资本主义生产关系这一人的社会关系的物化形式必然走向崩溃的境地。他此时已经不单单从应有的人与人之间的社会关系的层面，来批判现有的资本主义交换关系的物化特性，而是依托价值这一创新性概念，把历史唯物主义的主体批判维度更加辩证地、有效地与对资本主义生产过程的客体性矛盾的揭示结合了起来。马克思所要达到的理论目的，是揭示

---

① 《马克思恩格斯全集》第44卷，人民出版社2001年版，第88—92页。
② 《马克思恩格斯全集》第31卷，人民出版社1995年版，第180页。
③ 《马克思恩格斯全集》第44卷，人民出版社2001年版，第75页。

资产阶级经济学家及资本主义生产当事人所不知道的秘密,并告诉他们,就在他们以为是天然的、自然的资本主义经济事实中,存在着必然导致它灭亡的矛盾运动规律。

其次,马克思指出,价值虽然是泄露了资本秘密的一个重要概念,但它却是一个"幽灵般的"存在。也就是说,它在现实的资本主义经济生活中是无法独立存在的。价值概念具有客观性,但价值本身却不具有直接的现实性。在一件上衣的生产中无疑是凝聚了一定量的人类劳动的,因而它是价值的承担者,但"它的这种属性即使把它穿破了也是看不出来的"①,"商品的价值对象性不同于快嘴桂嫂,你不知道对它怎么办。同商品体的可感觉的粗糙的对象性正好相反,在商品体的价值对象性中连一个自然物质原子也没有。因此,每一个商品不管你怎样颠来倒去,它作为价值物总是不可捉摸的"②。但这是否就意味着价值是不可知的呢?不!马克思认为,价值尽管不能由其自身表现出来,但它是而且也只能是由商品与商品之间的交换关系表现出来的。③ 因此,建立在交换价值基础上的物与物之间的交换关系,是价值的表现形式。也就是说,凝结着资本秘密的价值概念恰恰是通过表面上掩盖了资本秘密的交换价值表现出来的。这就是马克思说商品充满着形而上学的微妙和神学的怪诞④的原因。与由物化概念所生发出来的资本主义批判理论相比,马克思此处对资本奥秘的揭示显然要深刻和复杂得多。

再次,由于马克思在经济学上把交换价值视为价值的必要表现形式,因此在社会历史理论上,他必然会清晰地看出,在资本主义商品关系中,物与物之间的关系是人与人的社会关系的必要表现形式:"在生产者面前,他们的私人劳动的社会关系就表现为现在这个样子,就是说,不是表现为人们在自己劳动中的直接的社会关系,而是表现为人们之间的物的关系和物之间的社会关系。"⑤ 正因为此时的马克思已不再满足于把社会关系的物

---

① 《马克思恩格斯全集》第44卷,人民出版社2001年版,第66页。
② 《马克思恩格斯全集》第44卷,人民出版社2001年版,第61页。
③ 《马克思恩格斯全集》第44卷,人民出版社2001年版,第61页。
④ 《马克思恩格斯全集》第44卷,人民出版社2001年版,第88页。
⑤ 《马克思恩格斯全集》第44卷,人民出版社2001年版,第90页。

化仅仅斥责为异己性，而是跃升到资本主义条件下人的社会关系的必要表现形式的层面，所以，他才可能进一步探讨资本主义生产当事人在观念上对这种拜物教现实的接受问题。在马克思看来，尽管资产阶级古典经济学家们在商品价值问题上的探讨已经取得了重要思想成就，但资本主义生产过程的当事人却根本不理睬这种观点："彼此独立的私人劳动的独特的社会性质在于它们作为人类劳动而彼此相等，并且采取劳动产品的价值性质的形式——商品生产这种特殊生产形式才具有的这种特点，对受商品生产关系束缚的人们来说，无论在上述发现以前或以后，都是永远不变的，正像空气形态在科学把空气分解为各种元素之后，仍然作为一种物理的物态继续存在一样。"① 在商品交换者眼里，他们的社会运动本身就具有物的运动形式，而且他们还是受这一运动控制的。应该说，马克思在这里清晰地揭示了资本主义条件下观念拜物教的客观存在。拜物教的这种观念形式是建立在拜物教的客观形态或物质形式之基础上的，同时，它也反过来促进了拜物教的物质形式的强化。马克思的解读思路推进至此，应该说，他对拜物教的认知就基本达成了。真正的拜物教既有客体维度上的社会关系的物化，又有主体维度上的对这种物化现实的观念认同，因而是具有辩证性质的。

复次，与上述观点相联系，马克思还考察了作为意识形态的资产阶级政治经济学与资本主义生产过程当事人的观念拜物教之间的关系。在马克思看来，斯密（Adam Smith）、李嘉图（David Ricardo）等古典经济学家是研究资本主义生产关系的本质的，只是由于他们在研究对象上太专注于价值量的研究、在研究方法上缺乏历史唯物主义的方法论，因而无法对商品价值的深层本质作出说明。而那些资产阶级庸俗经济学家们就不同了，他们"为了适应资产阶级的日常需要，一再反复咀嚼科学的经济学早就提供的材料"②，并且只在经济过程的表面联系内绕圈子，对一些粗浅的现象作出似是而非的解释。马克思认为，这些资产阶级经济学家们所建构出来的范畴和理论，是具有维护资本主义生产关系的社会效力的。由于他们故意

---

① 《马克思恩格斯全集》第44卷，人民出版社2001年版，第91—92页。
② 《马克思恩格斯全集》第44卷，人民出版社2001年版，第99页，注释32。

绕开对资本主义生产关系内在本质的揭示，故意停留在资本主义生产过程的经验现象的层面上来进行经济学范畴的建构和经济理论的阐述，因而，他们事实上是在诱导生产过程当事人进入观念拜物教的境地："这种种形式恰好形成资产阶级经济学的各种范畴。对于这个历史上一定的社会生产方式即商品生产的生产关系来说，这些范畴是有社会效力的、因而是客观的思维方式。"① 当然，我承认马克思在这方面的思想表述得还很不系统，一些重要的问题也没有加以展开，但应该看到的是，马克思在此处展露出了把源自于统治阶级的意识形态与源自于生产过程当事人即日常公众的观念拜物教辩证地统一起来的思想倾向。

最后，马克思对资本主义拜物教的解构路径进行了说明，从而把解读思路推进到了拜物教批判理论的层面。在《资本论》中，马克思尽管充分认可拜物教的物质形式及观念形式的客观存在，但他并没有像后来的一些西方马克思主义者那样，陷入对资本的现实统治及观念霸权的无可奈何之中，而是继续贯彻历史唯物主义的方法论及解读思路，从资本主义生产过程的进一步发展所凸显出来的内在矛盾中，找到了解构资本主义统治模式的路径。马克思指出，"要有充分发达的商品生产，才能从经验本身得出科学的认识"②。也就是说，在资本主义发展尚不充分、其内在矛盾尚未充分暴露的时候，要想找到挣脱拜物教的物质形式及观念形式的道路，是很困难的。而一旦资本主义生产过程的内在矛盾发展到了一定的水平，那么，不仅会出现客体维度上的资本主义经济危机，并以此为工人阶级革命提供客观条件，而且在主体维度上，工人也有可能挣脱观念拜物教的束缚，在科学理论的指导下，担负起革命主体的历史使命。在此时马克思的思路中，有一点是很明确的，那就是对社会经济形态的科学思考，只有在这种社会经济形态发展到一定阶段、其内在矛盾显现到一定水平时才有可能，正像他所说的："对人类生活形式的思索，从而对这些形式的科学分析，总是采取同实际发展相反的道路。这种思索是从事后开始的，就是

---

① 《马克思恩格斯全集》第44卷，人民出版社2001年版，第93页。
② 《马克思恩格斯全集》第44卷，人民出版社2001年版，第92页。

说，是从发展过程的完成的结果开始的。"① 这听起来尽管有点像黑格尔所说的密纳发的猫头鹰要等黄昏到来才会起飞的思路，但它实际上却是马克思彻底贯彻历史唯物主义方法论的具体表现。对马克思来说，资本主义拜物教的形成并非源自于个人在单纯文化维度上的被建构，而是源自于商品关系发展到资本主义阶段时的特定情形；同样，这种拜物教的被解构也并非取决于个体在文化或观念上的挣脱，而是取决于资本主义商品关系的进一步发展所凸显出来的内在矛盾。

三

马克思的这种基于历史唯物主义方法论的拜物教批判理论，如果不站在与他相同的方法论视域中，是很难加以准确把握的。国外学界的有些学者也曾试图从客体维度与主体维度相统一的角度，来解读马克思的《资本论》及其所蕴含的历史唯物主义理论的深层内涵，但由于他们仅仅站在政治学或社会学的理论视域之中，因而往往会得出以个体主体的观念意识或概念结构的发展为主线的解读观点。譬如，英国著名学者特瑞·卡弗（Terrell Carver）就认为：

> 马克思的观点似乎是：新近社会建构（如商品社会）有其'本性的规律'或具体的概念结构，因此个人就是以一种可预知的方式得以社会地建构的，据此社会的兴衰也就是可以预测的了。不过，马克思并没有最终牺牲个人的能动性，因为他认为个人依然可以很好地认识这一概念结构。而且，如果这一概念结构改变了，人们也一定会起而反之。马克思设想了一个概念结构以替代商品'本性的规律'，这样社会（以及社会性建构的个人）就可以更新和发展了……马克思是从一种革命政治学的角度来探讨这一社会变革和个人发展的可能性的，

---

① 《马克思恩格斯全集》第44卷，人民出版社2001年版，第93页。

在这里，变革和发展依赖于意识、个人的能动性……而不是取决于某些形而上学或目的论的历史力量。①

必须承认，与对马克思历史观的机械决定论解释相比，卡弗实际上提出了一个新的学术层面：个体主体挣脱资本主义概念结构的束缚，对于颠覆资本主义制度的政治运动来说具有重要意义。从某种角度上看，卡弗的这种观点是有道理的，因为任何一种社会存在，如社会关系的矛盾性、阶级等，只有在被社会主体认知之后，才可能成为他们思想的一部分并用来指导他们的社会实践活动。但这里的问题是，由于卡弗过于强调他的革命政治学视角，而相对弱化了在马克思那里客观存在的历史唯物主义发生学的视角，因而他看不到马克思拜物教批判理论中所蕴含的客体维度与主体维度之间的辩证关系，看不到马克思所说的商品关系发展到资本主义阶段才产生了拜物教的物质形式与观念形式、资本主义生产关系进一步发展到内在矛盾激化的程度才提供了解构观念拜物教并颠覆拜物教物质形式的客观条件等观点。卡弗把马克思《资本论》的写作解读为社会个体提供了一种与资产阶级经济学的概念结构完全不同的新的概念结构，这当然没错，但并不完整。因为马克思同时还在客体维度上揭示了资本主义生产过程的客观规律，而且在更深层的意义上，我们可以说，正是因为当时资本主义生产过程的内在矛盾已经在客体维度上发展到了足以使马克思看出其内在本质的阶段，所以马克思才可能建构出《资本论》的新的概念结构。因此从本质上说，马克思是从科学的政治经济学的角度，而不是单纯的革命政治学的角度，来解读社会变革和个人发展的可能性的。

马克思的这种基于历史辩证法的拜物教批判理论，即使拿到当代社会历史理论的语境中，也能显示出极强的学术穿透力。如果撇开那些在社会理论方面的纯粹客观主义观点和纯粹主观主义观点（我认为这些观点由于其学术层面的单一性而显得理论深度不足），那么，法国著名社会学家布尔迪厄（Pierre Bourdieu）的观点是值得认真对待的。布尔迪厄明确地看

---

① ［英］卡弗：《政治性写作：后现代视野中的马克思形象》，张秀琴译，北京师范大学出版社2009年版，第40页。

到了在社会理论研究中克服客观主义和主观主义之二元对立的必要性：

> 如果我显得过分强调这种对立……那是因为我的研究最坚决（在我心目中也是最重要）的意图，就是在克服它。虽然或许会流于暧昧不清，但我可以用一句话把我今天分析的要点表达出来：一方面，在客观主义的层面上，社会学家排除了作用者的主观表征而建构出来的客观结构，形成了这些表征的基础，以及互动时的结构性限制。但是，另一方面，特别是在说明那些企图改变或保留这些结构的个人或集体的日常斗争时，必须将这些表征纳入考量。这意味着这两种层面——客观的与主观的——乃是位于辩证的关系之中。①

但问题是，他的经验社会学视野限制了他对上述辩证关系的思考，使他无法像马克思那样看到拜物教的物质形式和观念形式在整个社会历史过程中所呈现出的深层关系。布尔迪厄颇具个性地提出了"习性"的概念，并认为这一概念能够克服客观主义和主观主义解读思路的二元对立，因为在他看来，"习性"既是行为者用来理解社会世界的心智结构，又是客观世界的结构内化于行为者之中的结果；"习性是一个生产实践的架构体系，也是一个感知与评价实践的体系，在这两个层次上，它的运作恰好表现了它在其中被制造出来的那个社会位置"②。但遗憾的是，这种"习性"只适用于分析日常生活中的人的情形，一旦放在社会历史过程的语境中，它不仅无法面对资本主义观念拜物教的现实存在（在观念拜物教的统治下，行为者以为是自己建构了其对世界的看法，其实根本不是），而且还必然带有在拜物教中感到很自在的嫌疑，因为它毕竟是外在世界结构的内化的结果。可见，布尔迪厄在这一问题上的思考能力没有超过马克思的水平。

深入解读马克思的这一理论，对于我们在当代中国语境中深化对历史

---

① ［法］布尔迪厄：《社会空间与象征权力》，见包亚明主编：《后现代性与地理学的政治》，上海教育出版社2001年版，第295页。
② ［法］布尔迪厄：《社会空间与象征权力》，见包亚明主编：《后现代性与地理学的政治》，上海教育出版社2001年版，第302—302页。

唯物主义的理解也有重要的启示作用。历史唯物主义在马克思和恩格斯那里首先是一种历史观，它的核心内涵是社会历史发展的客观规律。要让这种历史观在具体的实践语境中发挥重要的作用，对它的具体化是一件当然之事。实际上，马克思和恩格斯本人就是促进这种具体化的实践者，马克思的《资本论》就是这方面的代表之作。但是，当我们把解读视域从一般的历史观转向特定的社会观的时候，稍不注意就会忽视历史唯物主义的发生学视角，忽视从社会历史过程的内在矛盾运动的角度解读当下社会发展问题的科学方法论，从而在不经意间过度强调日常生活层面的观念意识或范畴体系所具有的实践作用。这样一来，当我们在把作为历史观的历史唯物主义具体化到特定实践语境中去的时候，就很容易把作为方法论的历史唯物主义弱化或者边缘化。因此，我们在思考历史唯物主义以及整个马克思主义哲学在当下中国语境中的具体化问题时，准确把握马克思的资本主义拜物教批判理论的辩证特性，对于我们在理论建构中既引入当下中国实践的元素又注重对历史唯物主义科学方法论的坚持是十分重要的。

索　引

外国人名

A. 阿提拉　956

E. 蒂尔　754

G. 朱诺弗　579

H. 波皮茨　754

J. 霍姆斯　754

J. 卡尔维茨　754

J. 伊波利特　754

K. 布罗伊尔　754

L. 戈德曼　1794

M. 弗里德里希　754

P. 邦奈尔　754

R. 塔克　758

W. 门克　1693，1694

阿多拉茨基　345，347，349，351，352，748，750，752，759，767，918，1038

阿多诺　68，69，151，153，156，157，216，246，284，289，470，519，953，1128，1178，1186，1224，1256，1263，1382，1495，1513，1741，1793，1794，1810

阿尔都塞（路易·阿尔都塞）　49，55，56，57，68，104，112，246，249，282，285，286，288，300，340，413，418，462，483，485，754，755，760，766，881，932，933，950，976，1023，1127，1128，1129，1132，1134，1292，1295，1296，1440，1501，1532，1619，1688，1817

阿格尼斯·海勒　1301

阿俊·阿帕杜莱（Arjun Appadurai）　487

阿克雪里罗德　66

阿兰·巴迪欧　389，391

阿里瓦本　897

阿隆（雷蒙·阿隆）　459，462，463，466，1128，1129

阿伦特（Hannah Arendt）　471，472，

1178，1208，1631，1643

阿特金森（威·阿特金森，威廉·阿特金森） 900，903

阿温纳里 283，1090

埃·吉拉丹 898，1754

爱德蒙·伯克 203

艾德门茨（托·娄·艾德门兹） 900，904，1071

艾金 265

爱迪·斯泰因 216，217

爱尔维修 279，739，866，867，915，1608

爱琳娜·马克思·艾威林 532，533

爱因斯坦 13，162，218，219

安·尤尔 899

安德列·巴利诺 662

安凡丹 529，634

安年柯夫（安年科夫） 74，208，287，292，293，296，297，298，691，859，942，1048，1049，1050，1052，1060，1066，1067，1075，1088，1089，1257，1263，1378，1412，1443

奥尔巴赫 624

奥古斯都 535，538

奥西安德 1162

奥伊则尔曼 531，541，582，757

巴顿 1322

巴尔特 1296

巴赫金 775，791，1295，1296

巴加图利亚 9，126，179，183，240，286，292，343，347，351，354，423，634，834，881，897，899，907，908，909，910，911，913，914，917，918，1001，1038，1072，1090，1091，1094，1095，1096，1097，1101，1105，1106，1262，1708

巴克豪斯（Hans-Georg Backhaus） 981

巴枯宁 283

巴里巴尔 1203，1297，1298，1299，1300，1301，1302，1305，1307，1309

巴门尼德 146，515

巴日特诺夫 757

巴师夏 1467，1533

巴施韦泽（约·巴施韦泽） 973

巴什拉 662

巴塔耶（Bataille） 482，483，490

巴特摩尔 748，758，759

柏拉图 144，145，152，359，518，642，737，738，963，1116，1381，1382，1384，1385

拜比吉（查·拜比吉） 898，901，902，958，1171，1545，1551，1633，1754

保尔·韦勒尔 351

保罗·巴兰 1493

保罗·斯威齐 1493

保罗·维尔诺 1535

鲍德里亚 90，490，1178，1199，1200，1208，1209，1225，1226，1373，1374，1499，1504，1505，1509，1632，1644

索 引

鲍威尔（布鲁诺·鲍威尔） 224，266，268，304，327，338，355，359，406，407，415，416，443，444，527，544，547，552，564，565，566，567，568，573，584，603，617，619，620，621，622，624，626，740，742，743，777，842，851，858，859，871，872，884，910，911，912，914，916，917，918，1003，1027，1108，1120，1621，1625，1645，1647，1648，1650，1654，1656，1659，1679，1842，1843

贝-曼德维尔 1173

贝尔特·安德列阿斯 1091

贝克尔 1526

贝内克 541

贝塔朗菲 13

本·法因 1421

本顿 758

本雅明 89，219，1152

彼得·德鲁克 378，379，461

彼得·瓦格纳 877，879

毕莱 632，633，678，897，898，958

毕希纳 973

边沁 116，279，280，631，867，1673

波德洛维奇 952

波格丹诺夫 975

波普尔 464

波斯特（马克·波斯特） 380，381，1209

伯恩施坦 1557

伯克 203，958

勃鲁什林斯基 1001

博特莫尔 1788

布阿吉贝尔 632，899，958，997

布尔迪厄 1852，1853

布朗基 897，941，958，1319，1557，1566

布朗宁 900

布雷 128，184，511，619，623，815，900，904，958，1068，1071，1279，1322

布雷克曼 619，623，1279

布里索 897

布罗代尔（费尔南·布罗代尔） 490，1266

布若威（Michael Burawoy） 490，491

查·戴韦南特 900

查·劳顿 635

查苏里奇（查苏利奇） 24，293，498，1032

柴尔德（戈登·柴尔德） 461，482

城塚登 541

达尔文 18，245，460，908，973

达朗贝尔 503

大村泉 337，345，349，350，351

大卫·洛威尔 1562

丹尼尔·贝尔 378，469，1209

丹尼尔·布朗克 914

德·昆西 1322

德·尚博朗 897

德波林 975

德里达 1439，1792

德里克 379	250, 251, 252, 253, 254, 255,
德谟克利特 543, 545, 549, 550, 551,	256, 257, 258, 259, 260, 261,
552, 553, 554, 555, 556, 557,	262, 263, 264, 265, 266, 267,
558, 559, 620, 621, 742	268, 269, 270, 271, 272, 273,
德萨米 634, 867	274, 275, 276, 277, 278, 279,
德斯杜特·德·特拉西 631	280, 281, 282, 283, 284, 286,
狄慈根 974	287, 288, 289, 290, 291, 292,
狄尔泰 153, 506, 1738	293, 294, 297, 298, 299, 300,
笛卡尔 139, 142, 304, 398, 522, 864,	304, 306, 310, 311, 312, 313,
865, 867, 1114	316, 317, 319, 320, 321, 322,
杜林 236, 335, 366, 480, 1102	323, 324, 325, 326, 327, 328,
杜娜叶夫斯卡娅 757	329, 333, 334, 335, 337, 338,
多夫楚克 975	339, 340, 341, 342, 344, 347,
恩格斯 4, 5, 6, 7, 8, 9, 10, 11,	348, 349, 352, 353, 354, 355,
12, 13, 16, 17, 18, 19, 20, 21,	357, 359, 360, 366, 369, 380,
22, 23, 24, 26, 27, 28, 30, 31,	383, 385, 386, 387, 388, 389,
32, 33, 36, 37, 38, 40, 41, 42,	390, 391, 392, 395, 401, 402,
44, 47, 50, 51, 52, 54, 55, 60,	403, 404, 405, 406, 407, 408,
63, 64, 65, 68, 70, 71, 72, 78,	409, 410, 411, 415, 416, 417,
79, 81, 84, 85, 86, 93, 94, 105,	418, 419, 420, 421, 422, 423,
110, 111, 113, 117, 122, 124,	424, 425, 426, 427, 428, 429,
129, 132, 135, 138, 139, 142,	430, 431, 432, 433, 437, 438,
143, 147, 149, 154, 159, 160,	442, 447, 450, 453, 454, 455,
162, 163, 164, 166, 167, 168,	456, 457, 458, 462, 463, 464,
169, 170, 171, 175, 176, 178,	467, 471, 476, 477, 478, 479,
179, 181, 182, 184, 187, 189,	480, 481, 484, 485, 489, 490,
190, 191, 192, 193, 194, 195,	493, 494, 496, 497, 499, 500,
198, 199, 200, 204, 205, 206,	501, 508, 509, 510, 511, 512,
207, 208, 209, 214, 216, 218,	516, 519, 520, 521, 522, 523,
223, 224, 225, 226, 227, 228,	524, 525, 528, 531, 532, 533,
229, 231, 232, 236, 238, 239,	534, 535, 536, 537, 538, 539,
240, 241, 242, 243, 244, 245,	540, 541, 542, 550, 552, 565,

566, 567, 568, 569, 570, 571, 572, 573, 574, 578, 582, 583, 584, 586, 587, 588, 590, 591, 593, 594, 595, 596, 597, 598, 599, 603, 604, 605, 606, 609, 611, 612, 613, 614, 618, 621, 622, 624, 626, 627, 629, 630, 631, 633, 635, 637, 638, 639, 640, 641, 642, 643, 644, 651, 664, 666, 667, 668, 669, 670, 672, 674, 675, 676, 677, 678, 679, 680, 681, 682, 683, 684, 685, 686, 687, 688, 689, 690, 695, 696, 698, 699, 700, 704, 708, 712, 713, 714, 716, 717, 734, 735, 736, 738, 742, 743, 744, 745, 746, 747, 748, 749, 752, 753, 754, 755, 756, 758, 760, 761, 767, 768, 771, 772, 773, 774, 777, 778, 779, 780, 781, 782, 783, 784, 785, 786, 787, 788, 789, 790, 791, 792, 793, 794, 795, 796, 797, 798, 799, 800, 801, 802, 803, 804, 805, 806, 807, 808, 810, 811, 812, 813, 815, 816, 817, 819, 821, 822, 823, 824, 825, 826, 827, 829, 830, 831, 832, 835, 836, 837, 838, 840, 844, 845, 850, 851, 852, 853, 854, 855, 856, 857, 858, 859, 860, 861, 862, 863, 864, 865, 866, 867, 869, 872, 873, 874, 875, 876, 878, 879, 882, 884, 885, 886, 887, 888, 889, 890, 891, 892, 893, 895, 906, 907, 908, 909, 910, 911, 912, 913, 914, 915, 916, 917, 918, 919, 921, 922, 923, 924, 925, 926, 927, 928, 929, 930, 931, 932, 933, 934, 936, 939, 941, 945, 946, 947, 948, 949, 950, 951, 955, 956, 957, 958, 962, 964, 966, 967, 968, 972, 973, 974, 975, 977, 978, 979, 980, 981, 982, 984, 987, 988, 989, 990, 991, 993, 1000, 1001, 1002, 1003, 1004, 1005, 1006, 1007, 1008, 1009, 1010, 1011, 1012, 1013, 1014, 1015, 1016, 1017, 1018, 1019, 1020, 1021, 1022, 1023, 1024, 1025, 1026, 1027, 1028, 1029, 1030, 1031, 1033, 1034, 1035, 1036, 1037, 1038, 1039, 1041, 1042, 1043, 1044, 1045, 1046, 1047, 1048, 1049, 1050, 1051, 1052, 1053, 1054, 1055, 1056, 1057, 1059, 1060, 1062, 1066, 1067, 1068, 1069, 1070, 1071, 1072, 1073, 1074, 1075, 1076, 1077, 1078, 1083, 1084, 1087, 1088, 1089, 1090, 1091, 1092, 1093, 1094, 1095, 1096, 1097, 1098, 1099, 1100, 1101, 1102,

1103, 1104, 1105, 1106, 1107, 1351, 1352, 1353, 1355, 1356, 1108, 1109, 1110, 1111, 1112, 1357, 1358, 1360, 1362, 1363, 1114, 1115, 1116, 1117, 1119, 1364, 1365, 1366, 1367, 1368, 1120, 1121, 1126, 1128, 1129, 1369, 1370, 1371, 1374, 1380, 1130, 1133, 1134, 1135, 1136, 1381, 1399, 1400, 1401, 1402, 1137, 1138, 1139, 1144, 1145, 1403, 1405, 1406, 1407, 1408, 1147, 1148, 1149, 1150, 1151, 1409, 1410, 1411, 1412, 1413, 1152, 1154, 1160, 1163, 1164, 1414, 1416, 1417, 1420, 1423, 1165, 1166, 1167, 1174, 1175, 1428, 1430, 1438, 1440, 1442, 1176, 1180, 1181, 1182, 1184, 1443, 1448, 1450, 1451, 1452, 1185, 1186, 1187, 1188, 1189, 1453, 1454, 1455, 1457, 1458, 1190, 1192, 1193, 1194, 1197, 1459, 1461, 1463, 1465, 1466, 1199, 1200, 1205, 1206, 1210, 1467, 1468, 1469, 1470, 1471, 1211, 1212, 1213, 1214, 1215, 1472, 1473, 1476, 1477, 1478, 1216, 1217, 1218, 1219, 1220, 1479, 1480, 1481, 1482, 1483, 1221, 1222, 1223, 1228, 1229, 1484, 1489, 1490, 1491, 1492, 1230, 1231, 1232, 1233, 1235, 1493, 1494, 1495, 1502, 1505, 1236, 1237, 1238, 1239, 1241, 1507, 1508, 1509, 1510, 1511, 1242, 1243, 1248, 1249, 1253, 1512, 1513, 1514, 1516, 1517, 1255, 1256, 1257, 1258, 1259, 1518, 1521, 1522, 1523, 1524, 1260, 1261, 1262, 1263, 1264, 1525, 1526, 1527, 1528, 1529, 1266, 1267, 1271, 1272, 1273, 1530, 1534, 1538, 1541, 1545, 1275, 1276, 1277, 1281, 1283, 1547, 1548, 1549, 1550, 1551, 1286, 1287, 1288, 1289, 1290, 1552, 1553, 1555, 1557, 1558, 1292, 1293, 1294, 1296, 1306, 1559, 1560, 1561, 1562, 1563, 1307, 1309, 1311, 1312, 1313, 1564, 1565, 1568, 1569, 1570, 1314, 1315, 1316, 1317, 1318, 1571, 1572, 1573, 1574, 1575, 1319, 1320, 1321, 1322, 1323, 1578, 1579, 1580, 1581, 1582, 1324, 1325, 1326, 1329, 1333, 1583, 1584, 1585, 1586, 1587, 1334, 1335, 1336, 1338, 1339, 1588, 1589, 1590, 1593, 1594, 1340, 1341, 1343, 1344, 1345, 1595, 1596, 1597, 1598, 1599, 1346, 1347, 1348, 1349, 1350, 1600, 1601, 1606, 1607, 1611,

1612，1621，1622，1623，1625，1626，1627，1628，1629，1630，1633，1634，1635，1636，1637，1638，1639，1640，1641，1642，1644，1651，1652，1653，1655，1656，1658，1659，1660，1661，1662，1663，1664，1665，1666，1667，1668，1669，1670，1671，1672，1673，1674，1675，1676，1680，1681，1682，1683，1684，1685，1686，1687，1690，1691，1692，1693，1694，1695，1696，1697，1698，1699，1700，1702，1703，1704，1705，1706，1707，1709，1710，1711，1717，1718，1719，1720，1721，1723，1724，1725，1726，1727，1729，1730，1731，1734，1735，1736，1744，1745，1748，1749，1750，1751，1752，1753，1754，1755，1756，1757，1758，1760，1761，1762，1763，1764，1765，1766，1767，1769，1770，1771，1772，1773，1774，1777，1778，1779，1780，1781，1782，1783，1784，1785，1790，1791，1792，1806，1807，1808，1812，1816，1817，1821，1822，1828，1829，1830，1831，1832，1833，1834，1835，1836，1837，1838，1842，1843，1844，1845，1846，1847，1848，1849，1850，1851，1854

菲斯泰尔·德·古朗士　479
费尔巴哈（路德维希·费尔巴哈）　1，5，35，36，37，38，39，40，41，44，48，50，53，60，62，70，71，74，76，85，99，110，117，122，124，125，127，128，129，130，131，132，133，134，135，136，138，139，144，147，148，169，174，175，177，178，179，181，182，183，184，185，186，187，188，190，191，192，198，205，207，211，212，213，214，216，218，220，221，222，223，224，225，226，236，250，253，254，267，268，284，285，286，287，288，291，292，293，296，297，299，304，312，313，314，315，316，317，318，319，320，321，322，323，324，325，326，328，329，333，334，335，338，339，341，344，354，355，356，357，358，359，362，388，393，394，395，403，404，410，413，414，415，416，417，418，419，420，421，435，436，437，438，439，440，441，442，443，444，445，447，449，450，451，452，477，496，500，501，503，504，507，508，509，510，511，516，517，520，540，560，567，573，574，578，579，580，582，583，584，585，586，587，588，589，591，

592, 593, 594, 595, 596, 597, 598, 599, 604, 605, 606, 607, 609, 610, 611, 615, 617, 619, 620, 623, 625, 627, 628, 634, 638, 639, 645, 646, 653, 657, 658, 665, 668, 669, 670, 672, 673, 676, 680, 689, 690, 694, 697, 698, 703, 704, 708, 712, 716, 717, 718, 719, 720, 721, 722, 725, 726, 727, 732, 733, 734, 736, 740, 741, 742, 744, 749, 756, 760, 767, 770, 772, 773, 774, 775, 776, 777, 778, 779, 780, 781, 782, 783, 784, 785, 786, 787, 788, 791, 807, 808, 809, 810, 812, 815, 817, 818, 821, 822, 824, 825, 827, 833, 835, 836, 838, 839, 840, 841, 842, 843, 844, 845, 847, 848, 854, 862, 863, 864, 865, 867, 869, 870, 872, 881, 882, 885, 886, 888, 889, 893, 895, 906, 907, 909, 910, 911, 912, 913, 914, 915, 916, 917, 919, 920, 921, 922, 923, 924, 925, 926, 928, 929, 930, 932, 933, 934, 936, 937, 938, 939, 940, 944, 946, 947, 948, 950, 955, 956, 957, 958, 959, 960, 961, 962, 963, 964, 965, 966, 967, 968, 969, 971, 972, 973, 974, 975, 977, 979, 980, 983, 984, 988, 989, 990, 991, 992, 993, 994, 995, 996, 997, 1000, 1001, 1002, 1003, 1004, 1005, 1006, 1007, 1008, 1009, 1010, 1011, 1012, 1013, 1016, 1017, 1018, 1019, 1020, 1021, 1023, 1024, 1025, 1026, 1027, 1028, 1029, 1030, 1031, 1033, 1034, 1035, 1036, 1037, 1038, 1041, 1042, 1044, 1045, 1047, 1050, 1052, 1054, 1057, 1058, 1059, 1063, 1081, 1099, 1105, 1108, 1109, 1110, 1111, 1112, 1113, 1114, 1116, 1119, 1120, 1127, 1143, 1145, 1146, 1147, 1156, 1157, 1164, 1183, 1204, 1214, 1225, 1230, 1256, 1257, 1258, 1259, 1260, 1261, 1263, 1270, 1271, 1273, 1274, 1275, 1276, 1278, 1279, 1280, 1283, 1284, 1287, 1363, 1364, 1376, 1381, 1384, 1386, 1388, 1406, 1411, 1422, 1423, 1443, 1446, 1475, 1476, 1559, 1569, 1619, 1621, 1622, 1623, 1624, 1625, 1645, 1646, 1647, 1648, 1649, 1650, 1651, 1653, 1654, 1655, 1656, 1657, 1658, 1659, 1662, 1663, 1664, 1667, 1679, 1680, 1681, 1683, 1687, 1688, 1691, 1692, 1693, 1694, 1695, 1699, 1701, 1702, 1703, 1704, 1707, 1742, 1743,

1744，1745，1746，1747，1749，1750，1751，1752，1753，1754，1755，1756，1757，1758，1760，1769，1777，1780，1781，1784，1796，1801，1806，1812，1816

费里埃　885，899，1467

费切尔　283

费舍尔　536

费希特　157，196，203，399，400，401，535，539，540，541，546，547，573，615，616，617，618，619，621，626，739，772，786，849，962，1154，1155，1279，1280，1445，1606，1621，1650，1679，1690，1809，1813，1814，1815，1823

弗·费里埃　899

弗格森　201，202

弗兰茨　351

弗洛姆　119，434，758，759，1128，1690，1785

弗洛伊德　460，462，464，1795

伏尔泰　532，624

福尔格拉夫　1522，1531

福格特　973，1524

福柯　381，382，483，1200，1292，1296，1406，1441，1488，1796，1797

福山　466

傅立叶　634，739，867，1101，1137，1368，1374，1643

富拉顿　1331，1343

甘斯　617，618，619

戈德利埃（Maurice Godelier）　482，484，485，486

戈德利尔　1423

戈尔巴乔夫　69，286，768，772

哥白尼　217，460，1663，1739

歌德　535，802

格莱格　900

格雷　128，373，376，759，1068，1321，1323，1324

格雷汉姆（J. K. 吉布森-格雷汉姆）　373，376

格律恩　1063，1103

葛兰西　57，246，283，933，944，950，952，980

古·尤利乌斯　910

古达特　758

古尔德　1537，1631，1632，1642，1643

古雷加　503

广松涉　96，285，294，337，344，345，346，347，348，349，350，351，702，707，708，712，713，714，881，1001，1007，1037，1038，1039，1040，1041，1042，1043，1044，1046，1047，1048，1099，1212，1268，1275，1364，1365，1366，1367，1463，1464，1508，1713，1714，1715，1716，1717，1720，1721，1738，1785，1788，1790，1791，1801，1802，1811，1812，1818，1819，1827，1829，1830，1833

哈贝马斯　69，152，153，154，156，506，1208，1225，1226，1264，1546，1642

哈罗德·伊尼斯　461

哈特（麦克尔·哈特）　288，381，382，924，1209，1499，1543，1556

哈维（戴维·哈维，大卫·哈维）　97，249，374，376，470，1522

哈耶克　467，1373

海德格尔（马丁·海德格尔）　85，141，142，143，149，150，151，152，153，154，155，156，157，158，194，196，204，285，304，359，389，390，391，506，517，518，519，522，529，941，942，977，978，1053，1208，1258，1294，1382，1424，1445，1510，1511，1514，1714，1716，1720，1738，1756，1785，1793，1794

海尔曼·泽米希　734，923

海克尔　973

海洛夫斯基　423

海涅　534，624

海因里希　1522，1548

赫尔德　535，1108，1201

赫尔米希　1424

赫尔穆特·埃斯纳特　354

赫费（奥特弗利德·赫费）　1613

赫斯（莫泽斯·赫斯）　39，110，117，121，137，138，184，187，190，212，253，287，288，295，297，299，353，355，356，574，586，588，624，626，634，637，638，640，642，643，651，665，666，668，669，670，672，689，733，734，740，741，742，745，772，773，775，778，791，793，806，807，808，810，811，812，815，817，818，871，882，885，888，906，910，912，916，922，923，924，926，927，933，934，935，936，938，939，940，942，945，948，951，952，999，1049，1050，1051，1059，1060，1103，1104，1106，1109，1117，1120，1153，1154，1155，1156，1157，1158，1164，1165，1168，1174，1175，1212，1259，1275，1443，1446，1645，1692，1693，1694，1697，1744，1745，1746，1747，1748，1749，1750，1751，1755，1757，1818

黑格尔　4，36，37，47，48，49，56，60，61，62，65，68，69，70，71，78，85，88，94，101，103，105，106，107，108，111，112，113，114，118，120，124，126，127，128，129，130，131，132，133，134，135，136，137，138，139，145，146，147，148，152，153，154，155，156，158，164，174，175，176，178，179，180，181，182，183，184，187，188，189，193，194，195，196，197，198，

索 引

199, 200, 201, 202, 203, 204, 205, 206, 211, 215, 218, 219, 220, 221, 222, 223, 224, 243, 250, 253, 257, 259, 266, 272, 275, 278, 279, 282, 286, 287, 291, 292, 293, 294, 296, 297, 299, 305, 319, 320, 322, 335, 359, 360, 362, 364, 366, 372, 382, 383, 388, 389, 393, 394, 399, 400, 401, 402, 403, 404, 405, 407, 413, 414, 415, 416, 417, 419, 420, 443, 447, 448, 449, 450, 451, 452, 470, 495, 496, 500, 503, 504, 505, 508, 513, 515, 516, 517, 518, 520, 522, 527, 528, 531, 532, 539, 540, 541, 542, 543, 544, 545, 546, 547, 548, 552, 555, 560, 562, 563, 566, 567, 568, 571, 573, 574, 577, 578, 579, 580, 581, 582, 583, 584, 585, 586, 587, 588, 589, 590, 592, 593, 594, 595, 596, 597, 598, 600, 601, 602, 603, 604, 605, 606, 607, 608, 609, 610, 611, 612, 613, 614, 615, 616, 617, 618, 619, 620, 621, 622, 623, 624, 625, 626, 627, 628, 632, 633, 634, 635, 636, 637, 638, 639, 646, 655, 657, 659, 660, 665, 672, 681, 692, 696, 703, 705, 716, 717, 718, 719, 720, 726, 727, 728, 729, 730, 731, 735, 738, 739, 740, 742, 743, 744, 745, 747, 750, 751, 754, 757, 759, 762, 763, 764, 765, 767, 768, 769, 770, 771, 772, 773, 774, 775, 776, 777, 778, 779, 780, 781, 782, 783, 784, 785, 786, 787, 788, 789, 791, 796, 799, 800, 807, 808, 809, 810, 811, 815, 817, 818, 822, 825, 827, 828, 833, 834, 835, 836, 837, 838, 839, 840, 841, 842, 843, 844, 845, 847, 848, 849, 856, 858, 860, 861, 862, 863, 864, 865, 872, 873, 879, 882, 906, 910, 911, 914, 915, 917, 920, 921, 930, 933, 934, 937, 938, 941, 943, 944, 945, 946, 947, 950, 952, 956, 958, 962, 963, 964, 966, 968, 969, 972, 973, 974, 977, 978, 983, 1003, 1014, 1023, 1025, 1028, 1045, 1046, 1050, 1051, 1052, 1053, 1054, 1056, 1059, 1063, 1065, 1066, 1072, 1073, 1075, 1083, 1105, 1108, 1109, 1111, 1114, 1116, 1117, 1125, 1126, 1127, 1129, 1131, 1136, 1141, 1142, 1143, 1147, 1156, 1166, 1201, 1202, 1206, 1207, 1208, 1225, 1246, 1247, 1266, 1270, 1271, 1273, 1274, 1275, 1279, 1280,

1284，1286，1287，1294，1296，
1301，1305，1315，1318，1360，
1382，1384，1385，1386，1387，
1388，1400，1411，1412，1421，
1422，1423，1443，1445，1446，
1454，1484，1488，1489，1490，
1491，1492，1493，1494，1495，
1502，1510，1512，1527，1528，
1529，1530，1531，1562，1604，
1611，1612，1613，1614，1615，
1616，1617，1618，1619，1620，
1621，1622，1623，1624，1625，
1626，1627，1628，1629，1630，
1643，1645，1646，1647，1648，
1649，1650，1651，1653，1654，
1656，1657，1659，1662，1664，
1666，1677，1678，1679，1680，
1683，1687，1688，1689，1690，
1691，1692，1694，1699，1702，
1703，1720，1722，1723，1728，
1729，1730，1731，1738，1739，
1740，1741，1742，1743，1744，
1745，1747，1748，1750，1751，
1752，1753，1754，1755，1756，
1758，1777，1788，1790，1795，
1802，1803，1804，1806，1807，
1810，1813，1814，1815，1816，
1819，1823，1824，1825，1827，
1828，1833，1842，1843，1851

亨利·施托利希 899

亨利希·马克思 532，614，615

亨宁格 1536

亨特（杰·亨特） 199，205，206，210

胡塞尔 219，303，304，389，1441，1445，1714，1716，1720，1757

怀特（海登·怀特） 1135

霍布斯 103，201，279，461，738，739，865，867，1489，1605，1606，1607，1609，1611

霍布斯鲍姆 461

霍尔巴赫 279，624，915

霍吉斯金 128，804，815，1068，1071

霍克海默 246，289，1128，1178，1224

霍耐特 435，436，439，1615，1827，1829

霍普 900

基佐 184

吉登斯（安东尼·吉登斯） 463，469，473，1242，1243，1497，1798

吉尔巴特 900，903

吉田 1716

加尼耳 897，958，1467

杰克进 1066

杰姆逊 97，1384

居伊·德波（Guy Debord） 1301

卡巴尼斯 865

卡贝 634

卡尔·洛维特 375，602，606，1612

卡尔普什 757

卡弗 196，247，373，1090，1091，1105，1851，1852

卡列也夫 423

卡罗·阿舍里 703

索　引

卡能　1170，1172

卡斯特尔　1209

卡西尔　503

凯里　1322，1533

凯列斯　1257

康·贝魁尔　634

康德　3，4，60，61，63，65，68，69，70，146，152，153，178，196，198，203，214，215，216，217，218，219，245，303，304，305，306，393，394，395，399，400，401，500，503，504，505，514，515，522，532，533，534，535，539，540，541，568，573，615，616，617，618，619，621，626，659，733，772，786，807，856，937，938，957，962，968，972，973，1108，1111，1201，1279，1280，1445，1492，1493，1603，1621，1643，1644，1738，1739，1740，1742，1743，1752，1753，1754，1755，1756，1758，1803，1813，1814，1815，1823，1824

考茨基（卡尔·考茨基）　9，16，63，65，245，433，466，481，494

柯尔施（卡尔·柯尔施）　65，68，283，386，387，952，953，977，980，1558，1565，1611

柯亨　1132，1498

科本　544，620，742

科恩　8，127

科尔纽　532，534，535，538，550，552，566，582，635，870

科莱蒂（Colletti Lucio）　932，1512

科西克　998，1424，1436，1793，1794

克尔凯郭尔　62，142，143

克里弗　1536，1540

克里斯·桑希尔　616，617，620

克里斯·亚瑟　1494

克利福德·格尔兹　1242

克利姆　533，570，572

克鲁格尔（Alan B. Krueger）　1172

孔德　218，472，1246

孔西德朗　634

库伯　900，903，904

库尔珀（大卫·库尔珀）　194，196，204

库格曼　1525

库诺（亨利希·库诺）　23，201，202，204，423

魁奈　638，645，648，723，798，799，900，1549，1550，1551，1564，1608

拉宾（尼·拉宾）　125，286，292，531，565，575，582，584，588，683，754，757，771，834，870

拉布里奥拉　933

拉法格　433，481，494，974

拉康　1497

拉美特里　865

拉蒙·德·撒格拉　899

拉普拉斯　3，4

拉赛姆　1322

拉维涅·佩吉朗　633

拉扎拉托　1535，1542，1543

莱博维奇 1565

莱布尼兹 60，305，533，864，956，1269，1275

莱顿 475，493

莱尔因 1558，1561

莱尼奥洛·潘兹尔瑞 1535

莱辛 532，535，624

赖尔 3

赖歇尔特 582

兰格 122

兰齐措勒 590

朗格（Frederick Lange） 973

朗兹胡特 748，751，752，753，754，755，760

劳伦斯·哈里斯 1421

勒尔斯 538，539

勒鲁 634

勒瓦瑟尔 631，632

李嘉图 80，81，83，84，97，103，110，112，113，114，116，118，125，128，184，191，292，297，298，379，466，511，529，581，631，632，637，638，639，640，642，644，645，646，647，649，650，651，652，664，666，668，683，693，694，710，711，722，723，771，774，782，793，794，797，798，804，815，816，819，871，903，904，905，997，998，999，1068，1069，1070，1071，1072，1073，1074，1112，1113，1153，1157，1158，1162，1179，1181，1191，1192，1193，1196，1197，1198，1202，1206，1207，1215，1216，1218，1301，1302，1312，1314，1322，1325，1326，1329，1330，1331，1339，1340，1341，1342，1343，1344，1346，1347，1352，1356，1357，1367，1369，1379，1382，1383，1386，1405，1406，1410，1412，1413，1414，1421，1422，1443，1489，1491，1495，1498，1500，1507，1533，1568，1570，1592，1593，1595，1596，1597，1598，1599，1600，1601，1603，1605，1612，1613，1616，1617，1637，1697，1698，1722，1747，1849

李斯特（弗·李斯特，弗里德里希·李斯特） 75，77，84，97，105，111，112，118，190，191，225，261，287，293，297，328，355，408，409，410，437，439，443，541，631，632，638，644，648，712，829，830，855，856，881，883，884，885，886，887，888，890，895，901，935，939，941，948，949，1109，1117，1118，1123，1129，1135，1136，1137，1138，1139，1143，1144，1145，1147，1149，1150，1152，1153，1157，1158，1159，1160，1161，1162，1163，1164，1165，1166，1168，1171，1174，1175，1312，1662，

索 引

1682，1684，1700，1753，1777，1779，1784

李希特海姆　1090，1105

里斯克·亚瑟　1496

利培特　958

利文斯顿　758

栗本慎一郎　1423

梁赞诺夫　348，349，351，352，353，748，750，752，759，767，814，918，972

列斐弗尔（H. Lefebvre, 列斐弗尔）　284，1301

列宁　65，66，68，70，71，72，73，129，142，143，159，177，179，181，182，189，192，240，246，281，286，289，296，319，320，340，351，352，353，354，357，359，366，369，524，529，536，564，748，749，752，755，756，761，772，856，857，858，942，951，1095，1104，1105，1236，1237，1244，1245，1258，1445，1487，1497，1527，1619，1744

留基波　553

卢格　293，566，567，568，586，602，605，617，623，627，634，740，744，745，917，945，1027，1679

卢卡奇　7，57，68，90，96，112，164，246，283，289，340，470，475，477，950，951，952，977，978，980，1110，1124，1128，1249，1268，1292，1377，1495，1496，1532，1677，1678，1679，1680，1681，1691，1713，1727，1738，1740，1741，1765，1785，1790，1793，1794，1801，1804，1818，1819，1827，1829，1830，1833

卢森堡　1072

卢森贝　108，638，639，651，669，1072

卢梭　198，203，399，503，504，505，532，534，576，624，718，739，1395，1690

路德　60，179，182，236，401，440，450，451，452，500，501，504，534，576，585，605，607，610，698，703，738，740，774，797，872，907，912，972，1047，1611，1691，1692

吕贝尔（Maximiliem Rubel）　282，283，339，754，760

吕迪格尔·萨弗兰斯基　151，154

罗伯特·克拉威尔　902

罗德戴尔（詹·罗德戴尔）　631，899，958

罗尔　1612，1613

罗兰·巴特　1292

罗纳德·米克　1492

罗森（兹维·罗森）　564，565，584，974

罗森塔尔　974

罗斯多尔斯基　1520，1521，1522，1526，1535，1539，1540，1601，1602

罗斯托　461，466，467

罗素　576

罗西 899，958

洛贝尔图斯 116，117，1525

洛克 103，116，139，193，194，196，197，198，199，200，201，202，203，279，362，398，475，486，492，533，638，738，865，866，867，1202，1380，1498，1605，1606，1607，1608，1609，1615

马丁·杰 1256

马尔科维奇 952

马尔萨斯 115，645

马赫 189，1716

马克思 4，5，6，7，8，9，10，11，12，13，14，16，17，18，19，20，21，22，23，24，25，27，28，29，30，31，32，33，35，36，37，38，39，40，41，42，43，44，45，46，47，48，49，50，51，52，53，54，55，56，57，58，59，60，61，62，63，64，65，66，67，68，69，70，71，72，73，74，75，76，77，78，79，80，81，82，83，84，85，86，87，88，89，90，91，92，93，94，95，96，97，98，99，100，101，102，103，104，105，106，107，108，109，110，111，112，113，114，115，116，117，118，119，120，121，122，123，124，125，126，127，128，129，130，131，132，133，134，135，136，137，138，139，140，141，142，143，144，145，146，147，148，149，150，151，152，153，154，155，156，157，158，159，160，161，162，163，164，165，166，167，168，169，170，171，172，173，174，175，176，177，178，179，180，181，182，183，184，185，186，187，188，189，190，191，192，193，194，195，197，198，199，200，201，202，204，205，206，207，208，209，210，211，212，213，214，216，217，218，219，220，221，222，223，224，225，226，227，228，229，230，231，232，233，235，236，237，238，239，240，241，242，243，244，245，246，247，248，249，250，251，252，253，254，255，256，257，258，259，260，261，262，263，264，265，266，267，268，269，270，271，272，273，274，275，276，277，278，279，280，281，282，283，284，285，286，287，288，289，290，291，292，293，294，295，296，297，298，299，300，301，302，303，304，305，306，307，308，309，310，311，312，313，314，315，316，317，318，319，320，321，322，323，324，325，326，327，328，329，330，331，332，333，334，335，337，338，339，340，341，342，343，344，345，347，

348, 349, 350, 351, 352, 353, 354, 355, 356, 357, 358, 359, 360, 361, 362, 363, 364, 365, 366, 367, 368, 369, 370, 371, 373, 374, 377, 378, 379, 380, 381, 382, 383, 384, 385, 386, 387, 388, 389, 390, 391, 392, 393, 394, 395, 396, 397, 398, 400, 401, 402, 403, 404, 405, 406, 407, 408, 409, 410, 411, 412, 413, 414, 415, 416, 417, 418, 419, 420, 421, 422, 423, 424, 425, 426, 427, 428, 429, 430, 431, 432, 433, 434, 435, 436, 437, 438, 439, 440, 441, 442, 443, 444, 445, 446, 447, 448, 450, 452, 453, 454, 455, 456, 457, 458, 459, 460, 461, 462, 463, 464, 465, 466, 467, 468, 469, 470, 471, 472, 473, 474, 475, 476, 477, 478, 479, 480, 481, 482, 483, 484, 485, 486, 487, 488, 489, 490, 491, 492, 493, 494, 495, 496, 497, 498, 499, 500, 501, 502, 506, 507, 508, 509, 510, 511, 512, 513, 514, 516, 517, 518, 519, 520, 521, 522, 523, 524, 525, 526, 527, 528, 529, 530, 531, 532, 533, 534, 535, 536, 537, 538, 539, 540, 541, 542, 543, 544, 545, 546, 547, 548, 549, 550, 551, 552, 553, 554, 555, 556, 557, 558, 559, 560, 561, 562, 563, 564, 565, 566, 567, 568, 569, 570, 571, 572, 573, 574, 575, 576, 577, 578, 579, 580, 581, 582, 583, 584, 585, 586, 587, 588, 589, 590, 591, 592, 593, 594, 595, 596, 597, 598, 599, 600, 601, 602, 603, 604, 605, 606, 607, 609, 610, 611, 612, 613, 614, 615, 616, 617, 618, 619, 620, 621, 622, 623, 624, 625, 626, 627, 628, 629, 630, 631, 632, 633, 634, 635, 636, 637, 638, 639, 640, 641, 642, 643, 644, 645, 646, 647, 648, 649, 650, 651, 652, 653, 654, 655, 656, 657, 658, 660, 661, 662, 663, 664, 665, 666, 667, 668, 669, 670, 671, 672, 673, 674, 675, 676, 677, 678, 679, 680, 681, 682, 683, 684, 685, 686, 687, 688, 689, 690, 691, 692, 693, 694, 695, 696, 697, 698, 699, 700, 701, 702, 703, 704, 705, 706, 707, 708, 709, 710, 711, 712, 713, 714, 715, 716, 717, 718, 719, 720, 721, 722, 723, 724, 725, 726, 727, 729, 732, 733, 734, 735, 736, 737, 738, 739, 740, 741, 742, 743, 744, 745, 746,

747, 748, 749, 750, 751, 752, 753, 754, 755, 756, 757, 758, 759, 760, 761, 762, 763, 764, 765, 766, 767, 768, 769, 770, 771, 772, 773, 774, 775, 776, 777, 778, 779, 780, 781, 782, 783, 784, 785, 786, 787, 788, 789, 790, 791, 792, 793, 794, 795, 796, 797, 798, 799, 800, 801, 802, 803, 804, 805, 806, 807, 808, 810, 811, 812, 813, 814, 815, 816, 817, 818, 819, 820, 821, 822, 823, 824, 825, 826, 827, 828, 829, 830, 831, 832, 833, 834, 835, 836, 837, 838, 839, 840, 841, 842, 843, 844, 845, 846, 847, 848, 849, 850, 851, 852, 853, 854, 855, 856, 857, 858, 859, 860, 861, 862, 863, 864, 865, 866, 867, 868, 869, 870, 871, 872, 873, 874, 875, 876, 877, 878, 879, 880, 881, 882, 883, 884, 885, 886, 887, 888, 889, 890, 891, 892, 893, 895, 896, 897, 898, 899, 900, 901, 902, 903, 904, 905, 906, 907, 908, 909, 910, 911, 912, 913, 914, 915, 916, 917, 918, 919, 920, 921, 922, 923, 924, 925, 926, 927, 928, 929, 930, 931, 932, 933, 934, 935, 936, 937, 938, 939, 940, 941, 942, 943, 944, 945, 946, 947, 948, 949, 950, 951, 952, 953, 954, 955, 956, 957, 958, 959, 960, 961, 962, 963, 964, 965, 966, 967, 968, 969, 970, 971, 972, 973, 974, 975, 976, 977, 978, 979, 980, 981, 982, 983, 984, 985, 986, 987, 988, 989, 990, 991, 992, 993, 994, 995, 996, 997, 998, 999, 1000, 1001, 1002, 1003, 1004, 1005, 1006, 1007, 1008, 1009, 1010, 1011, 1012, 1013, 1014, 1015, 1016, 1017, 1018, 1019, 1020, 1021, 1022, 1023, 1024, 1025, 1026, 1027, 1028, 1029, 1030, 1031, 1032, 1033, 1034, 1035, 1036, 1037, 1038, 1039, 1041, 1042, 1043, 1044, 1045, 1046, 1047, 1048, 1049, 1050, 1051, 1052, 1053, 1054, 1055, 1056, 1057, 1058, 1059, 1060, 1061, 1062, 1063, 1066, 1067, 1068, 1069, 1070, 1071, 1072, 1073, 1074, 1075, 1076, 1077, 1078, 1080, 1081, 1082, 1083, 1084, 1085, 1086, 1087, 1088, 1089, 1090, 1091, 1092, 1093, 1094, 1095, 1096, 1097, 1098, 1099, 1100, 1101, 1102, 1103, 1104, 1105, 1106, 1107, 1108, 1109, 1110, 1111, 1112, 1113, 1114,

索 引

1873

1115, 1116, 1117, 1118, 1119,
1120, 1121, 1122, 1123, 1124,
1125, 1126, 1127, 1128, 1129,
1130, 1131, 1132, 1133, 1134,
1135, 1136, 1137, 1138, 1139,
1140, 1141, 1142, 1143, 1144,
1145, 1146, 1147, 1148, 1149,
1150, 1151, 1152, 1153, 1154,
1156, 1157, 1158, 1159, 1160,
1161, 1162, 1163, 1164, 1165,
1166, 1167, 1168, 1169, 1171,
1173, 1174, 1175, 1176, 1177,
1178, 1179, 1180, 1181, 1182,
1183, 1184, 1185, 1186, 1187,
1188, 1189, 1190, 1191, 1192,
1193, 1194, 1195, 1197, 1198,
1199, 1200, 1201, 1202, 1203,
1204, 1205, 1206, 1207, 1208,
1209, 1210, 1211, 1212, 1213,
1214, 1215, 1216, 1217, 1218,
1219, 1220, 1221, 1222, 1223,
1224, 1225, 1226, 1227, 1228,
1229, 1230, 1231, 1232, 1233,
1234, 1235, 1236, 1237, 1238,
1239, 1240, 1241, 1242, 1243,
1246, 1247, 1248, 1249, 1251,
1253, 1254, 1255, 1256, 1257,
1258, 1259, 1260, 1261, 1262,
1263, 1264, 1265, 1266, 1267,
1268, 1269, 1270, 1271, 1272,
1273, 1274, 1275, 1276, 1277,
1278, 1279, 1280, 1281, 1282,
1283, 1284, 1285, 1286, 1287,
1288, 1289, 1290, 1291, 1292,
1293, 1294, 1295, 1296, 1297,
1298, 1299, 1300, 1301, 1302,
1303, 1304, 1305, 1306, 1307,
1308, 1309, 1311, 1312, 1313,
1314, 1315, 1316, 1317, 1318,
1319, 1320, 1321, 1322, 1323,
1324, 1325, 1326, 1327, 1328,
1329, 1330, 1331, 1332, 1333,
1334, 1335, 1336, 1337, 1338,
1339, 1340, 1341, 1342, 1343,
1344, 1345, 1346, 1347, 1348,
1349, 1350, 1351, 1352, 1353,
1354, 1355, 1356, 1357, 1358,
1359, 1360, 1361, 1362, 1363,
1364, 1365, 1366, 1367, 1368,
1369, 1370, 1371, 1372, 1373,
1374, 1375, 1376, 1377, 1378,
1379, 1380, 1381, 1382, 1383,
1384, 1385, 1386, 1387, 1388,
1389, 1390, 1391, 1392, 1393,
1394, 1395, 1396, 1397, 1398,
1399, 1400, 1401, 1402, 1403,
1404, 1405, 1406, 1407, 1408,
1409, 1410, 1411, 1412, 1413,
1414, 1415, 1416, 1417, 1418,
1420, 1421, 1422, 1423, 1424,
1425, 1426, 1427, 1428, 1429,
1430, 1431, 1432, 1433, 1434,
1435, 1436, 1437, 1438, 1439,
1440, 1441, 1442, 1443, 1444,

1445, 1446, 1447, 1448, 1449,
1450, 1451, 1452, 1453, 1454,
1455, 1456, 1457, 1458, 1459,
1460, 1461, 1462, 1463, 1464,
1465, 1466, 1467, 1468, 1469,
1470, 1471, 1472, 1473, 1475,
1476, 1477, 1478, 1479, 1480,
1481, 1482, 1483, 1484, 1485,
1486, 1487, 1488, 1489, 1490,
1491, 1492, 1493, 1494, 1495,
1496, 1497, 1498, 1499, 1500,
1501, 1502, 1503, 1504, 1505,
1506, 1507, 1508, 1509, 1510,
1511, 1512, 1513, 1514, 1515,
1516, 1517, 1518, 1519, 1520,
1521, 1522, 1523, 1524, 1525,
1526, 1527, 1528, 1529, 1530,
1531, 1532, 1533, 1534, 1535,
1536, 1537, 1538, 1539, 1540,
1541, 1542, 1543, 1544, 1545,
1546, 1547, 1548, 1549, 1550,
1551, 1552, 1553, 1554, 1555,
1556, 1557, 1558, 1559, 1560,
1561, 1562, 1563, 1564, 1565,
1566, 1567, 1568, 1569, 1570,
1571, 1572, 1573, 1574, 1575,
1577, 1578, 1579, 1580, 1581,
1582, 1583, 1584, 1585, 1586,
1587, 1588, 1589, 1590, 1591,
1592, 1593, 1594, 1595, 1596,
1597, 1598, 1599, 1600, 1601,
1602, 1603, 1604, 1605, 1606,
1607, 1610, 1611, 1612, 1615,
1616, 1617, 1618, 1619, 1620,
1621, 1622, 1623, 1624, 1625,
1626, 1627, 1628, 1629, 1630,
1631, 1632, 1633, 1634, 1635,
1636, 1637, 1638, 1639, 1640,
1641, 1642, 1643, 1644, 1645,
1646, 1649, 1650, 1651, 1652,
1653, 1654, 1655, 1656, 1657,
1658, 1659, 1660, 1661, 1662,
1663, 1664, 1665, 1666, 1667,
1668, 1669, 1670, 1671, 1672,
1673, 1674, 1675, 1676, 1677,
1678, 1679, 1680, 1681, 1682,
1683, 1684, 1685, 1686, 1687,
1688, 1689, 1690, 1691, 1692,
1693, 1694, 1695, 1696, 1697,
1698, 1699, 1700, 1701, 1702,
1703, 1704, 1705, 1706, 1707,
1708, 1709, 1710, 1711, 1712,
1713, 1714, 1715, 1716, 1717,
1718, 1719, 1720, 1721, 1722,
1723, 1724, 1725, 1726, 1727,
1728, 1729, 1730, 1731, 1732,
1733, 1734, 1735, 1736, 1737,
1738, 1742, 1743, 1744, 1745,
1746, 1747, 1748, 1749, 1750,
1751, 1752, 1753, 1754, 1755,
1756, 1757, 1758, 1759, 1760,
1761, 1762, 1763, 1764, 1765,
1766, 1767, 1768, 1769, 1770,
1771, 1772, 1773, 1774, 1776,

索 引

1777，1778，1779，1780，1781，1782，1783，1784，1785，1786，1787，1788，1789，1790，1791，1792，1793，1794，1795，1796，1798，1799，1800，1801，1802，1803，1804，1805，1806，1807，1808，1809，1810，1811，1812，1813，1815，1816，1817，1818，1819，1820，1821，1822，1823，1824，1825，1826，1827，1828，1829，1830，1831，1832，1833，1834，1835，1836，1837，1838，1839，1841，1842，1843，1844，1845，1846，1847，1848，1849，1850，1851，1852，1853，1854

马雷什 292，1345，1352

马里奥·特隆蒂 1535

马利宁 620，872

马塞罗·默斯托 1535

马文·哈里斯（Marvin Harris） 486

马歇尔 115，468

马歇尔·萨林斯（Marshall Sahlins） 487，488

迈耶尔 748，751，752，753，754，755，760

麦卡锡 471

麦克尔·哈特（哈特 Michael Hardt） 381，382，1534，1543，1544

麦克库洛赫（约·雷·麦克库洛赫） 297，631，632，644，645，646，647，648，771，798，897，900，903，941，958，1748

麦克莱伦（戴维·麦克莱伦） 239，533，535，538，567，568，584，585，758，945，956

麦克卢汉 461

曼纽尔·卡斯特 456，457

梅林 218，532，540，565，584，585，614，633，976，977，1076

梅尼克 438

门德 541

门格尔 115

蒙梭 1172

孟德斯鸠 193，194，196，197，198，199，200，202，203

米丁 66，974，975

米尔斯 460

米开尔·M.J.费彻尔 475，487

米克 1492，1500，1607，1609

米利甘 758，759

米涅 184

米塞尔登（爱·米塞尔登） 900，902，903

缪勒 1424，1520，1522，1603

摩尔根 16，17，18，19，20，24，25，427，478，480，489，494，501

摩莱肖特 973

莫里斯·郭德烈 482，485

莫里斯·布洛克 475，486，492

莫里斯·多布 1492

莫里斯·梅洛-庞蒂 375

莫洛索夫 582

默瑟尔 579

纳尔斯基 540，615，756，975

奈格里（安东尼奥·奈格里） 381，382，1209，1499，1522，1535，1536，1537，1538，1539，1540，1543，1554，1556，1561，1566，1632，1642，1643，1826，1839

奈克尔 897

内田弘 1551，1716，1839

尼采 62，142，143，155，391，392，462，506，602，606，1510，1511，1514，1612

尼尔·史密斯 1494

尼娜·伊尔伊尼奇娜·涅波姆尼亚夏 351

欧·德尔 899

欧文 511，529，867，900，904，958，987，1101

欧西安德尔（亨·弗·欧西安德尔） 632，633，644，648

帕累托 66

帕特森（Thomas Carl Paterson） 486，491

庞巴维克 115，1490

培根 3，103，398，638，645，865，867，956

佩基奥（约·佩基奥） 897，941

配第 85，288，900，902，903，997，1114，1202，1309，1382，1383，1489，1605，1606，1607，1609

皮凯蒂 469，1500

品托 265

平子友长（平子） 337，345，349，1268，1716，1740，1741，1802，1819，1827，1828，1833

蒲鲁东 53，54，103，110，117，127，128，130，131，134，136，137，184，187，242，634，637，638，639，640，641，644，649，650，651，666，712，735，772，773，774，778，785，791，803，804，806，807，811，815，816，817，851，852，853，854，856，871，873，874，877，886，942，973，1049，1050，1051，1052，1053，1054，1055，1056，1060，1061，1062，1063，1064，1065，1066，1067，1068，1069，1070，1071，1072，1073，1074，1075，1076，1078，1079，1080，1081，1082，1083，1084，1085，1086，1087，1088，1135，1203，1214，1247，1257，1311，1321，1322，1323，1324，1328，1329，1334，1338，1395，1443

普雷沃 631，644，646，771，1747

普列汉诺夫 7，23，130，135，174，177，178，179，180，181，182，183，189，423，433，481，974，976，977

普鲁塔克 623

浦菲斯特 579

齐格蒙特·鲍曼 155

齐泽克 1494，1495，1499，1501，1522，1533，1556

乔治·马尔库什（乔治·E. 马尔库斯

George Markus） 475，482，487
切什考夫斯基 623，740，933，935，945，948
琼·罗宾逊 1493
琼斯（琼斯·劳埃德） 1322，1342
让·布希亚 1797
热·加尔涅 631
日拉丹 958，1115
萨德勒（托马斯·萨德勒） 900，903
萨米尔·阿明 374
萨缪尔·贝利 1506
萨特 284，304，434，462，483，484，978，1128，1291，1439
萨特尔 434
萨维尼 616，617，618，619
萨伊 80，97，115，292，630，632，637，641，642，643，648，649，650，652，684，693，710，771，793，798，801，852，897，898，958，1158，1181，1326，1341，1489，1695，1697
色芬尼 631
涩谷正 337，345，346，349，350，351
沙夫 285，758
山之内靖 870
舍勒（马克斯·舍勒） 506，1399
圣西门 328，529，533，534，541，594，634，1050，1101，1143，1246，1663
施蒂纳 76，211，212，213，217，219，225，268，278，304，338，355，359，511，517，740，888，911，912，916，917，934，958，990，1011，1024，1025，1030，1041，1042，1045，1104，1108，1109，1118，1119，1120，1204，1625，1645，1647，1654，1664，1720，1721
施里加（齐赫林斯基） 860，862，912，913
施米特（Alfred Schmitt） 169，881，933，935，936，1129
施托尔希 958
叔本华 62，541
舒尔茨（威廉·舒尔茨） 297，635，636，754，1545，1551，1633
舒芬豪埃尔 582
舒兹（卡·沃·克·舒兹） 631，632，644，648
斯宾诺莎 546，864，914，956，1275
斯宾塞 1246
斯大林 64，66，67，68，69，83，127，179，245，256，282，283，346，354，755，758，834，918，974，978，1104，1105，1153，1204，1208
司拉什 1209
斯拉法（彼罗-斯拉法） 1491，1493
斯密（亚当·斯密） 49，50，78，80，83，84，109，110，112，115，121，123，125，195，196，197，201，204，242，257，265，292，297，298，379，380，384，392，580，

581，611，631，632，633，637，
638，639，640，641，642，643，
645，646，647，648，649，650，
651，652，668，675，684，685，
693，710，722，730，738，762，
771，774，782，793，794，795，
797，798，799，801，838，840，
852，854，871，879，901，902，
903，987，988，997，998，1069，
1070，1129，1136，1155，1156，
1157，1158，1159，1162，1168，
1169，1170，1171，1172，1173，
1174，1175，1176，1177，1179，
1191，1192，1195，1196，1197，
1202，1204，1206，1212，1301，
1302，1314，1322，1326，1330，
1341，1348，1349，1352，1366，
1368，1374，1379，1380，1383，
1386，1397，1405，1406，1410，
1412，1413，1414，1422，1443，
1454，1472，1488，1489，1492，
1493，1498，1501，1507，1545，
1568，1592，1593，1594，1595，
1597，1600，1603，1605，1607，
1608，1609，1610，1611，1612，
1613，1614，1615，1616，1633，
1642，1684，1685，1695，1696，
1697，1719，1722，1728，1740，
1849

斯皮格尔　213，1608

斯塔尔　616，617，624

斯塔罗斯塔（吉多·斯塔罗斯塔）　1556

斯特劳斯（列维·斯特劳斯，施特劳斯，克劳德·莱维－斯特劳斯）　304，463，477，482，483，484，485，619，739，740，777，945，1291，1292，1296

斯特罗伊克　758

斯图亚特　213，632，738，838，903，1130，1322，1406

索恩-雷特尔（阿尔弗雷德·索恩-雷特尔）　1463

索绪尔　1795

塔夫　462

泰勒斯　161

汤普逊（威·汤普逊）　292，511，804，815，900，904，958，1068

陶贝尔特　566，567

陶伯特（英格·陶伯特）　338，339，341，342，343，344，348，351，353，354，355，356，683，906，908，909，910，911，912，913，914，916，917，918，979，1104，1105

特里奥恩　899

特隆蒂　1535，1536

梯叶里　184

图赫舍雷尔　294，881，885，1071，1073，1075，1495

图克（托·图克）　900，903，958，1089，1322，1331，1343，1344

涂尔干　66

托·阿莱尔　900

托克维尔　203

瓦茨　897

望月清司　236，237，1088，1089，1839

威德　900，1368

威尔逊　1343，1344

威廉·科贝特　903

威廉·克莱　1342

威廉·雅可比　1332

威斯特华伦　533

韦伯（马克斯·韦伯）　66，69，265，289，375，646，1136，1208，1388，1765，1827，1833

维·巴格蒙特　897

维戈茨基　179，294，1072，1346，1520，1708

维列尔　917

维腾巴赫　533，538，539

魏特林　287，634

文森特　1297，1298，1299，1300

沃登　582

沃尔夫　60，145，1337

沃伦·布雷克曼　619，623

沃斯利（P. M. Worsley）　482

乌·贝克　470

乌尔（安·乌尔）　902，1115，1754

西第　958

西敏司（Sidney Mintz）　487，489，490

西尼尔（纳索·威廉·西尼尔）　897，898，900，903，904，958

西塞罗　196

西斯蒙第　110，297，631，634，638，642，647，652，793，853，897，898，958，1063，1066，1356，1357，1395

希法亭　1372，1373

悉尼·胡克　753

席勒　401，535

小林昌人　345，346，351

休谟　3，4，61，70，103，116，201，214，215，218，362，438，807，1445，1605，1607，1608，1738

雅克·比岱　380，382

亚里士多德　144，145，147，196，363，515，518，543，544，549，553，620，621，642，864，968，1606，1642，1847

亚力山大·德·拉博德　899

燕妮·龙格　881

燕妮·马克思　911，913

耶克　292，467，1373

叶夫格拉弗夫　757

伊壁鸠鲁　291，402，543，544，545，548，549，550，551，552，553，554，555，556，557，558，559，560，561，562，563，620，621，624，738，742，743，771，1680

伊格尔顿（Terry Eagleton，特里·伊格尔顿）　486，1434，1792，1793

伊林柯夫　1489

伊斯顿　758

尤尔　899，958，1171，1545，1551

于尔根·科卡　198

约·沃德·诺尔曼　1342

约翰·拉姆赛　903

约翰·罗 632,899

约翰·麦克里兰 201

约翰·穆勒 24

约瑟夫·熊彼特 469

泽勒尼（金德里希·泽勒尼 J. Zeleny） 214,934

詹·安德森 900

詹姆斯·吉尔巴特 903

詹姆斯·穆勒 384,404,631,664,679,692,702,763,819,820,825,827,871,882,1213,1464,1579,1594,1599,1748,1749

詹姆逊 1515,1565,1795,1796

中国人名

安家瑷 461

包亚明 1853

博古 423

曹卫东 154

柴方国 470

陈彪如 1607,1609

陈淳 482

陈冬生 373,376

陈冬野 1605

陈福生 642,643

陈江进 616,617,620

陈启伟 945

陈强 460

陈清侨 1796

陈胜云 35,286

陈叔平 1788

陈万煦 648,1129,1136,1137,1138

陈先达 174

陈学明 1788,1791

陈永国 1135

陈振骅 642,643

陈征田 1424

成没 541

程志民 1606,1814

崔秀红 1565

单世联 1256

邓习议 1154,1156,1212,1508,1747,1801,1812

邓小平 72,143,360,397,931,951,953,1242,1354,1359,1461

邓正来 196,200,201,202

董芃芃 485

杜章智 164,246,475,477,951,977,1249,1678,1679,1801

段若非 307

樊集 532,540,565,585,635

范进 1255

范静哗 381

范扬 198,449,450,568,587,602,604,606,607,608,637,837,

1270，1614，1615，1616，1728，
1742，1756，1814，1815

范一亭　1543

方钢　638，639，651，669，1072

冯利　475，486，492

冯学俊　1129

付德根　154

傅小平　757，1424，1793，1794

高铦　469

宫敬才　1255

顾海良　294，1499

顾嘉琢　662

顾良　285，490，933，1127，1619

顾伟铭　503

郭从周　638，639，651，669

郭大力　1129，1170，1171，1173，1348，1354，1426，1427，1428，1429，1430，1431，1432，1433，1434，1435，1436，1491，1610，1611，1728，1733，1736，1761

郭家麟　645

郭忠华　469

海安　534

韩立新　207，237，683，1089

何道宽　461

何思敬　749

何一　1792

贺麟　145，544，545，547，548，549，551，552，554，555，556，557，558，560，561，562，563，785，786，1275，1445，1739，1740

侯才　703，1265，1267

侯鸿勋　503

侯振武　1463

胡大平　59，106，107，139，459，464，475，476，493，943，1123，1141，1286

胡继华　435，1615

胡乔木　314，329，333

胡万福　286

胡云峰　1829

胡志国　1565

黄楠森　66，237，363，740，741，819

黄晓武　1554

霍炬　1542

姜兴宏　1558

金海民　212，945

金顺福　540，615，756，975

靳希平　151，154

靳易生　1424

景德祥　198

瞿菊农　1606

孔子　363

蓝达居　487

蓝江　391

老子　350，363

黎廷弼　1605

黎思复　1605

李斌玉　482

李朝晖　379，1498

李成毅　533，570，572

李佃来　619，623，1279

李海春　1839

李辉凡　1295

李惠斌　379，381

李建民　294

李金山　944，956，957，960，961，962，963，965，966，967，969

李康　218，877，879，1243

李猛　1243

李宁利　461

李萍　1839

李乾坤　1802，1828，1833

李秋零　602，606，1612

李荣荣　491

李文堂　1265

李小兵　1632

李兴国　533，535，538

李幼蒸　1291，1296

励洁丹　1613

梁志学　1814

林锋　174，185

林剑　1255

林本椿　202

林荣远　1813，1814

刘冰菁　1730

刘怀玉　114，134，141，161，235，955，1224，1240，1787

刘力永　93，94

刘丕坤　532，535，538，550，552，566，582，749，768

刘森林　1827

刘昀献　1253

鲁克俭　247，337，338，339，340，341，342，343，344，350，352，354，907，1091，1105

鲁路　747

陆忍　183，240，423

陆元诚　1613

陆月宏　438

罗悌伦　1399

马健行　1072，1708

马经青　1071，1073，1075

马俊亚　461

马拥军　1486

马哲　100，754

毛泽东　71，72，73，85，91，143，340，397，939，951

蒙木桂　211

孟丹　1537，1538，1539，1540，1826

莫卫民　1488

聂锦芳　906

潘培新　541，582

彭淮栋　201

彭强　378

彭曦　345，348，708，713，714，870，1037，1038，1039，1040，1041，1042，1043，1044，1046，1047，1048，1099，1364，1365，1366，1367，1464，1812，1827，1829

钱学敏　1424，1603

邱伟立　1158，1159，1160，1161，1166，1175

由跃厚　952

任立　164，477，951，977，1249，1678，1679，1801

任起莘　1062，1063，1064，1065，1066

荣新海　65，386，387，934

荣震华　223，440，450，451，452，500，504，585，605，607，610，698，740，872，944，956，957，960，961，962，963，965，966，967，969，1271，1691，1692，1743，1744，1796

尚晶晶　541

沈国琴　1613

沈叔平　1813，1814

沈越　207

沈真　286，503，956

宋林飞　1798

孙冰　219

孙伯鍨　1，16，35，47，59，69，74，75，99，106，107，123，124，136，141，174，175，176，177，179，181，182，186，221，235，237，277，282，287，300，302，307，357，366，514，543，568，574，622，716，732，766，767，883，919，947，1133，1142，1146，1204，1270，1354，1440，1444，1447，1448，1645，1689，1753

孙传钊　1631

孙开焕　1489

孙乐强　1342，1350，1504，1516，1518，1534，1545，1631，1826

孙署冰　873，877

孙正聿　1488，1620

孙周兴　390，942，977，1794

汤建龙　174

汤侠声　974

汤在新　111，294，896

唐小兵　1515，1795

唐正东　47，74，75，78，82，83，84，88，115，117，118，121，122，123，125，135，177，371，398，435，446，502，526，601，653，692，702，869，1078，1178，1190，1210，1297，1327，1462，1475，1567，1577，1592，1835，1841

田禾　473

童星　1645

汪丁丁　661

汪丽影　870

王超　489，490

王东　174，185，354

王福民　1748

王浩斌　209，498

王虎学　1537，1631，1632

王吉会　1297，1298，1301，1302，1305，1307

王杰　1434，1793

王谨　565，584

王玖兴　785，786，1445，1678，1739，1740

王柯平　1793

王曼萍　486

王名　1423

王铭铭　475，487

王南湜　65，386，387

王青　1551，1839

王绍祥　202

王太庆　145

王巍　1537，1538，1539，1540，1826

王亚南　1170，1171，1173，1348，1354，1426，1427，1428，1429，1430，1431，1432，1433，1434，1435，1436，1491，1610，1611，1728，1733，1736，1761

王以铸　532，535，538，550，552，566，582

王珍　239

王志弘　457

王志明　463

王子野　481

魏埙　1421，1602

翁廷真　1611

吴良健　469

吴晓明　619，936，977，1146，1147，1500，1513

吴晓群　479

吴永泉　945

吴仲舫　936

夏凡　906，1090

夏威仪　567，568，585，945，956

夏莹　1505

夏铸九　457

先刚　1824

肖辉　1536

肖振远　934

谢地坤　1606，1814

谢维扬　477，484

谢永康　1463

熊子云　1558，1565，1611

熊子真　566，567

徐公肃　1062，1063，1064，1065，1066

徐恒醇　535

许国艳　380，382

许纪霖　1542，1544，1556

薛华　447，448，449

荀子　1784

阎嘉　376

晏智杰　213，1608

燕宏远　164，477，951，977，1249，1678，1679，1801

杨大春　375

杨耕　1514，1620

杨洪源　747

杨慧廉　638，639，651，669

杨建国　381，1543

杨静远　532，535，538，550，552，566，582

杨乔喻　1153，1168

杨一之　1247

杨祖陶　1045

仰海峰　69，1225，1374，1632，1644

姚顺良　1，16，74，75，99，100，123，126，161，174，176，177，235，237，423，679，737，906，1059，1090，1360

姚晓鹏　294

叶启芳　1606

叶至　481

衣俊卿　1495

殷叙彝　1557

尤岚岚　1613

俞长彬　1424

俞吾金　237，238，981，1203

袁久红　1298，1300

袁志英　23，201，202，204，423

臧佩洪　194，196，204

曾盛林　620，872

张峰　153，156，157，934，1793，1794，1810

张海洋　486

张雷声　1499

张历君　1544

张亮　107，120，565

张溟久　59

张企泰　198，449，450，568，587，602，604，606，607，608，637，837，1270，1614，1615，1616，1728，1742，1756，1814，1815

张万娟　1135

张伟　1129

张梧　1537，1538，1539，1540，1632，1826

张向东　566，567

张星岩　378，379

张秀琴　373，1852

张一兵　1，35，47，57，59，69，74，75，99，123，176，177，193，209，211，221，235，237，250，254，257，268，281，282，285，288，290，292，293，296，298，300，337，342，343，350，393，413，421，573，574，592，600，620，622，624，629，641，643，649，652，664，679，683，688，766，768，776，778，790，801，803，814，818，851，852，856，859，860，867，881，883，895，905，907，932，935，949，980，981，986，987，1000，1001，1004，1006，1009，1014，1018，1022，1023，1027，1028，1046，1047，1049，1061，1066，1107，1112，1124，1129，1130，1132，1133，1145，1146，1147，1149，1150，1179，1188，1199，1201，1256，1257，1262，1263，1311，1320，1375，1376，1377，1379，1381，1385，1386，1390，1392，1404，1418，1420，1424，1425，1426，1437，1440，1448，1449，1532，1675，1689，1713，1717，1737，1740，1741，1744，1745，1759，1766，1768，1769，1776，1781，1786，1790，1791，1819，1827

张义修　1037，1675，1701，1702

张志孚　1788，1791

张钟朴　111，294，1344，1524

章慕荣　235

章晓奕　1320

赵丙祥　475，488

赵荣潜　1130

赵伟　1488

赵旭东　1798

郑一明　952

周成启　1346

周凡　1495

周嘉昕 99，125，193，250，268，614，624，747，833，838，841，848，971，1199，1265，1273，1280，1282，1311，1486，1520，1604，1618，1800，1811

周亮勋 111

朱炳元 1499

朱晓 1499

庄福龄 176，237，740，741

庄倩 708，713，714，1464，1812，1827，1829

专业词汇[①]

笔记和手稿

普鲁东《贫困的哲学》笔记 292

汤普逊笔记 292

《1843—1847年记事笔记》 291

《1844年经济学哲学手稿》 33，46，47，49，57，75，99，186，187，188，191，221，224，254，257，261，263，265，266，269，282，284，287，292，293，294，296，297，315，316，321，323，324，326，355，362，384，403，404，409，413，435，500，506，526，535，625，629，636，644，650，651，653，655，656，657，658，664，666，672，675，678，679，681，693，695，699，703，704，706，707，708，709，710，711，716，732，734，735，737，745，747，748，749，758，760，766，768，776，790，803，814，819，823，824，833，841，842，843，845，851，870，872，875，876，880，881，882，883，888，889，895，904，911，912，933，947，951，952，976，983，987，1000，1003，1009，1022，1023，1025，1026，1029，1030，1031，1033，1036，1059，1120，1123，1130，1132，1133，1140，1141，1142，1143，1144，1145，1146，1147，1154，1194，1202，1259，1265，1268，1270，1272，1273，1274，1276，1312，1313，1316，1320，1360，1366，1372，1386，1391，1395，1400，1412，1422，1440，1443，1464，1527，1535，1569，1578，1579，1607，1616，1622，1623，1624，1633，1634，1644，

[①] 主词条按照我理解的本书思想主旨的逻辑结构编排，次级词条按照逻辑与拼音规则混合编排。

1653，1655，1656，1657，1658，1659，1662，1675，1688，1701，1722，1749，1750，1755，1757，1768，1777，1800，1811，1815，1816

《1857—1858年经济学手稿》 53，55，57，63，75，112，121，177，192，209，239，292，293，294，295，454，455，456，653，668，671，673，687，690，691，760，793，794，799，951，976，999，1015，1180，1190，1193，1200，1221，1306，1320，1321，1322，1323，1326，1329，1330，1334，1337，1354，1360，1367，1369，1372，1375，1390，1391，1392，1393，1394，1395，1396，1397，1398，1399，1420，1422，1424，1425，1427，1444，1447，1463，1464，1473，1475，1497，1506，1534，1536，1570，1580，1583，1584，1585，1586，1598，1628，1669，1675，1721，1727，1757，1789，1800，1812，1826，1845，1846，1847

《巴黎笔记》 110，111，125，126，179，286，287，291，292，294，296，355，509，628，629，630，632，633，634，636，637，640，641，642，643，644，646，647，664，666，667，668，678，679，683，693，763，767，768，771，772，775，791，814，815，816，817，851，852，885，895，896，897，898，899，902，907，1133，1157，1162，1163，1173，1204，1316，1320，1322，1327，1344，1410，1417，1443，1680，1681，1747，1748，1749，1753

《柏林笔记》 291

《笔记本中的札记》 342，343，914

《波恩笔记》 291

《布鲁塞尔笔记》 224，291，292，355，630，631，632，644，664，771，867，895，896，897，902，935，937，941，958，1069，1115，1193，1320，1322，1327，1344，1417，1443，1753

《德意志意识形态》第一章的多重手稿 293

《关于费尔巴哈的提纲》 1，5，35，50，74，99，124，177，191，192，207，211，212，214，216，225，284，285，286，287，288，291，292，296，297，318，320，341，354，355，362，388，393，413，417，437，447，450，509，689，690，703，708，712，734，736，756，835，864，881，882，885，886，893，895，906，919，932，933，947，955，971，972，977，980，1000，1023，1024，1045，1050，1054，1058，1105，1108，1127，1164，1183，1204，1214，

1363，1364，1376，1406，1443，
1475，1476，1569，1619，1688，
1742，1752，1753，1755，1756，
1780，1806

《黑格尔法哲学批判》 124，126，
130，131，132，133，134，135，
136，137，179，198，205，282，
297，382，403，404，508，573，
574，578，579，581，582，583，
592，601，602，603，604，609，
611，613，625，636，665，681，
692，744，762，771，780，796，
818，822，835，836，837，838，
839，848，1270，1271，1279，
1287，1443，1527，1619，1651，
1680，1694，1777，1806

《黑格尔现象学的结构》 292，911，
1751

《克罗茨纳赫笔记》 124，126，131，
135，179，287，291，297，573，
574，575，576，577，578，579，
584，589，593，603，632，633，
636，681，693，744，771，772，
837，839，1271，1443

《伦敦笔记》 82，291，292，771，
1180，1181，1182，1218，1320，
1321，1322，1323，1325，1326，
1327，1330，1332，1334，1335，
1336，1338，1339，1342，1343，
1344，1369，1405，1412，1417，
1475，1545

《曼彻斯特笔记》 81，224，257，
291，292，355，639，651，669，
771，794，804，895，896，897，
898，899，902，958，987，988，
1068，1069，1111，1193，1320，
1322，1327，1344，1417，1443，
1753

《评李斯特》 75，77，84，105，111，
118，190，191，261，437，439，
443，648，712，855，881，883，
895，935，939，941，948，949，
1109，1145，1163，1164，1171，
1312，1682，1684，1753

《穆勒评注》 692，694，696，702，
703，706，707，708，709

《评瓦格纳教科书手稿》 293

《神圣家族》 37，75，77，94，110，
111，114，121，132，138，139，
179，181，182，192，224，287，
294，319，320，326，327，333，
334，342，343，344，355，406，
407，408，409，415，417，510，
565，627，628，679，687，712，
750，752，755，806，829，834，
835，851，857，860，864，868，
869，870，871，872，874，875，
876，878，879，880，882，884，
885，887，889，906，909，910，
911，912，914，915，916，917，
918，938，939，948，973，975，
976，977，978，979，982，1025，
1054，1078，1193，1213，1363，
1364，1527，1569，1625，1659，

1661，1676，1700，1751
《伊壁鸠鲁笔记》 291，771
《致安年柯夫》（《致安年科夫》） 74，208，287，292，296，297，691，942，1049，1067，1075，1088，1089，1412
《致查苏里奇的信》的多重手稿 293
《资本论》的多重手稿 293

版本

阿多拉茨基版 345，347，349，759，1038

服部版 351

广松版 338，347，348，349，350，351，1039

涩谷版 346，348，350，351

陶伯特版 338

文库版 351

小林版 349，351

MEGA[1]（《马克思恩格斯全集》国际版） 291，292，342，584，630，644，664，748，749，750，752，754，755，756，758，759，761，767，819，840，896，899，907，917，918，1695

MEGA[2]（《马克思恩格斯全集》国际版新版） 125，291，292，294，338，345，348，349，350，353，533，573，629，630，632，639，642，644，646，649，664，666，683，747，748，749，751，752，753，761，763，768，771，772，792，833，840，841，895，896，897，899，902，903，904，907，908，913，979，988，1133，1163，1171，1320，1321，1322，1323，1438，1439，1521，1522，1523，1524，1525，584，819，1526，1531，1675，1676，1679，1680，1681，1685，1686，1687，1695，1723，1724，1725，1726，1727，1728，1729，1730，1731，1732，1733，1734，1736，1748，1749，1752，1753，1755

中文第一版 342，748，756，768，771，907，914，1038，1315

中文第二版 292，748，761，768，908，1315

俄文第二版 688，689，749，756，771，840，907

德文版 349，756，767，914，1103，1678，1693，1694

法文版 644，649，1490，1495，1730，1748

日文版 348，756，1007，1738

英文版 755，756，914，1090，1558，1730

存在

此在 27，63，71，150，151，153，155，206，259，311，366，448，473，479，506，518，519，551，560，594，741，822，1009，1042，1275，1306，1335，1384，1494，1760，1769，1848

亲在 941，1053

定在 101，126，152，153，164，176，396，416，491，515，518，555，557，618，622，623，687，742，808，854，856，857，859，861，862，863，878，912，921，986，1015，1053，1079，1101，1107，1117，1121，1244，1280，1432，1681，1705，1745，1746，1750，1757，1814，1822

存在主体 304

存在方式 150，269，308，310，311，518，520，729，778，950，957，1201，1207，1269，1273，1569，1626，1763，1791，1837

存在物 147，148，149，150，151，180，206，226，309，310，315，324，326，515，517，518，519，522，596，597，598，612，654，669，672，675，690，704，720，722，725，727，729，733，741，783，787，789，793，800，801，808，812，825，826，923，1011，1018，1085，1146，1272，1370，1384，1426，1478，1493，1506，1508，1509，1579，1622，1624，1655，1656，1699，1700，1707，1773，1791，1828，1835，1845，1846

存在形式 377，378，424，734，799，861，863，1012，1112，1232，1272，1397，1414，1415，1416，1423，1465，1472，1505，1513，1545，1572，1587，1730，1764，1847

存在主义 68，82，142，143，144，150，226，303，390，517，754，759，958，1128，1794，1795

抽象存在 148，517，1363，1493，1506，1508，1509

单子式存在 1606

第一存在 1382

对抗性的存在 1319

对象化存在 1699，1711

对象性的存在 147，186，516，723，733，787，875，983，1141，1361，1658，1691，1698，1699

感性存在 147，516，627，657，658，703，704，741，861，1269，1699，1792，1793

关系性存在 1748

类存在 62，148，206，219，226，300，315，324，326，516，597，598，690，699，703，704，722，783，787，801，812，825，826，836，844，858，923，928，968，1029，1201，1227，1272，1273，1623，1656，1700，1746

社会存在 5，6，44，61，63，66，84，86，90，95，97，141，145，148，149，152，156，158，165，169，186，226，227，229，230，231，232，239，251，304，305，308，310，311，318，326，331，367，394，396，421，429，519，

522，523，593，594，596，612，725，773，808，856，857，864，867，880，928，986，989，998，1002，1004，1005，1006，1007，1011，1012，1013，1015，1016，1018，1025，1027，1029，1054，1079，1080，1109，1110，1111，1113，1115，1116，1117，1121，1146，1201，1226，1227，1229，1230，1231，1232，1236，1237，1238，1240，1286，1287，1288，1289，1290，1292，1296，1325，1376，1377，1378，1379，1380，1381，1382，1383，1384，1390，1391，1397，1413，1415，1426，1428，1429，1452，1455，1465，1507，1668，1674，1715，1718，1722，1730，1735，1750，1757，1795，1852

物质存在 65，226，359，377，378，397，498，638，782，807，809，1010，1012，1015，1109，1378，1390，1411，1507，1561，1690，1721

现有存在 1361

异己存在 725，730，788，789，1624

自然存在 85，86，165，170，171，309，310，430，585，672，779，787，1003，1004，1005，1012，1013，1044，1110，1228，1276，1387，1458，1465，1505，1506，1743，1755，1756，1758，1773，1828，1833

自然

第一自然 785，809，1108

第二自然 157，204，809，810，856，1611，1612，1728，1731，1740，1741，1750

感性自然 （见"感性"词条）

历史自然 161，172，173

人化自然（自然人化） 161，163，164，165，166，172，173，229，393，394，419，926，1231

外部自然 32，33，84，140，170，247，393，426，427，428，659，824，921，922，1010，1011，1012，1109，1231，1249，1252，1426，1706，1757，1761，1773

先在的自然 393

自然本性 309

自然存在 （见"存在"词条）

自然共同体 426，691，1773

自然关系 22，26，42，43，167，227，424，429，670，1016，1017，1043，1115，1116，1118，1156，1227，1229，1230，1234，1276，1397，1408，1451，1761，1771，1780，1832

自然选择 20，21，27，28，29，30，426，427

自然意图 1740

自然主义 5，33，48，103，104，138，172，219，299，321，325，717，724，725，733，746，787，1068，

1240，1241，1272，1273

自然状态 21，201，202，203，204，309，1046，1498，1608，1760，1769

自身自然 426，597，921，1043

意识

本体论意识 526，529

超意识形态 339

感性意识 326，554，657，782

个体意识 504，809

阶级意识 40，49，164，193，194，275，288，297，298，376，465，466，471，475，477，484，488，510，528，599，639，781，817，915，940，951，977，1074，1113，1128，1130，1152，1196，1203，1209，1249，1289，1290，1292，1295，1302，1306，1350，1383，1388，1401，1443，1444，1472，1484，1497，1498，1499，1501，1512，1513，1514，1518，1533，1543，1563，1612，1644，1678，1679，1688，1713，1718，1726，1727，1728，1732，1735，1736，1738，1756，1790，1794，1801，1818，1819，1827，1841，1843，1845

类意识 148，516，541，542，570，789，863，1300，1624

批判意识 289

社会意识 5，6，97，230，231，232，239，303，394，396，419，504，523，1054，1055，1095，1206，1245，1252，1286，1288，1289，1290，1292，1296，1372，1381，1413，1511

无意识 4，108，111，115，149，155，197，203，222，233，283，288，289，328，363，393，460，464，476，477，569，575，577，587，639，649，740，741，777，792，795，882，890，891，892，893，940，1005，1055，1059，1124，1139，1233，1248，1290，1291，1295，1426，1435，1497，1533，1609，1682，1728，1739，1779

意识形态 1，5，6，14，15，35，37，40，41，48，49，50，51，52，53，57，61，62，65，66，67，68，69，70，74，76，77，92，99，114，124，126，127，129，134，140，149，157，158，172，175，190，193，194，199，205，208，225，226，227，231，234，238，245，246，248，250，251，252，254，255，256，257，258，259，260，261，262，263，264，265，266，267，268，269，270，271，272，273，274，275，276，277，278，282，285，286，287，288，292，293，294，295，296，297，298，301，303，317，320，323，326，330，334，337，338，339，

341, 342, 344, 345, 346, 347, 348, 349, 350, 351, 352, 353, 354, 355, 356, 358, 365, 376, 377, 382, 383, 384, 387, 388, 390, 393, 405, 410, 411, 413, 437, 439, 440, 442, 446, 447, 453, 454, 455, 456, 459, 460, 462, 464, 465, 466, 470, 477, 478, 487, 495, 510, 511, 520, 521, 522, 523, 525, 527, 528, 532, 536, 540, 565, 583, 599, 612, 614, 624, 628, 631, 634, 639, 648, 661, 673, 679, 685, 687, 689, 690, 696, 711, 712, 714, 715, 749, 752, 755, 756, 758, 759, 760, 761, 763, 766, 768, 771, 779, 781, 796, 801, 817, 834, 835, 840, 841, 844, 845, 850, 870, 880, 886, 887, 896, 902, 903, 906, 907, 909, 910, 911, 912, 913, 914, 915, 916, 917, 918, 921, 922, 930, 931, 933, 934, 936, 939, 940, 942, 947, 949, 950, 953, 955, 958, 964, 969, 970, 972, 975, 976, 979, 982, 986, 988, 994, 997, 998, 999, 1000, 1001, 1002, 1006, 1009, 1014, 1019, 1021, 1022, 1023, 1024, 1025, 1026, 1028, 1029, 1030, 1031, 1033, 1034, 1035, 1036, 1037, 1038, 1039, 1040, 1041, 1042, 1043, 1044, 1045, 1046, 1047, 1048, 1049, 1050, 1051, 1053, 1055, 1058, 1059, 1066, 1067, 1069, 1072, 1074, 1078, 1080, 1081, 1083, 1084, 1094, 1099, 1102, 1103, 1104, 1105, 1106, 1107, 1108, 1112, 1113, 1120, 1127, 1130, 1131, 1134, 1149, 1150, 1152, 1154, 1168, 1183, 1190, 1194, 1196, 1199, 1203, 1205, 1206, 1207, 1209, 1211, 1213, 1214, 1215, 1229, 1244, 1245, 1250, 1251, 1252, 1255, 1269, 1270, 1274, 1275, 1276, 1277, 1278, 1279, 1282, 1283, 1286, 1287, 1288, 1289, 1290, 1291, 1292, 1293, 1294, 1295, 1296, 1297, 1298, 1299, 1300, 1301, 1302, 1303, 1304, 1305, 1306, 1307, 1308, 1309, 1311, 1312, 1316, 1318, 1327, 1330, 1350, 1358, 1360, 1363, 1364, 1365, 1366, 1367, 1371, 1372, 1376, 1377, 1378, 1379, 1380, 1383, 1384, 1385, 1388, 1390, 1393, 1398, 1400, 1401, 1405, 1406, 1408, 1413, 1418, 1421, 1423, 1434, 1435, 1438, 1443, 1444, 1446, 1447, 1472, 1473, 1475, 1484, 1489, 1495, 1497, 1498, 1499, 1501, 1503, 1510, 1511, 1512, 1513, 1514, 1518,

1521，1522，1533，1535，1545，
1558，1559，1561，1569，1570，
1572，1592，1595，1603，1611，
1612，1613，1619，1620，1622，
1625，1630，1633，1634，1644，
1658，1659，1662，1664，1666，
1669，1676，1683，1688，1717，
1718，1719，1721，1722，1724，
1725，1726，1727，1728，1732，
1735，1736，1737，1756，1759，
1760，1761，1765，1769，1771，
1777，1780，1783，1784，1785，
1792，1793，1801，1812，1813，
1816，1841，1842，1843，1844，
1849，1850

主体意识 （见"意识"词条）

自我意识 36，38，146，147，152，
178，180，181，188，222，224，
294，359，402，405，406，407，
411，414，443，444，449，450，
507，515，544，545，546，547，
548，549，550，551，552，553，
560，561，562，563，566，573，
577，584，595，603，608，611，
614，617，619，620，621，622，
623，624，626，628，636，665，
718，727，729，730，731，739，
740，741，742，743，772，777，
781，785，786，787，818，828，
843，848，863，872，882，909，
914，920，921，926，949，968，
1020，1201，1202，1203，1206，
1252，1270，1293，1411，1445，
1546，1613，1614，1616，1617，
1621，1625，1646，1647，1648，
1649，1650，1654，1656，1657，
1679，1687，1702，1739，1804，
1814，1815，1824，1842

直观

表象和幻想的直观　451

超越经验直观　451

感性直观　36，37，215，216，394，
438，440，441，451，452，453，
605，780，862，926，937，938，
958，964，967，1377，1743，
1752，1753，1754，1755

经验直观　451，862，1381

抽象

抽象存在 （见"存在"词条）

抽象存在物　1493，1506，1508，1509

抽象的人　48，50，104，178，181，
184，233，297，312，313，314，
315，316，317，318，319，320，
322，326，331，358，384，394，
409，415，420，421，441，639，
660，734，735，736，871，920，
929，937，963，1024，1025，
1028，1044，1119，1151，1258，
1259，1428，1647，1690，1755

抽象法权　384，871，873，1078，1079，
1087，1306

抽象关系　1511，1742

抽象化　56，104，325，448，647，658，
1059，1085，1198，1203，1242，

1243，1501，1614，1787，1789，1792

抽象劳动　722，723，793，799，805，846，920，933，951，1179，1180，1182，1196，1197，1341，1348，1382，1383，1387，1396，1415，1428，1431，1455，1472，1473，1516，1517，1522，1548，1549，1552，1553，1555，1556，1613，1637，1638，1639，1640，1684，1685，1686，1687，1705，1730，1789

抽象理念　1381

抽象逻辑　936，1412

抽象人性　113，331，333，435，436，439，440，441，610，660，1078，1557，1661

抽象形式　670，1181，1586，1793

抽象性　48，52，318，588，661，795，799，839，1384，1473，1570，1571，1574，1602，1792，1793

从抽象上升到具体　55，63，248，389，697，1181，1183，1186，1411，1464，1469，1470，1471，1474，1475，1482，1485，1529，1559，1561，1571，1593，1601，1628

观念抽象（经验抽象）　1381，1509

科学抽象　113，212，213，215，216，218，332，668，901，997，999，1112，1116，1377，1379，1381，1382，1383，1414，1416，1509，1559

客观抽象　113，639，1380，1382，1411，1630，1715，1724，1731，1733，1792

理性抽象　861，1116，1381，1411

历史抽象　997，1383，1389，1412，1413，1423，1447，1516

思维抽象　146，147，515，1463，1621

现实抽象　646，779，1268，1463，1530，1621

知性抽象　1505，1509

主观抽象（内省抽象）　1380，1381

概念运动　224，406，407，1616

辩证法

辩证法　22，26，29，30，31，33，40，41，54，60，64，65，69，70，71，72，87，91，92，94，95，106，138，149，151，153，156，157，162，163，164，172，179，181，183，187，188，219，222，235，237，245，248，257，274，284，288，289，293，297，298，299，300，306，358，359，360，362，366，367，368，369，370，375，384，393，394，395，396，399，400，405，413，414，415，417，419，421，431，463，466，484，488，495，496，546，553，555，560，563，566，573，574，579，580，585，595，597，598，599，600，614，615，616，617，

618，619，620，622，623，624，
625，626，639，657，659，666，
709，716，717，718，719，726，
727，728，729，731，747，750，
751，757，759，761，762，763，
765，772，773，774，775，776，
777，778，779，780，781，783，
784，787，791，795，799，817，
823，827，828，831，833，834，
839，840，841，842，843，844，
845，846，848，849，856，860，
883，892，920，932，934，937，
941，952，954，963，964，966，
969，973，974，975，976，978，
979，980，983，1009，1014，
1015，1022，1023，1028，1029，
1046，1047，1051，1052，1053，
1054，1056，1058，1059，1060，
1063，1067，1069，1074，1105，
1110，1112，1113，1118，1126，
1127，1128，1131，1133，1141，
1142，1143，1145，1149，1156，
1179，1201，1234，1246，1247，
1249，1256，1257，1261，1263，
1273，1296，1327，1354，1359，
1367，1371，1374，1379，1383，
1385，1392，1400，1412，1417，
1420，1424，1426，1441，1443，
1448，1449，1450，1460，1470，
1487，1488，1489，1490，1491，
1492，1493，1494，1495，1496，
1502，1503，1518，1522，1527，
1528，1529，1530，1531，1532，
1533，1535，1537，1538，1549，
1554，1556，1561，1590，1614，
1616，1617，1618，1619，1620，
1621，1622，1623，1624，1625，
1626，1627，1628，1629，1630，
1631，1633，1638，1642，1643，
1645，1646，1647，1649，1650，
1656，1657，1659，1664，1666，
1669，1671，1674，1677，1679，
1689，1690，1699，1744，1765，
1766，1767，1768，1774，1776，
1777，1778，1780，1781，1783，
1784，1786，1792，1793，1794，
1799，1802，1806，1807，1810，
1819，1827，1828，1833，1852

辩证方法　248，306，357，360，414，
545，864，1249，1488，1491，
1493，1502，1618，1627，1630，
1649，1650

辩证关系　164，274，436，437，468，
607，622，624，626，697，784，
1046，1146，1150，1192，1316，
1394，1557，1561，1571，1621，
1638，1641，1710，1712，1844，
1852，1853

辩证思维　306，357，1247，1793

辩证唯物主义　14，64，65，66，83，
167，176，319，357，369，370，
484，524，669，716，755，756，
757，834，934，944，971，974，
975，976，977，978，979，980，

981，984，1153，1486，1521，1618

概念辩证法 54，399，1617

历史辩证法 22，29，30，31，33，40，41，65，72，87，95，149，156，172，235，237，245，248，257，274，288，293，297，298，299，300，367，368，384，395，396，421，431，573，574，579，580，639，659，666，709，719，726，731，772，779，783，795，817，831，856，860，883，892，932，941，952，954，964，969，980，1014，1015，1022，1023，1028，1029，1046，1047，1051，1053，1054，1058，1059，1060，1067，1074，1112，1113，1118，1133，1145，1149，1179，1201，1234，1256，1257，1261，1263，1327，1367，1379，1383，1385，1392，1400，1412，1417，1420，1426，1443，1448，1449，1450，1460，1470，1535，1537，1554，1556，1561，1590，1618，1619，1642，1664，1689，1744，1765，1766，1767，1768，1774，1780，1781，1783，1784，1786，1792，1799，1852

能动辩证法 413

唯物辩证法（唯物主义辩证法） 70，151，164，359，366，367，369，370，484，757，781，973，974，1487，1527，1528，1532，1619，1620，1629，1659

体系

科学体系 6，59，66，67，71，481，1612

哲学体系 5，59，69，72，145，147，287，302，308，330，331，360，368，369，370，394，515，545，546，547，620，621，1257，1411，1624，1645，1647，1654，1674

逻辑体系 155，172，410，525，1067，1615

感性

感性存在 （见"存在"词条）

感性的人 223，418，438，450，778，957，960，1010，1753

感性对象 36，37，147，516，809，848，926，927，1019，1111，1271，1739，1743

感性活动（感性的活动） 36，37，39，147，216，218，223，418，447，448，450，516，657，670，703，882，920，921，926，927，933，936，937，938，963，964，966，1010，1110，1111，1381，1417，1755

感性具体 580，668，861，862，1411，1412

感性客体 36，418，960

感性世界 85，169，214，406，453，549，551，559，561，866，950，

1009，1010，1011，1012，1013，1110，1111，1231，1259，1757，1758

感性意识 （见"意识"词条）

感性知觉 551，552，558，559，560

感性直观 （见"直观"词条）

感性自然 958，1010，1110，1156，1758

个体感性 398，399，400

宗教感性 420，1024

理性

辩证理性 434，483，484，1354

个体理性 504

国家理性 402，403，507

经验理性 398，399，400

理性主义 13，48，50，62，153，205，365，400，402，403，464，503，506，512，532，534，536，537，539，541，567，568，571，583，586，614，616，617，624，626，627，759，836，864，867，1224，1507，1650，1688

普遍理性 358，571，1052，1062

人的理性 362，506，1065，1201

社会理性 152，504，658

实践理性 475，487，488，493，504，658

意义理性 488

真理

检验真理 77，216，953

绝对真理 222，354，473

客观真理 937

普遍真理 494

认识的真伪性 216，937

精神

精神产品 522

精神的异化 739

精神劳动 255，261，730，988，993，1159，1160，1293，1306

精神奴役 740

精神生产 8，230，424，430，1159，1238，1303，1324

精神现象学 36，111，222，224，279，400，405，504，632，633，750，751，759，765，768，770，775，776，780，781，784，785，786，807，841，842，848，977，1388，1411，1421，1423，1445，1446，1613，1614，1616，1678，1687，1699，1739，1740，1741，1743，1824

精神自由 49，402，534，567，650，740，744，824

绝对精神 62，71，137，146，147，154，155，180，181，222，223，359，388，405，503，515，546，563，580，585，609，626，655，681，728，744，782，786，809，863，968，1045，1201，1202，1206，1270，1411，1412，1506，1510，1512，1625，1643，1647，1687，1788，1790

客观精神 548，602，604，606，607，608，809，1280，1753，1814

类精神　146，224，359，504，671，672，707，810，1743，1750，1824

批判精神　41，69，141，143，144，172，240，283，303

时代精神　157，222，303，502，503，504，505，506，507，544，549，569

物质与精神（物质和精神）　159，394，419，519，524，1403

主体精神　496，810，1750

类

类本质　40，48，136，137，223，224，233，266，270，273，288，300，313，315，316，323，324，326，358，414，580，595，598，654，655，656，658，669，670，671，672，676，677，681，686，694，695，696，697，698，699，700，703，704，705，707，709，711，720，725，733，734，745，772，773，774，809，812，813，817，823，824，826，827，828，839，853，857，869，870，871，879，882，888，889，940，958，987，995，1003，1004，1023，1026，1033，1118，1120，1130，1156，1157，1158，1169，1173，1204，1313，1361，1362，1384，1386，1387，1389，1391，1412，1415，1417，1421，1422，1424，1446，1623，1648，1652，1653，1655，1658，1681，1682，1683，1687，1693，1700，1722，1746，1747，1749，1755

类存在　（见"存在"词条）

类存在物　206，226，315，324，326，597，598，690，704，783，787，801，812，825，826，923，1272，1656，1700

类精神　（见"精神"词条）

类生活　20，30，36，42，85，324，364，372，394，395，419，616，673，703，720，730，734，789，812，813，822，826，925，938，1057，1074，1227，1241，1414，1450，1624，1652，1653，1681，1682，1704，1747，1755，1850

类意识　（见"意识"词条）

类哲学　74，144，298，299，526，661，766，768，772，1045，1108，1118

主体

主体地位　246，273，274，275，373，413，595，597，821，824，1022，1023，1026，1027，1028，1029，1030，1032，1033，1034，1035，1036，1202，1460，1532，1545

主体间性　305，506，1714

主体解放　421，598，659

主体精神　（见"精神"词条）

主体性　14，57，164，172，196，237，246，248，284，397，398，399，400，401，402，410，415，

418，596，658，659，786，797，808，824，854，922，933，935，949，951，952，953，959，978，1005，1015，1041，1145，1146，1147，1148，1149，1150，1151，1258，1292，1296，1327，1391，1445，1452，1460，1537，1539，1555，1565，1566，1575，1647，1669，1674，1691，1711，1712，1740，1746，1751，1753，1761，1762，1770，1791

主体意识 （见"意识"词条）

存在主体 （见"存在"词条）

革命主体 81，439，444，1532，1537，1539，1543，1555，1779，1850

价值主体 281，954，118，1417

交换主体 14，57，164，172，196，237，246，248，284，397，398，399，400，401，402，410，415，418，596，658，659，786，797，808，824，854，922，933，935，949，951，952，953，959，978，1005，1015，1041，1145，1146，1147，1148，1149，1150，1151，1258，1292，1296，1327，1391，1445，1452，1460，1537，1539，1555，1565，1566，1575，1647，1669，1674，1691，1711，1712，1740，1746，1751，1753，1761，1762，1770，1791

认知主体（逻辑和思维主体） 303，304，305

社会主体 288，397，414，430，436，439，659，935，949，959，1015，1244，1250，1252，1407，1546，1770，1852

实践主体 304，305，394，787

人

人本主义 13，14，33，34，49，62，75，77，80，95，99，100，101，102，104，105，107，109，110，111，119，120，126，127，129，131，133，138，140，144，158，175，176，177，184，186，187，188，190，191，192，211，212，223，224，225，246，261，283，284，285，286，288，297，298，299，301，317，355，356，384，390，391，393，403，405，409，413，414，415，416，417，418，419，420，440，462，483，488，500，508，512，580，591，592，594，595，598，600，610，620，623，625，627，637，638，639，640，646，647，650，651，652，653，654，664，665，666，667，668，671，672，673，674，675，677，678，679，680，682，684，686，690，694，698，700，701，711，712，716，717，718，719，720，721，722，723，724，725，726，731，744，747，766，772，773，774，775，779，781，782，783，784，785，786，787，788，

790, 791, 792, 793, 795, 796, 800, 801, 802, 803, 804, 806, 807, 815, 816, 817, 818, 821, 823, 825, 828, 829, 833, 834, 835, 838, 839, 843, 844, 845, 846, 848, 849, 854, 855, 856, 865, 867, 872, 881, 882, 883, 886, 888, 889, 890, 921, 932, 939, 956, 957, 958, 959, 968, 976, 978, 980, 987, 991, 997, 1003, 1009, 1010, 1023, 1024, 1025, 1026, 1029, 1037, 1044, 1045, 1051, 1057, 1058, 1060, 1061, 1070, 1122, 1128, 1131, 1132, 1145, 1146, 1147, 1151, 1157, 1164, 1169, 1173, 1175, 1204, 1257, 1258, 1259, 1261, 1265, 1266, 1268, 1269, 1270, 1271, 1273, 1274, 1275, 1276, 1280, 1292, 1361, 1363, 1364, 1372, 1373, 1385, 1386, 1387, 1388, 1391, 1417, 1418, 1421, 1422, 1423, 1424, 1429, 1443, 1446, 1455, 1496, 1500, 1514, 1577, 1578, 1590, 1592, 1620, 1622, 1623, 1625, 1633, 1634, 1643, 1651, 1654, 1657, 1658, 1662, 1667, 1669, 1688, 1689, 1690, 1693, 1695, 1698, 1699, 1713, 1718, 1722, 1744, 1745, 1747, 1751, 1762, 1768, 1774, 1777, 1778, 1784, 1785, 1787, 1788, 1791, 1798, 1802, 1806, 1812, 1819

人道主义 46, 48, 50, 68, 69, 224, 281, 282, 283, 285, 286, 307, 308, 309, 310, 311, 312, 313, 314, 315, 316, 318, 319, 321, 322, 323, 325, 326, 327, 329, 330, 331, 332, 333, 334, 335, 336, 365, 389, 526, 662, 719, 733, 735, 741, 746, 748, 749, 752, 753, 754, 755, 758, 759, 760, 763, 764, 766, 768, 772, 787, 788, 789, 827, 831, 865, 867, 869, 870, 871, 872, 874, 876, 877, 879, 882, 892, 912, 916, 933, 934, 935, 939, 940, 942, 947, 949, 951, 977, 1009, 1023, 1027, 1058, 1129, 1131, 1272, 1273, 1372, 1539, 1644, 1700

人道主义历史观 310, 312

人学史观 423, 434

人的本质 7, 8, 9, 28, 40, 48, 49, 51, 76, 102, 105, 108, 118, 129, 133, 137, 148, 184, 185, 186, 213, 222, 223, 225, 288, 300, 308, 309, 310, 311, 312, 313, 314, 315, 316, 317, 318, 322, 323, 324, 325, 328, 329, 332, 335, 358, 388, 416, 419, 420, 421, 440, 441, 444, 476, 477, 482, 500, 502, 509, 510,

516，517，520，527，591，595，
597，627，656，668，671，672，
673，674，676，677，694，695，
697，698，700，703，704，707，
708，709，718，719，720，722，
723，724，725，726，728，729，
730，734，735，740，741，746，
773，778，782，783，784，785，
800，812，813，820，821，822，
823，824，825，826，827，832，
843，872，875，878，893，912，
921，923，924，925，926，928，
929，930，940，941，956，957，
959，965，967，968，969，1005，
1024，1025，1026，1027，1028，
1029，1036，1045，1054，1058，
1104，1119，1141，1142，1143，
1146，1151，1155，1156，1204，
1259，1272，1361，1362，1406，
1418，1624，1633，1647，1648，
1650，1651，1652，1653，1654，
1655，1657，1658，1660，1661，
1663，1664，1667，1668，1670，
1672，1673，1674，1693，1697，
1698，1699，1700，1702，1703，
1704，1705，1706，1708，1712，
1729，1755，1756，1765，1788

人的产品　383，669，671，707，783，
800，811，820，1305，1393，
1399，1690，1725，1749

人的对象性的活动　418

人的价值　307，308，330，331，332，

333，334，639，722，793，1306，
1453，1655，1765

人的社会劳动关系（类）　299，1444

人的社会性　503，877，1197

人的主体性实践　418

人的自由　32，45，48，77，78，88，
140，194，237，248，277，304，
322，324，363，364，432，457，
464，546，550，552，669，1027，
1032，1036，1094，1095，1154，
1312，1324，1400，1454，1455，
1652，1668，1772，1818

人格　28，311，318，363，406，428，
533，534，595，606，616，619，
620，626，670，671，813，825，
827，836，843，845，862，1266，
1267，1269，1270，1271，1273，
1274，1278，1279，1280，1281，
1282，1283，1284，1434，1435，
1461，1478，1614，1623，1625，
1670，1711，1729，1731，1732，
1734，1735，1763，1773，1782，
1791，1792，1804，1807，1808，
1812，1813，1814，1815，1816，
1818，1820，1822，1823，1825，
1830，1846

人权　206，309，322，867，940，
1057，1064，1435，1547，1661，
1755，1756，1813

人性　49，50，113，121，131，162，
184，223，248，300，309，310，
312，322，325，327，330，331，

332，333，358，376，391，407，435，436，437，438，439，440，441，444，477，489，500，528，541，598，599，610，635，640，651，652，653，657，660，666，669，673，701，704，705，718，719，773，783，802，820，821，852，853，855，859，866，871，874，876，879，924，966，987，1032，1078，1090，1096，1097，1098，1103，1104，1105，1213，1242，1272，1397，1400，1514，1557，1561，1661，1667，1673，1674，1690，1756，1788，1789

人的解放　95，188，206，220，284，503，507，509，512，599，659，698，796，873，875，878，947，996，1035，1108，1129，1136，1145，1152，1536，1651，1698

人类解放　31，83，143，251，266，288，322，340，365，436，437，441，596，597，599，601，678，745，774，823，853，874，879，880，983，995，1047，1087，1178，1213，1267，1269，1270，1272，1402，1449，1460，1623，1785

人类学　43，176，284，291，305，412，434，435，436，437，440，441，442，443，444，445，460，475，476，477，478，479，480，481，482，483，484，485，486，487，488，489，490，491，492，493，494，495，497，498，500，501，512，610，620，627，698，723，734，736，782，872，915，957，1130，1162，1204，1242，1271，1423，1440，1622，1641

人类中心主义　289

人学现象学　96，774，775，776，780，781，785，807，808，1446

人身依附　411，953，1201，1245

纯粹的个人　311，612

感性的人　（见"感性"词条）

具体的人　213，518，736，978，1005，1121

现实的人　102，147，148，178，181，185，188，222，223，226，269，270，304，312，313，314，315，316，317，318，319，320，325，326，358，372，394，403，407，411，415，416，419，434，440，441，507，520，525，573，609，610，611，698，717，720，726，727，728，729，730，731，732，734，781，782，784，786，857，863，867，869，871，879，916，946，948，965，1011，1024，1026，1037，1046，1047，1111，1150，1151，1362，1392，1625，1626，1647，1668，1747

社会的人　154，188，306，317，318，323，324，326，588，670，724，725，736，773，802，915，966，

967、968、984、1045、1047、
1269、1274、1355、1407、1428、
1436、1452、1464、1480、1661、
1733、1810、1819、1831

自由的人 571、627、878

自由人联合体 412、430、432、464、
691

真正的人 10、102、127、148、185、
188、224、225、226、312、316、
322、324、325、326、327、406、
434、520、657、673、699、718、
783、801、842、852、853、869、
870、1024、1034、1362、1460、
1624、1655、1658、1667、1668

经济人 359、1287、1423、1460、1785

模范人 317、325

主人 33、405、421、440、472、673、
698、721、809、810、821、822、
876、1036、1313、1393、1455、
1459、1460、1541、1543、1552、
1736、1741、1750、1773

个人主义 178、180、201、361、408、
443、464、505、507、611、1076、
1500

个人解放 506、1108

交往

交往关系 78、83、109、112、126、
208、229、253、276、411、440、
697、700、773、846、921、992、
996、999、1005、1019、1036、
1122、1157、1210、1212、1239、
1241、1242、1243、1244、1245、
1250、1251、1255、1259、1262、
1280、1281、1282、1298、1376、
1394、1398、1456、1595、1723、
1746、1747、1748、1807、1813、
1817

交往行动理论 506

交往价值 1225

交往形式 50、51、52、53、79、81、
93、112、207、250、251、252、
253、255、258、269、271、272、
275、277、388、390、391、439、
454、456、512、513、523、712、
968、1019、1033、1034、1078、
1081、1083、1119、1149、1174、
1175、1183、1190、1205、1212、
1213、1243、1244、1256、1260、
1261、1262、1263、1277、1299、
1330、1475、1545、1558、1569、
1570、1625、1634、1667、1757、
1842

家庭

胞族 427、479

部落 10、17、21、23、25、26、31、
32、53、126、258、259、261、
427、478、479、481、988、992、
993、1007、1031、1175、1372、
1397

亲属制度 28、427

氏族 17、19、20、21、22、25、31、
32、126、427、478、479、480、
501、1393、1406、1558、1771

血族关系 17、18、20、21、478、501、

1771

对偶家庭　21

家庭关系　17，28，427，429，1115

家庭经济　21

家庭劳动　1563

家庭形态　17

家庭制度　19，429，1092

家长制家庭　1372

血缘家庭　20，21，1239

原始家庭　17，20，29，31，426

社会

社会本位　361

社会本质　197，203，262，378，509，671，672，673，697，698，708，709，725，808，821，965，967，969，997，999，1006，1231，1234，1240，1377，1384，1401，1415，1432，1434，1735，1792，1794，1827

社会变革　376，1258，1851，1852

社会变迁　473，491，1317

社会产品　694，1244

社会冲突　435，436，837

社会存在　（见"存在"词条）

社会道德　157，505

社会的人　（见"人"词条）

社会发展　22，26，45，52，87，95，167，169，171，178，199，237，241，244，248，255，258，276，288，299，300，358，363，364，368，382，386，406，412，434，444，457，463，469，477，485，503，512，568，606，608，643，714，797，828，883，901，989，991，1028，1030，1032，1050，1065，1083，1087，1110，1113，1178，1200，1226，1240，1241，1246，1256，1301，1329，1337，1382，1395，1407，1444，1451，1456，1459，1460，1469，1508，1509，1516，1517，1576，1636，1674，1718，1758，1759，1761，1770，1776，1787，1832，1854

社会分工　43，45，80，230，255，269，454，455，801，879，989，1018，1028，1159，1160，1173，1174，1175，1176，1233，1241，1397，1428

社会革命　230，239，251，323，386，387，415，635，858

社会个体　437，1852

社会关系　7，8，9，11，35，39，40，41，42，43，45，50，54，63，76，79，80，81，91，95，96，113，114，127，147，151，173，205，213，224，227，228，229，230，231，232，233，239，242，246，247，251，253，271，275，279，298，299，300，301，305，308，310，311，312，313，314，315，316，317，318，321，324，325，328，358，364，371，376，377，378，379，380，381，382，388，398，399，400，401，410，411，

412，416，417，420，424，432，
433，437，438，439，440，441，
442，453，467，496，505，506，
507，509，510，512，516，522，
523，595，607，611，613，628，
635，647，655，658，659，660，
662，665，667，670，672，673，
674，676，687，698，700，701，
704，707，708，709，710，711，
712，715，725，726，733，734，
735，736，773，779，825，856，
857，878，912，921，924，925，
926，927，929，940，941，942，
950，954，966，967，968，969，
983，984，990，997，998，999，
1006，1008，1016，1017，1019，
1024，1027，1040，1045，1048，
1053，1054，1057，1064，1072，
1074，1075，1076，1079，1080，
1084，1085，1086，1087，1089，
1095，1104，1108，1111，1115，
1116，1122，1160，1179，1181，
1183，1184，1185，1186，1187，
1188，1190，1191，1192，1194，
1197，1200，1202，1211，1212，
1213，1214，1215，1217，1222，
1223，1226，1227，1230，1231，
1232，1234，1235，1236，1237，
1238，1239，1241，1243，1248，
1250，1269，1275，1276，1277，
1279，1289，1293，1299，1302，
1305，1308，1312，1316，1317，
1323，1324，1325，1328，1329，
1331，1333，1334，1338，1339，
1346，1376，1377，1379，1380，
1383，1385，1386，1387，1388，
1389，1391，1392，1394，1397，
1398，1399，1401，1402，1403，
1406，1408，1417，1418，1421，
1423，1424，1426，1427，1428，
1429，1430，1431，1432，1434，
1435，1436，1444，1446，1447，
1463，1464，1467，1469，1473，
1480，1489，1501，1505，1506，
1507，1508，1509，1510，1511，
1513，1528，1547，1581，1583，
1584，1605，1607，1636，1642，
1664，1667，1668，1671，1674，
1683，1700，1711，1713，1714，
1715，1719，1720，1721，1723，
1724，1725，1726，1727，1729，
1731，1732，1733，1734，1735，
1736，1741，1755，1756，1761，
1765，1766，1771，1772，1787，
1789，1790，1791，1792，1793，
1795，1798，1805，1808，1809，
1810，1812，1817，1818，1819，
1822，1823，1825，1827，1828，
1829，1830，1831，1832，1833，
1834，1841，1844，1845，1847，
1848，1849，1852

社会阶段　9，90，170，233，325，
411，658，1017，1116，1164，
1165，1192，1204，1205，1356，

1451，1641

社会结构　6，7，9，10，11，18，22，63，119，194，229，241，246，247，285，373，429，453，461，476，482，486，498，499，569，1019，1040，1112，1130，1203，1204，1207，1239，1242，1243，1244，1245，1264，1277，1288，1289，1316，1366，1377，1383，1389，1421，1423，1447，1499，1532，1558，1616，1698，1789

社会劳动　299，385，443，455，647，1194，1237，1384，1396，1406，1428，1431，1444，1543，1548，1552，1563，1584，1587，1594，1597，1609，1671，1672，1711，1729，1730，1731，1740，1783，1808，1832，1837，1838

社会历史　1，2，5，10，11，12，13，14，36，38，41，42，46，51，53，66，79，80，83，84，85，86，88，91，92，130，146，149，150，151，152，157，158，161，163，164，165，168，169，170，171，172，176，203，208，222，224，229，236，237，240，241，246，247，250，255，257，258，260，261，273，276，288，295，296，298，299，300，309，322，357，360，361，363，377，379，382，383，384，385，389，391，392，394，395，396，397，398，400，406，408，410，412，413，414，416，417，418，419，421，425，429，432，433，436，437，439，441，442，446，465，466，467，468，477，488，496，498，502，509，511，520，527，529，571，573，574，575，578，579，580，581，583，584，586，589，590，591，592，593，594，595，598，599，600，636，642，661，662，677，698，701，714，787，795，809，817，821，823，824，832，840，849，863，870，878，888，893，904，921，923，935，936，938，941，957，958，959，964，971，973，975，976，978，981，983，984，987，988，991，993，995，997，999，1002，1003，1004，1005，1007，1010，1011，1012，1014，1015，1018，1020，1021，1022，1023，1025，1026，1027，1028，1029，1031，1034，1036，1039，1040，1043，1044，1045，1046，1047，1048，1051，1052，1053，1054，1055，1056，1059，1063，1067，1074，1079，1081，1082，1087，1088，1107，1109，1110，1111，1112，1113，1115，1121，1122，1128，1131，1134，1145，1164，1166，1167，1180，1182，1183，1184，1194，

1196，1200，1201，1204，1205，1206，1207，1209，1225，1226，1229，1230，1231，1235，1239，1248，1256，1303，1305，1309，1316，1327，1328，1329，1330，1332，1333，1337，1338，1339，1341，1364，1376，1377，1378，1379，1383，1385，1386，1388，1390，1391，1392，1402，1405，1408，1411，1415，1416，1417，1418，1420，1421，1422，1423，1424，1442，1443，1444，1446，1449，1450，1451，1453，1454，1455，1456，1457，1459，1460，1461，1462，1466，1467，1469，1470，1481，1491，1496，1500，1521，1528，1533，1592，1593，1594，1596，1597，1600，1602，1603，1613，1620，1683，1697，1699，1718，1721，1722，1724，1735，1740，1741，1755，1756，1757，1759，1760，1761，1763，1765，1766，1767，1768，1769，1770，1771，1772，1773，1774，1775，1776，1780，1782，1783，1784，1785，1848，1852，1853，1854

社会联系　10，39，170，204，223，227，427，430，509，671，672，673，697，708，821，822，832，892，1089，1139，1232，1316，1397，1401，1406，1452，1580，1723，1742，1772

社会矛盾　91，248，310，458，999，1187，1198，1224，1246，1253，1460

社会批判　146，152，230，301，371，372，375，384，387，415，439，441，443，446，461，475，476，487，586，776，827，871，872，880，953，988，1057，1147，1372，1462，1474，1575，1581，1591，1689，1691，1693，1696，1718，1740，1741，1744，1776，1779，1784，1785，1786，1787，1819

社会生活　3，6，7，8，9，11，15，17，18，19，22，25，28，32，39，41，43，45，62，66，85，88，89，91，149，151，158，196，204，206，213，216，226，228，229，230，231，232，238，244，299，309，332，365，369，377，394，396，420，424，428，432，434，437，442，443，447，457，464，488，489，511，517，518，519，522，523，572，578，592，596，598，637，638，639，645，647，659，665，672，761，781，818，854，857，862，863，866，922，928，930，934，939，945，964，966，1004，1005，1007，1015，1049，1055，1059，1060，1068，1109，1112，1121，1206，1229，

1237, 1240, 1241, 1242, 1248, 1251, 1264, 1288, 1289, 1373, 1376, 1377, 1379, 1380, 1381, 1382, 1383, 1387, 1399, 1401, 1414, 1430, 1433, 1436, 1444, 1473, 1511, 1541, 1586, 1652, 1653, 1654, 1658, 1693, 1715, 1730, 1741, 1744, 1745, 1746, 1756, 1759, 1761, 1762, 1766, 1770, 1776, 1783, 1790, 1822

社会实践　3，9，13，14，15，50，72，141，149，151，157，163，230，276，299，305，356，388，390，394，396，413，419，421，438，441，655，660，787，901，927，935，936，937，938，941，942，956，959，967，969，1008，1012，1013，1014，1021，1108，1110，1111，1112，1201，1227，1234，1242，1243，1376，1380，1475，1541，1575，1660，1755，1756，1852

社会危机　157，377，1226，1320

社会形态（社会类型）　9，10，11，24，31，50，51，52，62，63，90，95，126，127，171，172，244，245，259，361，369，385，411，434，442，443，453，457，467，468，476，485，496，498，499，503，661，687，691，880，954，1007，1031，1032，1088，1176，1195，1206，1207，1211，1227，1237，1238，1239，1251，1252，1253，1258，1267，1283，1300，1305，1375，1379，1391，1392，1393，1395，1398，1400，1401，1402，1428，1431，1432，1451，1452，1460，1497，1508，1513，1522，1533，1559，1561，1576，1636，1759，1760，1761，1762，1767，1768，1769，1770，1771，1772，1773，1774，1808，1817，1828，1833，1846

社会性　32，121，213，323，324，326，373，499，503，504，506，507，522，523，684，685，687，690，711，725，801，877，967，1005，1046，1064，1078，1121，1183，1197，1211，1215，1216，1219，1220，1221，1222，1229，1232，1235，1273，1289，1317，1362，1368，1387，1398，1405，1407，1427，1429，1455，1473，1508，1584，1587，1588，1636，1658，1672，1723，1789，1805，1817，1818，1825，1828，1832，1837，1845，1849，1851

社会现象学　791，803，806，807，811，987，1386，1388，1418，1422，1423，1446，1720，1722，1723，1740，1744，1750

社会有机体　8，244，245，1085，1086，1087，1230，1240，1241，1245，1246，1247，1248，1249，

1251，1252，1253，1254

社会意识 （见"意识"词条）

社会运动 62，276，407，491，1116，1766，1773，1776，1784，1849

社会主体 （见"主体"词条）

社会主体向度 288

社会总结构 7

史前社会 19，275，482，998，1028，1453，1459，1460，1759，1767，1774，1776

古代社会 17，24，25，85，162，427，477，478，480，481，494，495，497，498，499，500，501，738，1032，1238，1239，1316，1318，1324，1672

原始社会 10，16，17，18，21，43，85，86，90，95，126，186，411，412，426，427，429，431，433，476，485，929，991，1018，1209，1233，1234，1393，1408，1451，1642，1759，1760，1767，1769

奴隶社会 361，428，429，992，1233，1642

封建社会 135，312，361，428，429，575，576，1032，1074，1238，1316，1318，1387，1406，1422，1429，1470，1581，1642，1722，1736

资本主义社会 8，26，27，28，32，45，51，56，63，80，87，91，95，101，154，155，170，171，198，208，209，230，236，237，242，243，244，246，250，252，254，257，258，260，261，262，268，274，278，298，299，300，315，317，328，358，361，374，377，378，379，380，384，385，404，411，412，419，420，428，438，453，454，456，457，467，471，477，482，503，507，510，511，513，523，528，529，530，598，599，635，646，647，655，659，665，672，673，695，697，700，719，723，781，818，828，864，866，880，882，888，898，936，940，997，998，999，1023，1028，1029，1032，1035，1072，1074，1086，1122，1134，1150，1184，1187，1191，1196，1197，1198，1212，1224，1225，1233，1237，1239，1245，1252，1253，1264，1266，1267，1301，1312，1315，1318，1320，1324，1340，1342，1346，1372，1373，1379，1385，1386，1389，1390，1391，1392，1395，1397，1398，1414，1415，1416，1421，1423，1424，1428，1429，1430，1432，1434，1444，1456，1460，1461，1464，1467，1471，1472，1493，1498，1511，1517，1533，1550，1560，1568，1580，1581，1585，1598，1601，1602，1634，1642，1659，1662，1670，1672，1691，1696，1721，

1723，1724，1729，1730，1736，1759，1762，1765，1766，1767，1768，1769，1776，1779，1780，1781，1782，1783，1784，1788，1789，1790，1792，1793，1794，1796，1818，1835，1836，1843，1845，1847

后资本主义社会　377，378，379，467

社会主义社会　32，188，458，1233，1372，1373

亚细亚社会（东方社会）　484，494，512，1032

市民社会　39，41，47，49，50，55，56，57，126，127，132，133，134，135，136，137，183，184，193，194，195，196，197，198，199，200，201，202，203，204，205，206，207，208，209，210，213，224，229，236，242，250，251，252，253，254，257，258，259，271，272，278，322，323，324，327，406，408，409，441，442，443，444，448，449，450，495，503，510，523，528，533，580，587，588，590，591，592，593，594，595，596，598，599，601，602，603，604，605，606，607，608，609，611，612，613，616，625，626，627，637，645，659，661，662，665，680，681，684，693，716，717，735，736，744，745，762，764，779，781，796，836，837，838，839，842，844，845，847，849，850，858，859，876，878，887，915，916，926，927，939，940，941，946，958，964，966，982，983，984，1019，1025，1045，1047，1054，1055，1059，1063，1073，1136，1147，1172，1174，1190，1201，1202，1205，1212，1213，1214，1265，1266，1267，1269，1270，1271，1272，1273，1278，1280，1281，1282，1284，1315，1318，1360，1378，1397，1406，1408，1415，1488，1489，1497，1498，1502，1604，1606，1607，1608，1609，1611，1612，1613，1614，1615，1616，1617，1620，1621，1622，1623，1624，1625，1630，1651，1652，1653，1654，1695，1696，1703，1723，1728，1730，1735，1740，1741，1742，1744，1747，1755，1809，1814，1818，1825，1843

商业社会　464，1202，1610，1611

工业社会　90，96，157，199，377，378，469，473，797，953，1209，1225，1451，1499，1795

后工业社会　90，157，377，378，469，1209，1499

异化社会　1031，1484

阶级社会　9，10，28，39，55，56，

57，61，62，63，170，178，181，193，194，195，197，198，199，200，204，205，207，208，209，210，230，236，242，243，244，250，252，254，278，279，280，322，323，427，428，429，430，431，433，434，467，480，485，488，495，576，652，735，736，804，827，845，858，992，1056，1064，1065，1069，1070，1072，1074，1083，1100，1150，1156，1188，1217，1235，1238，1245，1266，1267，1268，1274，1278，1279，1281，1282，1283，1284，1290，1312，1313，1315，1316，1317，1318，1319，1321，1324，1325，1351，1353，1407，1416，1417，1444，1447，1456，1471，1472，1488，1502，1512，1513，1515，1516，1523，1532，1558，1559，1568，1584，1585，1608，1611，1630，1655，1660，1661，1668，1718，1746，1753，1754，1755，1804，1807，1809，1818，1825，1828

现代社会 143，154，156，243，244，305，320，364，459，460，461，467，469，470，472，475，476，478，480，481，483，484，485，487，489，490，495，501，576，673，764，821，824，831，855，892，926，937，964，1033，1053，1069，1126，1130，1131，1193，1201，1203，1225，1246，1249，1295，1377，1378，1383，1395，1398，1497，1511，1512，1532，1557，1607，1616，1643，1787，1792，1794，1795，1796，1797，1799，1812，1813

信息社会 155，364，456，998，1209，1416

网络社会 83，456，457，1209，1499

文明社会 18，202，478，501，1238，1301，1760，1769

道德

道德观念 331，539

道德规范 333，504

道德界限 1553

道德理念 733

道德理想 1789

道德律令 335，1815

道德属性 733

道德危机 157，202

道德形而上学 616，1813，1814

道德原则 505

道德哲学 305，534，616，1169，1269，1489，1492，1493，1501，1609

实践

实践标准 71，938

实践活动 6，13，14，37，39，40，42，48，50，63，77，163，164，165，166，168，169，213，220，224，226，230，232，233，238，313，388，390，394，396，397，

418，419，421，436，438，439，443，447，522，526，600，610，655，656，658，659，858，925，926，936，937，966，1005，1012，1015，1046，1227，1228，1232，1234，1240，1241，1243，1299，1380，1475，1660，1752，1754，1843，1852

实践关系 68，163，169，299，416，521，522，712，859，874，876，938，948，1213，1659，1660

实践主体 （见"主体"词条）

生产

生产方式 7，9，10，23，24，25，31，32，44，45，54，57，62，86，90，97，112，116，126，170，171，193，197，199，200，204，205，208，209，210，233，236，241，243，246，250，251，253，255，256，257，259，260，261，267，273，275，299，300，312，327，328，335，363，380，392，416，424，425，427，467，476，477，481，484，485，496，497，498，523，527，591，643，651，710，712，784，817，828，830，843，850，859，875，876，878，891，903，904，935，948，974，989，996，997，999，1005，1006，1013，1017，1019，1026，1027，1030，1031，1035，1040，1045，1046，1047，1053，1055，1056，1057，1060，1067，1072，1073，1074，1075，1076，1086，1087，1113，1116，1117，1118，1121，1122，1127，1150，1161，1162，1164，1165，1166，1167，1169，1174，1175，1176，1177，1178，1180，1181，1185，1190，1195，1196，1199，1200，1201，1203，1204，1205，1206，1207，1208，1209，1212，1213，1217，1219，1222，1225，1226，1227，1237，1239，1251，1258，1260，1269，1274，1276，1277，1278，1279，1280，1281，1284，1288，1298，1299，1300，1302，1311，1312，1313，1314，1315，1316，1317，1319，1324，1332，1335，1336，1337，1350，1351，1352，1353，1366，1377，1378，1379，1380，1382，1383，1385，1387，1388，1391，1417，1418，1421，1422，1423，1427，1432，1434，1435，1436，1444，1446，1450，1460，1468，1470，1479，1480，1481，1482，1483，1484，1485，1488，1494，1496，1497，1499，1500，1501，1502，1503，1516，1517，1522，1526，1528，1531，1532，1533，1535，1540，1544，1545，1551，1552，1556，1558，1559，1560，1564，1565，1568，1572，1578，1580，1584，1586，1587，

1590，1593，1595，1596，1597，1598，1601，1621，1625，1626，1627，1628，1629，1630，1640，1659，1660，1661，1671，1715，1719，1721，1722，1724，1725，1726，1728，1729，1733，1734，1735，1736，1756，1757，1762，1763，1764，1780，1781，1783，1786，1789，1804，1807，1809，1819，1829，1831，1834，1835，1836，1837，1838，1839，1843，1846，1850

生产关系　7，8，9，10，17，18，22，43，52，53，54，55，56，57，74，77，79，80，81，82，112，114，126，127，172，183，195，198，208，209，220，225，228，229，233，239，246，253，256，260，266，276，280，289，299，310，318，327，328，331，361，371，373，378，379，381，382，384，385，388，389，392，398，410，411，426，427，429，431，432，436，439，448，449，454，456，457，467，468，484，496，506，507，512，530，612，659，660，662，673，700，706，723，725，735，736，798，805，853，857，871，880，891，921，954，989，992，995，998，999，1017，1019，1036，1056，1057，1073，1074，1075，1081，1083，1084，1085，

1086，1087，1088，1135，1151，1164，1167，1176，1179，1180，1183，1184，1185，1186，1187，1188，1192，1194，1202，1205，1206，1207，1210，1211，1212，1213，1214，1215，1216，1217，1218，1220，1221，1222，1223，1224，1226，1235，1236，1237，1238，1239，1244，1248，1251，1252，1253，1255，1256，1259，1260，1262，1263，1269，1282，1290，1301，1302，1306，1308，1309，1311，1315，1316，1317，1318，1323，1328，1329，1330，1331，1332，1333，1334，1338，1340，1345，1347，1348，1351，1353，1377，1378，1383，1385，1387，1391，1392，1394，1398，1399，1401，1405，1416，1421，1422，1428，1432，1433，1436，1447，1463，1470，1480，1484，1488，1496，1497，1508，1513，1535，1537，1546，1547，1549，1551，1553，1554，1555，1556，1557，1558，1559，1560，1561，1568，1571，1572，1575，1576，1579，1581，1582，1585，1586，1588，1590，1593，1594，1595，1597，1598，1611，1626，1636，1642，1657，1661，1662，1663，1666，1667，1669，1682，1683，1684，1685，1686，1687，1710，

1712，1722，1726，1727，1728，
1731，1733，1734，1735，1768，
1780，1789，1798，1804，1808，
1812，1819，1828，1830，1831，
1833，1834，1835，1836，1844，
1847，1849，1850，1852

生产力　7，8，9，10，17，18，19，
20，21，22，26，27，28，29，30，
31，32，43，47，50，51，52，53，
54，77，78，79，80，81，84，93，
105，109，112，113，116，118，
126，166，171，183，207，208，
213，220，225，228，229，230，
232，233，234，239，242，246，
250，251，252，253，255，257，
258，259，260，261，262，266，
269，270，271，272，274，275，
276，277，280，289，298，300，
312，327，328，371，373，378，
381，385，388，389，390，391，
397，398，417，421，426，428，
429，431，432，436，439，449，
454，456，457，467，468，474，
478，481，484，496，511，512，
513，530，588，635，642，643，
648，662，706，711，712，723，
724，798，801，829，830，831，
853，871，880，881，885，887，
888，890，891，892，898，901，
903，904，921，948，950，953，
954，989，990，991，993，995，
996，998，999，1012，1017，
1018，1020，1027，1030，1031，
1033，1034，1035，1036，1040，
1048，1054，1055，1056，1057，
1064，1075，1076，1078，1079，
1080，1081，1083，1084，1085，
1086，1087，1095，1096，1098，
1105，1116，1117，1118，1119，
1120，1121，1123，1125，1127，
1131，1135，1136，1137，1139，
1140，1141，1143，1144，1145，
1149，1150，1151，1152，1153，
1154，1155，1156，1157，1158，
1159，1160，1161，1162，1163，
1164，1165，1166，1167，1168，
1169，1170，1171，1172，1173，
1174，1175，1176，1177，1178，
1180，1182，1183，1185，1186，
1187，1188，1190，1191，1192，
1193，1194，1201，1205，1206，
1207，1208，1210，1212，1213，
1217，1219，1220，1222，1223，
1224，1225，1226，1233，1238，
1239，1249，1252，1253，1255，
1256，1259，1261，1262，1263，
1299，1315，1316，1317，1318，
1319，1330，1335，1338，1340，
1351，1352，1355，1356，1357，
1364，1365，1366，1367，1369，
1370，1371，1376，1377，1378，
1385，1392，1396，1397，1398，
1403，1406，1416，1421，1444，
1453，1454，1455，1456，1457，

1458，1459，1460，1461，1475，
1478，1482，1484，1534，1535，
1537，1541，1543，1545，1546，
1547，1548，1549，1550，1551，
1552，1554，1557，1558，1559，
1560，1561，1563，1564，1569，
1570，1571，1572，1575，1582，
1584，1587，1588，1590，1597，
1607，1611，1625，1634，1638，
1639，1640，1641，1642，1657，
1658，1661，1662，1663，1664，
1665，1666，1667，1668，1670，
1672，1693，1711，1719，1762，
1763，1764，1766，1767，1771，
1773，1774，1778，1779，1783，
1789，1808，1836，1837，1838，
1839，1842，1847

生产过程 9，11，18，26，27，28，
41，42，43，44，63，77，79，81，
82，89，91，93，105，132，133，
135，139，148，158，208，210，
226，227，237，251，253，255，
272，396，424，425，427，428，
429，431，432，456，509，521，
523，647，651，667，677，689，
690，699，709，712，736，800，
810，827，874，875，876，882，
901，902，1015，1016，1019，
1085，1114，1115，1160，1167，
1179，1180，1181，1182，1183，
1184，1185，1186，1187，1188，
1189，1190，1196，1202，1203，
1205，1206，1210，1211，1212，
1213，1215，1216，1218，1221，
1222，1227，1228，1229，1230，
1231，1233，1234，1235，1236，
1238，1239，1241，1242，1244，
1268，1282，1284，1306，1319，
1323，1325，1329，1330，1331，
1333，1334，1335，1337，1338，
1339，1340，1341，1345，1346，
1347，1348，1351，1356，1358，
1368，1371，1383，1386，1396，
1405，1407，1409，1411，1422，
1428，1435，1444，1449，1455，
1456，1458，1466，1468，1471，
1472，1473，1476，1477，1478，
1479，1480，1481，1482，1500，
1512，1513，1517，1518，1524，
1525，1528，1531，1538，1540，
1545，1548，1551，1552，1563，
1567，1572，1574，1575，1577，
1578，1581，1582，1583，1584，
1585，1586，1587，1588，1589，
1590，1593，1594，1599，1600，
1602，1611，1620，1621，1628，
1633，1634，1635，1636，1637，
1638，1639，1640，1670，1674，
1683，1704，1709，1710，1728，
1734，1735，1736，1754，1762，
1763，1764，1766，1771，1777，
1778，1783，1790，1804，1808，
1809，1810，1821，1822，1830，
1833，1837，1838，1839，1842，

1843，1844，1845，1846，1847，
1849，1850，1852

生产劳动　29，41，44，213，417，
521，522，635，720，904，920，
963，1117，1182，1231，1232，
1234，1237，1241，1314，1361，
1362，1363，1364，1365，1366，
1368，1372，1393，1414，1525，
1550，1553，1582，1586，1588，
1639，1655，1658，1660，1665，
1705，1710，1782

生产理论　297，478，1236，1237，
1333，1334，1335，1336，1337，
1338，1342，1348，1349，1350，
1351，1504，1545，1632，1643，
1822

生产资料的生产　28，424，1120，
1336

生活资料的生产　18，75，227，247，
424，1016，1039，1114，1120，
1154，1199，1227，1229，1235，
1251，1393，1586，1760，1770

生命生产　425，1260

精神生产（见"精神"词条）

物质生产　7，8，18，28，29，31，
32，33，35，37，41，42，44，50，
51，52，74，75，77，78，80，82，
84，85，86，87，88，89，90，91，
97，139，140，172，173，177，
195，208，213，225，227，228，
230，232，237，240，247，250，
251，257，274，297，299，305，
310，381，393，396，397，398，
410，411，412，417，424，426，
432，435，523，635，638，672，
712，722，723，736，798，811，
830，831，847，850，859，864，
874，875，876，878，879，891，
892，898，901，903，920，921，
924，927，928，929，935，937，
947，948，950，963，967，974，
983，987，996，999，1014，1015，
1016，1017，1019，1038，1039，
1040，1041，1043，1055，1056，
1057，1076，1087，1109，1112，
1115，1116，1117，1118，1119，
1121，1126，1130，1131，1159，
1160，1164，1165，1166，1167，
1168，1178，1179，1180，1182，
1183，1184，1185，1186，1187，
1188，1189，1190，1192，1193，
1194，1195，1196，1197，1198，
1200，1201，1203，1205，1209，
1213，1214，1217，1222，1224，
1225，1226，1227，1228，1229，
1230，1231，1232，1234，1235，
1237，1238，1239，1240，1241，
1242，1243，1248，1249，1251，
1259，1263，1274，1277，1281，
1282，1284，1303，1316，1324，
1331，1333，1334，1339，1356，
1358，1360，1361，1362，1363，
1364，1365，1366，1367，1368，
1369，1371，1372，1373，1376，

1378、1392、1395、1397、1398、1405、1408、1414、1416、1436、1450、1453、1454、1455、1456、1457、1458、1460、1461、1480、1488、1497、1500、1516、1528、1548、1555、1586、1620、1626、1627、1630、1633、1634、1635、1637、1641、1642、1654、1657、1683、1705、1754、1756、1761、1762、1767、1768、1770、1771、1773、1774、1779、1783、1789、1792、1803、1816、1825、1842

商品生产 22、26、128、378、383、467、468、480、501、738、1212、1219、1336、1339、1346、1352、1378、1383、1387、1390、1429、1432、1496、1517、1578、1579、1589、1595、1639、1671、1721、1733、1734、1735、1736、1834、1835、1849、1850

两种生产 16、17、18、22、26、27、28、29、30、33、75、170、235、237、423、424、425、427、431、432、433、478、1017、1116、1157、1838

人本身生产（人本身的生产） 26、27、28、32、77、424、425、426、427、430、428、430、431、433、434、1673

为生产而生产 428

他人生命的生产（种的繁衍） 17、27、424、425、1017、1116、1230、1393、1760、1770

再生产 9、11、17、26、27、28、30、31、32、42、62、63、75、77、80、91、117、148、149、151、172、173、210、226、227、243、247、395、396、424、425、426、427、428、429、431、432、434、478、488、495、518、521、523、688、689、690、792、850、926、974、984、999、1005、1014、1015、1016、1019、1040、1046、1085、1114、1115、1121、1125、1164、1184、1185、1186、1188、1224、1226、1227、1229、1230、1231、1234、1235、1236、1237、1238、1239、1242、1243、1252、1277、1318、1333、1334、1335、1336、1337、1338、1342、1346、1348、1349、1350、1351、1353、1362、1368、1379、1393、1403、1408、1418、1449、1451、1457、1480、1484、1504、1507、1514、1525、1542、1543、1550、1575、1577、1582、1583、1584、1586、1587、1588、1589、1590、1594、1598、1600、1602、1608、1639、1674、1686、1710、1735、1756、1761、1763、1770、1808、1822、1839、1844

总生产 26、424、425、1518、1548、1838

社会化大生产 213、1234、1382、

1444，1454，1457，1684

大工业　80，93，260，261，262，265，266，269，270，274，276，280，288，297，299，300，454，455，457，458，528，638，793，798，876，905，994，995，998，1060，1084，1086，1097，1098，1109，1151，1171，1175，1191，1192，1211，1212，1215，1217，1233，1369，1383，1402，1413，1414，1415，1416，1418，1444，1545，1546，1550，1551，1552，1554，1562，1563，1569，1584，1637，1639，1640，1754，1757，1764，1785，1837，1838，1839，1843

机器论片断　1534，1535，1536，1537，1539，1540，1542，1544，1545，1546，1547，1554，1555，1556，1560，1561，1564

机器悖论　1553，1638，1639

劳动

劳动产品　17，41，80，232，256，259，300，468，509，522，643，674，696，698，699，700，705，706，719，720，721，805，808，809，810，811，812，825，826，854，992，1032，1083，1195，1216，1278，1325，1328，1330，1334，1336，1340，1361，1387，1396，1427，1428，1429，1467，1468，1472，1473，1484，1498，1516，1573，1579，1671，1681，1682，1684，1705，1706，1707，1709，1712，1719，1728，1729，1731，1733，1736，1740，1750，1760，1763，1764，1769，1772，1780，1789，1805，1825，1832，1833，1834，1847，1849

劳动分工　77，97，255，269，491，801，987，988，989，991，1018，1036，1155，1158，1159，1171，1172，1175，1239，1298，1428，1545，1607，1719，1729，1730，1740

劳动工具　256，262，371，429，431，992，1159，1179，1217，1232，1235，1316，1317，1364，1394，1469，1470，1529，1764，1822

劳动关系　299，318，654，658，660，793，1391，1421，1444，1583，1655，1722，1729，1750

劳动价值　85，111，121，190，191，213，215，216，298，529，634，637，639，643，647，650，651，694，722，723，738，774，784，793，804，815，816，838，852，854，885，886，904，905，1063，1069，1070，1071，1072，1131，1192，1193，1196，1198，1202，1203，1206，1215，1312，1314，1315，1322，1329，1331，1467，1472，1473，1480，1489，1491，1497，1498，1499，1500，1501，

1502、1503、1533、1549、1581、1592、1593、1594、1595、1596、1597、1598、1599、1601、1602、1603、1604、1605、1606、1607、1608、1609、1610、1611、1612、1613、1614、1615、1616、1617、1635、1637、1640、1642、1655、1682、1683、1684、1685、1687、1706、1707、1708、1709、1734、1789

劳动价值论　111、121、190、191、213、215、216、298、634、637、639、643、647、650、651、694、722、738、774、784、793、804、815、816、838、852、854、885、886、904、905、1063、1069、1070、1072、1131、1193、1196、1198、1202、1203、1206、1215、1312、1314、1322、1329、1331、1467、1472、1473、1489、1491、1497、1498、1499、1500、1501、1502、1503、1533、1549、1592、1593、1594、1595、1596、1597、1598、1599、1601、1602、1603、1604、1605、1608、1609、1611、1612、1613、1614、1615、1616、1617、1635、1637、1640、1642、1682、1683、1684、1685、1687、1706、1707、1708、1709、1734、1789

劳动力　27、52、56、191、200、210、256、318、378、384、385、425、427、428、430、431、457、793、804、829、846、889、890、1088、1197、1198、1313、1315、1319、1348、1428、1433、1434、1435、1466、1470、1478、1480、1498、1517、1550、1553、1560、1562、1574、1581、1582、1594、1595、1598、1601、1639、1671、1686、1687、1709、1783、1847

劳动能力　27、383、385、425、1171、1180、1217、1218、1222、1305、1317、1357、1435、1470、1555、1573、1574、1575、1579、1582、1583、1585、1586、1593、1598、1600、1601、1670、1686、1710、1763、1778、1830

劳动生产率　478、479、1159、1233、1253、1595、1598

劳动时间　10、430、431、432、854、878、1069、1070、1071、1083、1084、1186、1189、1193、1216、1357、1367、1368、1369、1370、1371、1458、1472、1538、1546、1547、1548、1549、1550、1551、1553、1563、1571、1580、1595、1596、1598、1600、1601、1604、1612、1615、1635、1636、1637、1638、1639、1640、1641、1642、1791、1832、1838、1847

劳动条件　381、411、723、992、1364、1513、1563、1578、1579、1594、1598、1671、1782

劳动形式　44，443，1234，1517，1542，1575，1764

劳动异化（异化劳动）　49，101，102，104，106，108，110，111，112，120，121，130，131，132，133，134，137，177，185，186，191，224，225，261，266，284，285，288，299，300，314，321，324，326，362，404，413，414，600，640，651，654，655，656，660，666，667，671，674，675，679，680，681，682，684，685，686，687，688，689，693，696，703，704，705，706，707，710，711，712，716，718，719，720，721，722，723，724，725，729，730，737，744，745，746，748，750，756，762，764，766，767，768，769，773，774，784，790，791，792，800，803，806，809，811，812，813，814，815，817，818，819，823，824，825，826，827，828，829，831，833，834，837，839，840，841，842，843，844，845，846，847，848，855，872，882，883，886，888，889，892，987，995，1014，1023，1026，1058，1141，1156，1157，1163，1185，1204，1259，1270，1273，1284，1312，1361，1362，1363，1418，1443，1446，1578，1579，1622，1623，1625，1633，1654，1655，1656，1657，1658，1659，1664，1671，1681，1696，1704，1705，1707，1708，1712，1718，1749，1777，1778，1780，1784，1788，1791，1806

劳动者　44，52，79，80，116，150，262，264，269，315，325，417，425，428，431，435，491，599，646，673，674，675，681，688，693，699，719，720，730，745，793，804，808，821，822，873，904，929，989，993，1083，1118，1138，1153，1155，1159，1161，1165，1176，1191，1211，1215，1216，1217，1232，1233，1234，1244，1245，1289，1328，1361，1363，1393，1396，1434，1470，1473，1479，1484，1498，1555，1579，1582，1594，1598，1612，1665，1666，1670，1684，1695，1696，1707，1710，1712，1729，1731，1736，1740，1748，1750，1791，1818，1846

劳动组织　409，438，443，712，1176，1838

劳动二重性　108，109，722，846，1182，1341，1387，1418，1547，1548，1549，1560，1637，1638，1643，1685，1728

具体劳动　258，794，825，846，1130，1155，1157，1179，1341，1348，1391，1396，1415，1428，1431，

1472，1473，1516，1517，1548，
1549，1552，1553，1555，1638，
1639，1685，1705，1730，1731

抽象劳动 （见"抽象"词条）

家庭劳动 （见"家庭"词条）

生产劳动 （见"生产"词条）

谋生劳动 121，675，679，685，686，
687，688，689，690，1457

农奴劳动 258，992，1211

奴隶劳动 258，1454，1643，1847

雇佣劳动 120，208，209，241，261，
314，322，323，324，380，454，
455，456，457，722，730，846，
854，855，1072，1084，1087，
1089，1130，1184，1185，1211，
1215，1216，1217，1218，1220，
1221，1222，1236，1311，1312，
1313，1314，1315，1316，1317，
1318，1319，1320，1331，1332，
1345，1346，1347，1352，1435，
1454，1478，1479，1517，1523，
1531，1555，1558，1574，1579，
1580，1582，1594，1598，1599，
1600，1612，1655，1657，1659，
1666，1670，1684，1715，1763

积累劳动 455，647，1083，1215，
1216，1328，1598，1599，1747

精神劳动 （见"精神"词条）

物质劳动 255，261，381，382，988，
993，1159，1160，1293，1306，
1478，1499，1542，1543，1555，
1556

社会劳动 （见"社会"词条）

生命政治劳动 1543

直接劳动 429，455，1083，1187，
1215，1216，1328，1340，1369，
1459，1538，1541，1542，1546，
1547，1548，1549，1551，1552，
1553，1554，1555，1556，1560，
1584，1598，1599，1635，1637，
1638，1639，1640，1643，1715，
1730

自由劳动 325，829，889，1245，1313，
1455，1457，1778

自主性劳动 300

社会必要劳动（时间） 431，647，
1189，1458，1548，1552，1595，
1598，1600，1639，1847

剩余劳动时间 430，1357，1367，
1368，1370

解放劳动（劳动解放） 178，472，
1372，1631，1632，1638，1640，
1642，1643，1644

分工

泛分工论 679，685，690，691，1367

非自愿分工 1260

分工和交换（分工与交换） 43，80，
299，324，454，643，647，684，
685，689，711，719，770，801，
845，1065，1173，1191，1273，
1396，1397，1406，1415，1444，
1593，1595，1658，1665，1730

分工和所有制 51，80，259，453，
1018，1315，1626

分工化社会 457

分工社会 457

分工协作（分工与协作） 1155，1158，1159，1165，1166，1174，1212，1232，1234

分工形式 1086，1169，1175

分工与机器 1072

分工与生产力 269，648，711

分工与异化 266，995

分工制 989，1165，1172，1174

劳动分工 （见"劳动"词条）

内部分工 454，455，1170，1171，1172，1175，1176，1195

社会分工 （见"社会"词条）

社会一般业务分工 1171

个别制造业分工 1171

消灭分工 257，270，277，987，989，995，998，1035，1047，1262，1278，1816

性别分工 992

自发分工 1233，1261

自觉分工 1233

自然分工 426，989，992，1233，1260

自愿分工 1260，1261

产品

产品的所有权 873，1498

产品价值 854

交换产品 810

精神产品 （见"精神"词条）

劳动产品 （见"劳动"词条）

人的产品 （见"产品"词条）

社会产品 （见"产品"词条）

剩余产品 428，430，479，676，1088，1393，1589，1610，1710

自然产品 654，805，937，1754

交换

产品交换 43，522，1335，1573

交换方式 392，1217，1218，1221，1335，1558

交换关系 50，80，81，198，205，209，253，259，379，380，385，392，449，455，456，457，458，611，612，672，674，676，685，692，693，694，695，696，699，701，703，706，707，710，711，712，793，877，878，998，999，1027，1032，1084，1085，1113，1184，1191，1192，1210，1211，1212，1213，1214，1215，1216，1219，1220，1221，1222，1223，1325，1330，1389，1399，1424，1427，1430，1431，1464，1465，1466，1467，1468，1473，1488，1496，1567，1569，1570，1573，1579，1580，1581，1582，1584，1585，1593，1594，1602，1607，1665，1715，1724，1725，1726，1731，1733，1734，1735，1740，1754，1765，1841，1845，1847，1848

交换化社会 457

交换社会 457

交换文化 376

交换主体 （见"主体"词条）

商品交换　198，205，455，643，699，877，1082，1155，1176，1232，1290，1348，1430，1431，1435，1452，1501，1517，1579，1581，1593，1594，1595，1600，1601，1602，1605，1607，1609，1610，1611，1614，1715，1735，1742，1793，1794，1805，1818，1821，1849

物质交换　227，521，1227，1231，1241，1760，1769

交换价值　155，243，328，408，437，443，455，457，642，643，650，674，693，699，722，806，829，877，878，885，887，888，889，890，904，948，1064，1065，1069，1070，1071，1082，1087，1088，1159，1161，1181，1183，1184，1186，1196，1197，1198，1202，1219，1220，1223，1243，1317，1338，1339，1340，1346，1357，1382，1389，1395，1396，1397，1398，1399，1400，1402，1410，1424，1427，1430，1433，1457，1458，1463，1464，1465，1466，1467，1468，1469，1473，1495，1501，1506，1507，1538，1542，1546，1548，1549，1550，1552，1554，1560，1561，1567，1569，1570，1571，1572，1573，1574，1577，1578，1580，1581，1582，1583，1586，1587，1588，1592，1593，1595，1596，1598，1599，1600，1601，1605，1606，1607，1608，1609，1610，1611，1612，1613，1615，1635，1638，1639，1671，1695，1723，1724，1725，1765，1766，1777，1791，1792，1807，1808，1809，1817，1820，1821，1828，1829，1845，1846，1848

商品

商品生产　（见"生产"词条）

商品交换　（见"交换"词条）

商品价格　904，1081，1329，1331，1344，1473，1610

两大部类　424，1349

两种商品概念　1577

价格

自然价格　643，649，650，804，997，1071，1325，1695

生产价格　1071，1478，1480，1524，1532，1564，1602

商品价格　（见"商品"词条）

市场价格　643，650，804，1071，1325，1731

平均价格　1478，1478

适当价格　1607，1608，1609

政治价格　997

价值

价值尺度　1083，1124，1156，1196，1197，1216，1328，1507，1686

价值关系　82，458，1125，1281，1387，1393，1427，1429，1430，1431，

1468，1508，1516，1713，1719，1733，1742，1765，1832

价值观　156，238，309，877

价值立场　82，461，1127，1128，1129

价值伦理　275，297，639，1783

价值判断　83，87，89，121，461，905，1127，1149，1400，1690，1740

价值批判　111，224，288，363，580，600，792，981，984，987，1372，1418，1500

价值取向　340

价值实体　647，1202，1384，1385，1387，1389，1424，1507，1508，1549，1552，1553，1609

价值形式　804，846，980，981，1268，1280，1281，1384，1389，1415，1424，1427，1467，1468，1469，1472，1490，1493，1494，1495，1496，1497，1499，1501，1502，1503，1516，1522，1526，1527，1530，1531，1532，1533，1593，1628，1730，1801，1805，1820，1822，1847

价值悬设　111，120，246，247，300，414，419，672，686，825，843，853，889，978，1057，1058，1156，1361，1385，1392，1418，1421，1429，1718

价值中立　646，752，1388

价值主体　（见"主体"词条）

交换价值　（见"交换"词条）

劳动价值　（见"劳动"词条）

剩余价值　56，81，82，83，93，97，116，209，230，236，243，280，293，298，335，380，385，389，513，529，659，664，722，804，849，1051，1084，1088，1179，1180，1182，1187，1211，1215，1217，1218，1219，1220，1222，1258，1311，1312，1315，1318，1319，1322，1335，1336，1337，1341，1349，1350，1351，1355，1357，1367，1384，1418，1429，1434，1435，1436，1444，1466，1471，1477，1478，1480，1482，1491，1493，1497，1498，1499，1500，1501，1503，1521，1522，1524，1525，1526，1531，1532，1533，1537，1541，1547，1549，1550，1551，1552，1553，1555，1556，1560，1562，1564，1567，1569，1572，1573，1574，1575，1578，1579，1587，1588，1589，1590，1592，1593，1597，1599，1600，1601，1602，1603，1604，1607，1613，1635，1637，1639，1640，1642，1643，1669，1672，1684，1685，1686，1687，1710，1728，1731，1732，1734，1735，1763，1765，1782，1786，1788，1789，1791，1822，1838，1839

使用价值　41，424，457，643，650，852，878，1064，1065，1069，1070，1082，1180，1181，1182，

1184，1186，1197，1202，1227，1346，1352，1353，1355，1357，1370，1384，1387，1393，1395，1396，1415，1418，1427，1428，1431，1433，1434，1435，1450，1455，1457，1458，1465，1466，1467，1468，1471，1472，1500，1506，1507，1508，1516，1547，1548，1549，1550，1553，1555，1560，1567，1568，1570，1571，1572，1574，1580，1581，1582，1583，1585，1586，1587，1588，1593，1594，1595，1598，1599，1600，1601，1605，1606，1608，1610，1613，1615，1635，1636，1637，1639，1685，1709，1728，1729，1730，1731，1746，1804，1817，1820，1822，1830

自我价值 435

资本

不变资本 1196，1348，1350，1482，1640

可变资本 429，1350，1470，1480，1482，1570，1574，1639

固定资本 263，1196，1369，1371，1529，1534，1540，1541，1542，1545，1546，1547，1551，1564，1583，1584，1634，1636，1839

流动资本 263，374，1529

产业资本 1358，1433

商业资本 53，199，263，994，1332，1433

生息资本 1433，1434，1479，1672，1735，1736，1789，1790，1833，1834，1839

资本本质 1357，1533，1563

资本的管理者 379

资本关系 697，997，1181，1184，1187，1188，1214，1216，1217，1347，1464，1477，1478，1511，1512，1516，1567，1571，1573，1574，1575，1577，1584，1635，1636，1640，1641，1643，1672，1712，1724

资本和劳动 269，315，318，385，647，650，992，1076，1180，1184，1185，1219，1312，1364，1529，1581，1582，1583，1585，1593，1599，1612，1669，1670，1673

资本积累 128，243，374，1070，1498，1500，1501，1564，1596，1608，1609，1611，1612，1616，1640，1807

资本流通 376，1348，1529，1583

资本逻辑 92，93，243，246，248，374，375，376，978，1189，1268，1487，1494，1495，1496，1513，1514，1620，1683，1686

资本一般 112，639，1384，1423，1465，1466，1520，1522，1523，1524，1525，1526，1529，1530，1531，1533，1585

资本有机构成 1084，1187，1574，

1640

资本主义精神 503，504

利润

利润率 1071，1084，1131，1187，1482，1522，1550，1564，1574，1588，1640，1838

一般利润率 1071，1084，1187，1482，1522，1564，1574，1588，1640

超额利润 1522

利益

等级利益 743

革命利益 713

个人利益（私人利益） 102，127，132，133，134，275，323，324，327，361，571，743，858，866，929，990，1018，1397，1718，1720

国家利益 694

阶级利益 275，327，507，529，660，887，904，990，1045，1245，1308，1562，1720，1844

经济利益 29，433，436，573，590，637，857，901

买卖利益 409，831，891，892，1144，1662，1778

普遍利益 134，571，743，929，1174，1397

特殊利益 198，270，685，711，712，801，845，1308，1660

物质利益 29，72，102，131，133，222，433，569，570，576，583，625，626，627，628，665，743，819，1244，1360

政治利益 577

财富

自然财富 85，650，1109，1757

社会财富 10，20，474，630，650，808，811，903，904，938，1081，1082，1109，1235，1267，1283，1370，1392，1403，1430，1431，1541，1549，1580，1670，1696，1711，1750，1754，1757，1760，1769，1770

国民财富 838，1129，1136，1170，1171，1173，1348，1607，1610，1611，1612

国家财富 837，1158，1168，1347，1605，1606，1609

物质财富 8，20，424，427，428，429，430，431，483，659，888，904，1179，1197，1227，1352，1454，1500，1547，1548，1549，1637，1638，1672，1803

经济

经济动物 433，1460，1762，1773，1774

经济关系 7，19，21，22，23，24，25，26，28，29，31，32，33，55，56，96，103，113，127，133，139，195，198，208，213，226，242，279，311，326，379，427，429，431，433，434，442，456，457，500，513，529，591，608，

609、611、635、637、662、665、670、673、674、773、781、852、853、857、884、998、1056、1070、1073、1074、1076、1079、1080、1084、1086、1112、1113、1184、1193、1196、1197、1216、1222、1230、1239、1244、1249、1311、1316、1379、1383、1384、1385、1387、1392、1398、1405、1406、1408、1421、1422、1430、1444、1446、1456、1466、1467、1558、1568、1572、1585、1592、1593、1596、1612、1628、1655、1671、1672、1682、1709、1715、1716、1721、1722、1724、1726、1736、1772

经济基础 7、8、9、10、19、25、95、116、126、133、134、183、207、239、252、377、407、427、429、448、467、482、486、604、607、612、1207、1238、1239、1244、1266、1288、1290、1378、1408、1568、1585、1730

上层建筑 7、8、9、10、19、28、95、116、127、133、134、183、207、210、239、252、396、427、429、448、467、482、484、486、604、607、612、613、1025、1026、1095、1199、1206、1207、1238、1239、1244、1245、1251、1252、1255、1290、1291、1298、1377、1497、1842

经济结构 9、17、55、56、57、224、232、252、272、297、361、638、1019、1206、1239、1244、1290

经济决定论 90、95、245、246、284、433、436、466、467、478、479、484、488、980、999、1028、1131、1207、1208、1372、1377、1382、1383、1385、1388、1398、1565、1731、1784

经济利益 （见"利益"词条）

经济人 （见"人"词条）

经济生活 85、116、134、195、201、202、261、420、461、611、638、656、665、673、676、717、738、780、802、819、822、824、825、828、883、987、997、1052、1070、1082、1240、1253、1379、1382、1383、1385、1386、1421、1422、1426、1432、1433、1445、1570、1596、1655、1696、1697、1698、1762、1774、1777、1782、1784、1790、1793、1848

经济史观 34、423、433、434

经济危机 374、389、1084、1187、1218、1220、1221、1253、1321、1329、1330、1331、1332、1335、1336、1337、1342、1343、1345、1349、1560、1564、1846、1850

市场经济 112、113、157、200、213、244、365、470、954、999、1112、1225、1239、1243、1246、1372、1378、1390、1398、1399、1402、

1433，1721，1722，1723，1724，
1725，1728，1729，1730，1734，
1735，1736，1740，1741

时间经济 1371

拜物教

产品拜物教 706

观念拜物教 81，713，1350，1835，
1836，1849，1850，1852，1853

货币拜物教 691，1430，1432，1831，
1832，1833

商品拜物教 691，1281，1289，1425，
1426，1427，1429，1430，1432，
1532，1611，1691，1789，1790，
1798，1801，1827，1831，1832，
1833

资本拜物教 691，1432，1476，1477，
1479，1481，1483，1484，1749，
1804，1831，1839，1843

物

自为之物 1739

自在之物 807，1737，1738，1739，
1744

历史之物 1756，1758

自然物 42，104，158，164，165，166，
172，212，394，396，397，468，
524，580，638，808，809，856，
857，862，927，937，1010，1011，
1012，1015，1109，1110，1119，
1130，1227，1228，1229，1235，
1355，1377，1378，1380，1381，
1387，1390，1506，1507，1513，
1548，1605，1719，1721，1726，
1733，1740，1741，1750，1754，
1755，1757，1761，1771，1787，
1789，1791，1792，1830，1833，
1848

精神关系物 1740

物化 27，52，57，96，101，154，
156，209，213，218，237，243，
246，260，275，284，285，289，
299，384，397，404，424，428，
429，483，484，487，488，501，
509，523，581，647，659，660，
676，677，706，719，764，781，
808，809，810，813，822，823，
824，827，829，845，847，848，
849，878，888，889，901，902，
926，950，951，977，978，980，
985，990，1015，1035，1073，
1116，1138，1182，1184，1187，
1188，1210，1266，1267，1268，
1269，1271，1278，1282，1284，
1285，1288，1294，1296，1302，
1317，1376，1377，1378，1379，
1383，1384，1386，1387，1388，
1389，1390，1392，1395，1398，
1399，1400，1401，1402，1413，
1415，1417，1418，1421，1422，
1423，1429，1430，1432，1434，
1436，1444，1445，1446，1447，
1454，1457，1460，1464，1467，
1473，1480，1495，1496，1532，
1571，1574，1575，1576，1577，
1590，1620，1628，1629，1630，

1670，1671，1672，1676，1689，
1713，1714，1715，1717，1719，
1720，1721，1722，1723，1724，
1725，1726，1727，1728，1729，
1730，1731，1732，1733，1734，
1735，1736，1738，1741，1742，
1750，1762，1763，1764，1773，
1776，1777，1778，1779，1782，
1783，1785，1787，1788，1789，
1790，1791，1793，1794，1795，
1796，1800，1801，1802，1803，
1804，1805，1806，1809，1810，
1811，1818，1819，1822，1826，
1827，1828，1829，1830，1831，
1833，1834，1835，1841，1845，
1846，1847，1848，1849

物象化（事物化） 96，702，707，
708，710，711，712，713，714，
848，1265，1266，1268，1269，
1274，1278，1279，1280，1281，
1282，1285，1463，1464，1496，
1620，1676，1713，1714，1715，
1716，1717，1719，1720，1721，
1722，1723，1724，1725，1726，
1727，1728，1729，1730，1731，
1732，1734，1735，1736，1738，
1750，1787，1788，1789，1790，
1791，1792，1793，1794，1795，
1796，1798，1800，1801，1802，
1803，1804，1805，1806，1807，
1808，1809，1810，1811，1812，
1815，1817，1818，1819，1825，
1826，1827，1828，1829，1830，
1831，1833，1834，1835

物役性 257，270，272，273，299，
989，1444，1451，1453，1455，
1456，1460，1461，1719，1721，
1722，1731，1744，1759，1760，
1761，1762，1763，1764，1765，
1766，1767，1768，1769，1770，
1771，1772，1774，1775，1776，
1777，1781，1782，1784，1785，
1786，1790

自然物役性 1761，1771

经济物役性 1761，1762

狭义历史唯物主义 87，92，95，96，
97，121，235，237，238，241，
243，244，246，248，249，296，
298，299，781，986，999，1130，
1166，1375，1379，1384，1388，
1417，1418，1423，1424，1425，
1444，1446，1724

广义历史唯物主义 74，86，94，95，
97，235，236，237，238，239，
240，241，244，245，246，247，
248，253，254，255，267，268，
296，297，298，299，986，999，
1067，1113，1121，1312，1377，
1379，1381，1386，1388，1398，
1417，1418，1419，1422，1423，
1443，1446，1717，1718，1722，
1724，1756

象

物象 96，702，707，708，710，711，

712，713，714，848，1265，1266，
1267，1268，1269，1274，1278，
1279，1280，1281，1282，1284，
1285，1463，1464，1496，1510，
1620，1713，1714，1715，1716，
1717，1720，1721，1738，1787，
1788，1789，1790，1791，1792，
1793，1794，1795，1796，1798，
1800，1801，1802，1803，1804，
1805，1806，1807，1808，1809，
1810，1811，1812，1813，1814，
1815，1816，1817，1818，1819，
1820，1821，1822，1823，1824，
1825，1826，1827，1828，1829，
1830，1831，1833，1834，1835

类象　1797

拟象化　1787，1797

物象化（事物化，见"物"词条）

对象化　46，47，48，77，101，102，
104，105，106，107，108，109，
110，111，119，120，164，165，
170，177，325，395，409，417，
419，451，509，560，562，654，
655，656，658，659，660，675，
699，700，709，718，719，720，
721，722，723，724，727，728，
729，730，731，739，764，783，
784，785，786，788，808，809，
810，811，812，817，825，826，
830，842，844，846，847，848，
849，875，876，891，935，949，
977，983，1088，1126，1141，
1142，1144，1154，1156，1157，
1185，1202，1203，1228，1268，
1269，1273，1281，1282，1326，
1361，1368，1386，1387，1421，
1446，1455，1457，1470，1498，
1507，1542，1574，1589，1598，
1599，1600，1601，1623，1624，
1625，1634，1657，1658，1662，
1675，1676，1677，1678，1679，
1680，1681，1682，1683，1684，
1685，1686，1687，1688，1689，
1690，1691，1692，1693，1694，
1697，1698，1699，1700，1701，
1702，1703，1704，1705，1706，
1707，1708，1709，1710，1711，
1712，1717，1740，1742，1750，
1776，1777，1778，1782，1788，
1791，1800，1801，1802，1805，
1806，1807，1808，1809，1810，
1814，1823

图像化　1794，1797

景象社会　1794

有

先有　40，300，1130，1387，1391，
1393，1395，1402，1422，1429，
1722

现有　1，77，102，105，119，120，
129，134，182，185，221，223，
253，258，274，276，277，291，
300，317，332，371，510，540，
570，573，617，681，686，697，
745，780，845，872，885，931，

1013, 1027, 1030, 1032, 1036, 1057, 1060, 1113, 1130, 1150, 1151, 1217, 1261, 1324, 1332, 1352, 1355, 1356, 1357, 1358, 1361, 1362, 1365, 1368, 1391, 1395, 1666, 1847

应有 36, 48, 77, 78, 82, 102, 105, 119, 120, 129, 137, 184, 185, 186, 253, 276, 290, 300, 332, 367, 434, 540, 573, 588, 617, 686, 688, 695, 697, 739, 829, 946, 1016, 1058, 1060, 1098, 1114, 1191, 1210, 1253, 1361, 1464, 1621, 1785, 1847

能有 33, 48, 75, 89, 96, 132, 217, 220, 231, 253, 276, 300, 304, 325, 332, 349, 351, 352, 365, 370, 390, 403, 603, 613, 646, 735, 810, 928, 997, 1028, 1059, 1060, 1079, 1081, 1115, 1213, 1228, 1232, 1245, 1251, 1325, 1340, 1347, 1352, 1497, 1557, 1630, 1785, 1837

后有 127, 300, 1130, 1387, 1391, 1402, 1403, 1422, 1430, 1722, 1808

所有

私有财产 20, 21, 24, 28, 80, 127, 128, 136, 137, 183, 185, 186, 188, 191, 206, 269, 270, 271, 277, 300, 322, 323, 324, 325, 326, 390, 408, 409, 437, 439, 441, 443, 461, 509, 575, 576, 590, 591, 627, 628, 654, 655, 656, 657, 669, 670, 681, 682, 683, 684, 685, 686, 688, 690, 693, 695, 696, 705, 711, 712, 717, 718, 719, 720, 721, 722, 723, 724, 725, 726, 730, 731, 745, 746, 750, 751, 756, 762, 764, 765, 770, 773, 789, 792, 795, 797, 798, 799, 802, 807, 813, 829, 830, 834, 835, 836, 837, 838, 839, 840, 841, 842, 843, 844, 845, 846, 847, 848, 854, 871, 888, 889, 890, 931, 1092, 1136, 1138, 1141, 1142, 1143, 1201, 1204, 1208, 1268, 1269, 1272, 1273, 1280, 1282, 1283, 1284, 1362, 1464, 1501, 1503, 1569, 1578, 1579, 1604, 1605, 1606, 1607, 1608, 1609, 1611, 1612, 1613, 1614, 1623, 1624, 1625, 1654, 1655, 1658, 1659, 1682, 1683, 1684, 1696, 1698, 1700, 1779, 1804, 1805, 1806, 1809, 1810, 1815, 1817, 1818, 1825

私有制 16, 18, 24, 49, 50, 52, 56, 57, 77, 90, 93, 100, 117, 185, 208, 242, 250, 254, 255, 256, 257, 258, 259, 260, 261, 264, 265, 266, 268, 269, 270, 271, 272, 277, 278, 300, 314, 315,

324，371，378，383，384，385，392，406，407，408，411，423，426，427，428，438，439，441，443，444，458，476，477，478，479，480，494，497，501，534，576，577，590，591，612，613，640，642，647，648，649，650，651，658，666，669，670，675，676，677，678，693，699，701，711，712，714，717，719，722，723，739，745，770，774，800，802，806，807，816，822，823，825，828，852，853，854，855，866，871，872，873，874，876，880，882，883，885，886，888，890，990，992，993，995，1023，1026，1029，1030，1036，1050，1052，1058，1072，1083，1097，1098，1139，1140，1141，1147，1167，1174，1175，1212，1216，1221，1222，1253，1256，1259，1260，1262，1330，1334，1339，1341，1360，1364，1365，1366，1373，1407，1408，1460，1482，1565，1569，1570，1612，1657，1664，1665，1666，1696，1718，1720，1751，1777，1781，1816

所有权　127，128，129，130，132，135，138，382，383，384，570，577，641，642，644，738，806，815，816，835，851，873，877，1072，1079，1082，1084，1085，1086，1180，1184，1185，1202，1211，1217，1218，1305，1433，1498，1579，1606，1608，1616，1738，1763，1814，1815

所有者　260，379，385，433，570，576，590，693，694，794，795，854，904，1195，1215，1324，1347，1373，1393，1434，1435，1465，1466，1501，1571，1579，1582，1588，1594，1598，1605，1695，1698，1813，1815，1830

所有制　10，19，21，23，51，53，54，80，86，126，127，208，254，255，256，257，258，259，260，262，264，269，274，276，383，427，428，429，432，453，454，481，575，576，578，579，589，590，637，675，798，891，986，988，989，991，992，993，1007，1018，1031，1038，1057，1062，1063，1085，1175，1176，1185，1211，1239，1244，1252，1258，1266，1277，1306，1315，1408，1511，1523，1559，1625，1626，1718，1761，1771，1816，1817，1825

所有物　212，232，552，888，909，911，917，958

占有

共同占有　23，427，1403

占有方式　383，427

占有经济　426

占有权　383，384，616，618，873，1211，1217，1579

自然占有　426

自由占有　461

异化

异化的扬弃　186，308，598，677，690，718，719，728，730，731，788，823，830，863，890，1023，1026，1141，1273，1666

异化劳动　（见"劳动"词条）

异化论　129，665，738，773，807，810，811，817，1047，1105，1208，1446，1654，1713，1745，1746，1748，1791，1801，1812，1827

异化逻辑　96，102，110，134，188，192，211，261，269，285，288，599，600，640，651，666，667，688，773，808，809，823，828，829，832，853，855，886，888，893，1025，1051，1146，1147，1257，1446，1634，1721，1747，1759，1769，1777，1779，1780，1781，1784，1785

异化社会　1031，1484

异化形式　105，327，673，707，728，729，858，1213，1214，1646，1657，1669

异化—复归　1417

交换（金钱）异化　1446

交往异化　702，706，707，763，871，1157，1748，1818

经济异化　128，132，324，600，640，665，666，667，668，669，670，673，675，676，677，681，682，733，745，773，799，807，817，818，819，820，821，822，823，824，835，839，1446，1657，1746

精神异化（精神的异化）（见"精神"词条）

劳动异化　（见"劳动"词条）

人的本质异化　129，223，668，674，785，820，1026，1029

四重异化　1259，1696

消除异化　284

消灭异化　718，990

异化史观　34，99，106，111，130，186，188，191，192，223，224，225，284，288，297，298，406，414，415，417，418，419，580，592，594，597，600，638，665，670，674，817，818，819，827，829，830，835，882，883，932，987，1023，1025，1026，1029，1044，1047，1122，1145，1386，1387，1417，1418，1422，1443，1455，1633，1689，1713，1722，1750，1751，1780

政治异化　128，132，134，137，184，191，324，665，673，680，681，682，744，745，818，819，821，822，828，835，839，882，1651，1653，1654，1655

自我异化　325，326，327，596，655，

656, 670, 680, 681, 688, 698, 699, 719, 721, 724, 725, 728, 729, 738, 739, 741, 744, 811, 812, 826, 827, 853, 855, 856, 858, 882, 964, 1025, 1141, 1272, 1646, 1647, 1648, 1649, 1650, 1651, 1652, 1653, 1661, 1664, 1665, 1666, 1669, 1703, 1777

宗教异化　128, 132, 134, 184, 413, 420, 673, 680, 681, 682, 718, 733, 738, 744, 745, 822, 835, 839, 956, 1653, 1654

阶级

工人阶级　45, 49, 64, 81, 132, 150, 304, 320, 377, 384, 391, 429, 472, 509, 632, 652, 660, 678, 694, 713, 898, 900, 908, 1096, 1131, 1218, 1332, 1336, 1341, 1347, 1348, 1353, 1480, 1482, 1498, 1543, 1556, 1565, 1843, 1844, 1850

阶级斗争　19, 85, 91, 127, 464, 465, 470, 481, 723, 837, 1077, 1093, 1216, 1305, 1311, 1312, 1318, 1319, 1350, 1351, 1501, 1535, 1556, 1557, 1558, 1559, 1560, 1561, 1562, 1565, 1844

阶级对立　19, 464, 478, 501, 635, 1094, 1253, 1325, 1346, 1844

阶级革命　83, 92, 288, 300, 344, 411, 414, 417, 419, 444, 508, 510, 511, 527, 528, 529, 575, 580, 599, 600, 824, 828, 829, 831, 864, 865, 883, 889, 939, 1022, 1035, 1049, 1101, 1102, 1149, 1385, 1421, 1447, 1514, 1517, 1535, 1539, 1545, 1556, 1558, 1559, 1560, 1561, 1564, 1565, 1632, 1661, 1663, 1840, 1844, 1850

阶级关系　258, 311, 527, 611, 612, 613, 723, 1056, 1281, 1284, 1325, 1351, 1408, 1558, 1603, 1735

阶级活动　373, 1092

阶级结构　372, 380, 762, 1252

阶级解放　142, 422, 460, 464, 477, 1092, 1098, 1099, 1100, 1102, 1272, 1385, 1420

阶级利益　（见"利益"词条）

阶级社会　（见"社会"词条）

阶级属性（阶级性）　365, 527, 745, 1330, 1325, 1338, 1351, 1472

阶级意识　（见"意识"词条）

无产阶级　45, 49, 83, 92, 110, 124, 128, 142, 143, 144, 184, 230, 245, 246, 266, 275, 276, 277, 280, 288, 297, 300, 323, 326, 327, 328, 344, 364, 365, 394, 407, 411, 412, 413, 414, 415, 417, 419, 420, 431, 436, 444, 460, 461, 464, 471, 477, 481, 507, 508, 509, 510, 511,

527、528、529、570、578、579、
599、600、614、635、639、652、
662、665、677、678、696、698、
705、706、713、723、745、752、
755、773、793、804、806、807、
816、818、823、824、825、827、
828、829、831、832、834、853、
855、856、857、871、872、873、
874、883、886、888、889、892、
898、902、939、947、950、964、
977、995、996、1022、1023、
1030、1049、1058、1062、1068、
1071、1076、1077、1083、1090、
1092、1093、1094、1098、1099、
1100、1101、1102、1127、1128、
1136、1137、1138、1149、1164、
1167、1191、1198、1207、1272、
1292、1319、1350、1366、1367、
1385、1418、1420、1421、1447、
1484、1498、1499、1514、1517、
1518、1532、1535、1539、1545、
1556、1557、1558、1559、1560、
1561、1562、1563、1564、1565、
1595、1623、1632、1640、1660、
1661、1662、1663、1667、1695、
1696、1711、1713、1777、1779、
1790、1836、1839、1842、1843、
1844

资产阶级　7、9、22、23、29、30、
31、39、40、41、48、49、50、53、
54、55、56、57、60、61、62、63、
68、103、105、110、114、128、
170、171、172、193、194、195、
197、198、199、200、202、204、
205、207、208、209、210、224、
230、231、236、242、243、244、
250、252、254、256、259、264、
265、271、275、278、279、280、
288、297、298、299、309、311、
322、323、326、327、328、329、
330、331、361、376、377、383、
384、385、386、392、399、404、
413、417、424、431、465、466、
467、473、474、480、488、495、
498、503、508、510、527、529、
573、575、576、577、578、580、
582、598、599、630、633、635、
636、637、638、639、640、642、
643、645、646、648、650、651、
652、658、659、660、662、663、
664、667、668、670、671、673、
677、717、721、723、728、729、
730、735、736、738、739、752、
766、767、771、772、773、774、
777、778、781、783、784、785、
789、790、791、796、797、798、
800、803、804、805、806、807、
814、816、817、820、823、830、
834、845、850、852、853、854、
856、857、858、864、865、867、
871、879、880、884、885、886、
887、888、890、898、902、903、
904、915、940、941、975、987、
992、997、998、1030、1035、

1045，1050，1055，1056，1057，1058，1059，1061，1062，1063，1064，1068，1069，1070，1071，1072，1073，1074，1075，1076，1079，1081，1083，1093，1094，1098，1099，1100，1101，1102，1103，1112，1113，1116，1125，1126，1130，1136，1150，1152，1156，1163，1178，1186，1188，1191，1195，1196，1197，1198，1203，1206，1207，1208，1209，1213，1214，1217，1218，1219，1222，1235，1237，1238，1249，1266，1267，1268，1274，1278，1279，1281，1282，1283，1284，1286，1289，1290，1295，1301，1302，1304，1306，1308，1309，1311，1312，1313，1314，1315，1316，1317，1318，1319，1321，1322，1323，1324，1325，1326，1330，1336，1339，1340，1341，1345，1346，1350，1351，1352，1353，1355，1358，1360，1367，1374，1377，1378，1379，1382，1383，1385，1386，1388，1390，1391，1397，1401，1403，1405，1406，1407，1408，1409，1412，1413，1414，1416，1417，1418，1421，1422，1423，1430，1434，1435，1442，1443，1444，1446，1447，1462，1465，1471，1472，1473，1479，1481，1483，1488，1489，1490，1491，1492，1493，1497，1498，1499，1501，1502，1512，1513，1514，1515，1516，1517，1518，1523，1532，1533，1553，1558，1559，1567，1568，1570，1578，1584，1585，1595，1598，1599，1608，1610，1611，1612，1626，1628，1629，1630，1641，1644，1655，1660，1661，1662，1663，1668，1672，1673，1688，1697，1711，1718，1721，1722，1726，1727，1728，1732，1734，1735，1736，1740，1741，1744，1745，1747，1749，1750，1751，1753，1754，1755，1756，1767，1774，1783，1786，1804，1807，1809，1817，1818，1821，1825，1828，1832，1833，1835，1841，1843，1848，1849，1850，1852

国家

国家的本质 659，671，1651

国家观念 578，590

国家和法 126，132，133，134，183，184，197，323，568，680，716，725，742，743，744，1651，1652

国家精神 587，609，660，837，1159

国家理性 402，403，507

国家利益 （见"利益"词条）

国家起源 479，909

国家人格 836，1623

国家形式 229，571，633，735，837，

1523，1835

国家学说　23，201，202，204，403，423，582，588，626，627

理性主义国家　205，402，403，567，568，571，583，586，614，616，617，626，627，836

民族国家　491，1136

物质国家　609

现代国家　201，292，594，909，1615，1616

政治国家　206，229，323，508，587，590，596，607，608，609，612，613，627，680，681，744，836，837，1054，1623，1651，1652，1653

专制国家　596，616

宗教国家　568

矛盾

对象性矛盾　1532

基本矛盾　10，241，1357，1652

逻辑矛盾　134，413，467，515，592，809，987，1018

矛盾关系　53，225，381，405，659，1018，1466，1471，1472，1475，1571，1591，1712

矛盾统一　403，404，405，409，411

矛盾形式　457，854，1574

矛盾运动　51，79，90，93，220，239，288，355，371，373，374，376，377，378，383，385，388，390，392，436，439，456，457，512，513，530，601，608，611，656，667，697，700，706，710，712，871，876，878，880，964，1040，1078，1081，1087，1210，1213，1223，1330，1341，1470，1471，1474，1535，1537，1538，1539，1546，1554，1557，1559，1561，1567，1571，1572，1575，1632，1642，1847，1848，1854

内在矛盾　61，62，81，90，132，135，193，200，204，209，244，245，269，355，371，372，375，377，378，383，385，392，452，453，456，457，458，483，554，557，601，611，612，613，643，658，659，680，692，697，843，880，964，1018，1079，1083，1084，1087，1088，1126，1145，1186，1187，1196，1210，1213，1258，1300，1302，1315，1319，1329，1330，1332，1333，1334，1335，1339，1340，1351，1352，1353，1370，1418，1466，1470，1471，1472，1473，1474，1479，1481，1482，1483，1514，1545，1546，1547，1549，1550，1554，1556，1557，1559，1560，1561，1564，1565，1567，1569，1571，1572，1573，1574，1575，1590，1591，1596，1604，1613，1632，1634，1639，1642，1643，1652，1712，1728，1781，1785，1836，1850，1851，1852，1854

索 引

相互依存　101，1248，1276

相互转化　119，164，743

否定之否定

量变　126，179，183，247，802，932，1252，1763

质变　28，31，75，76，78，118，126，169，228，417，420，855，937，1059，1227，1228，1249，1324，1371，1388，1392，1423，1446，1450，1452，1453，1457，1478，1597，1641，1656，1723，1782

扬弃　5，10，13，27，32，49，61，78，101，105，119，120，121，142，158，162，172，177，180，186，187，188，197，208，225，243，266，277，300，308，324，325，326，368，384，393，394，406，413，414，418，427，430，431，432，438，508，509，531，540，580，592，598，654，655，656，659，677，678，689，690，695，714，718，719，723，724，725，726，727，728，729，730，731，733，734，739，746，779，783，784，785，786，787，788，789，792，823，824，828，830，837，842，863，882，883，890，920，995，1013，1023，1026，1073，1120，1141，1143，1189，1204，1219，1270，1272，1273，1276，1280，1283，1284，1302，1340，1352，1358，1384，1392，1453，1456，1510，1514，1519，1551，1552，1553，1584，1586，1612，1615，1624，1625，1628，1630，1633，1642，1646，1648，1649，1650，1653，1657，1664，1666，1678，1683，1700，1752，1777，1791，1794，1806，1807

革命

暴力革命　464

革命性　92，141，158，207，211，216，217，219，386，387，390，398，402，403，406，410，439，507，512，527，528，530，560，777，783，886，895，933，936，1044，1049，1131，1323，1444，1509，1516，1540，1668，1681，1737

革命运动　656，1484，1661，1662，1698

革命主体（革命的主体）（见"主体"词条）

工业革命（产业革命）　84，215，472，580，902，1090，1092，1757，1797

阶级革命（见"阶级"词条）

科技革命　1252，1253

人的高度的革命　946，1147

思想革命　287，298，343，344，355，497，864，895，934，942，970，998，1131，1444，1753

政治革命　210，265，864，1136，1836

解放

劳动解放（劳动的解放，解放劳动）（见"劳动"词条）

全面解放　300，1022

人的解放　（见"人"词条）

个人解放　（见"人"词条）

人类解放（人类的解放）（见"人"词条）

无产阶级解放　142，460，464，477，1092，1098，1099，1102，1272，1385，1420

政治解放　322，323，472，596，597，598，745，796，1022，1035，1461

主体解放　（见"主体"词条）

自身解放　471，1131

自由

个体自由　503，1201

精神自由　（见"精神"词条）

平等和自由　471，1243，1652，1655

意志自由（自由意志）　33，304，377，447，1069，1772

自由发展　32，273，277，316，364，432，464，474，1032，1036，1094，1095，1189，1368，1400，1452，1456，1458，1459，1461

自由个性　10，433，437，508，1267，1283，1392，1403，1760，1769，1770

自由活动　52，274，431，669，686，923，1155，1217，1233，1360，1361，1363，1364，1366，1367，1368，1369，1371，1372，1450，1455，1633，1634，1635，1642

自由竞争　154，171，265，269，270，279，409，438，712，884，1097，1384，1452

自由劳动　（见"劳动"词条）

自由的人　（见"人"词条）

自由时间　430，431，432，1367，1368，1370，1371，1458，1553，1554，1636，1637，1638，1640

自由主义　84，182，197，201，380，461，462，465，466，467，532，533，538，567，569，571，576，579，623，624，662，1373，1437，1539，1740

自由人联合体　（见"人"词条）

历史

历史本体　574，1005，1190，1196，1198

历史发展多样性　477

历史分期　10，1032，1392，1459，1768

历史观　2，5，7，15，23，42，64，65，71，76，77，78，79，81，86，88，92，93，94，104，113，114，130，135，139，152，153，155，156，164，176，181，184，200，222，224，225，226，230，235，236，237，240，242，243，245，247，250，251，253，259，270，276，288，298，299，305，307，308，309，310，312，313，316，320，321，327，333，335，366，383，385，389，391，392，395，398，399，405，406，409，410，411，412，414，415，421，423，

424，433，434，441，448，452，457，478，480，481，482，488，489，494，496，497，498，499，500，501，505，592，593，594，599，600，613，625，639，648，651，673，721，756，773，796，821，830，859，862，863，872，876，877，879，880，890，891，919，920，921，922，926，930，935，940，943，948，950，958，973，974，1010，1016，1019，1020，1021，1024，1045，1051，1052，1054，1055，1058，1068，1081，1083，1096，1104，1110，1114，1123，1131，1194，1199，1201，1204，1205，1211，1213，1223，1224，1227，1229，1236，1240，1241，1255，1278，1286，1287，1288，1290，1297，1298，1299，1300，1301，1302，1303，1304，1305，1309，1333，1364，1441，1443，1449，1506，1509，1559，1567，1631，1632，1642，1643，1656，1659，1663，1664，1667，1674，1694，1695，1696，1697，1698，1699，1779，1784，1786，1787，1788，1789，1798，1842，1852，1854

历史经验论　446，447，450，453，454，456

历史情境说（历史构境论）　298

历史认识论　237，505，526，528，530，785，1134，1304，1375，1377，1379，1380，1381，1425，1426，1444，1504

历史唯物论　40，130，158，446，452，453，458，1105，1327，1366，1367，1374，1475

历史唯心论　130，453，1020

历史现象学　57，58，88，96，998，999，1067，1130，1390，1391，1392，1395，1399，1402，1417，1418，1420，1423，1424，1425，1426，1430，1432，1436，1437，1444，1445，1446，1447，1487，1532，1713，1714，1717，1720，1721，1724，1727，1728，1742，1749

历史性的社会关系　371，382，512，710，715，1331，1333，1434

历史哲学　4，45，62，74，86，149，219，220，236，237，241，245，247，295，300，366，378，383，454，477，493，495，496，513，523，526，527，594，863，947，951，992，1021，1052，1127，1166，1201，1204，1257，1263，1405，1420，1654，1674，1721，1740

世界历史　215，242，243，248，254，261，266，277，300，369，505，580，787，799，920，935，948，963，986，988，993，994，995，996，997，1024，1035，1143，

1148，1201，1202，1242，1377，
1382，1384，1389，1400，1418，
1424，1448，1533，1629，1664

狭义历史唯物主义 （见"物"词条）
广义历史唯物主义 （见"物"词条）

（本索引词条由杜永明编制）